U0691426

中国特色社会主义政治经济学 名家论丛

王立胜 主编

中国社会主义政治经济学的若干问题

ZHONGGUO SHEHUIZHUYI ZHENGZHI JINGJIXUE DE RUOGAN WENTI

刘国光 著

山东城市出版传媒集团·济南出版社

图书在版编目(CIP)数据

中国社会主义政治经济学的若干问题 / 刘国光著 . —济南：济南出版社，2017. 9 （2018. 6 重印）

（中国特色社会主义政治经济学名家论丛 / 王立胜主编）

ISBN 978 –7 –5488 –2801 –3

Ⅰ. ①中…　Ⅱ. ①刘…　Ⅲ. ①中国特色社会主义—社会主义政治经济学—研究　Ⅳ. ①F120. 2

中国版本图书馆 CIP 数据核字(2017)第 234305 号

出 版 人　崔　刚
责任编辑　于丽霞
封面设计　侯文英

出版发行　济南出版社
地　　址　山东省济南市二环南路 1 号(250002)
编辑热线　0531 –86131712
发行热线　0531 –86131728　86922073　86131701
印　　刷　济南龙玺印刷有限公司
版　　次　2017 年 9 月第 1 版
印　　次　2018 年 6 月第 2 次印刷
成品尺寸　170mm ×240mm　16 开
印　　张　20. 75
字　　数　290 千
定　　价　86. 00 元

（济南版图书，如有印装错误，请与出版社联系调换。联系电话：0531 –86131736）

中国特色社会主义政治经济学名家论丛

学术委员会

主　任　刘国光

委　员　（按姓氏笔画为序）

卫兴华　王立胜　刘　伟

吴宣恭　张　宇　洪银兴

逄锦聚　顾海良　程恩富

编辑委员会

主　任　王立胜

委　员　（按姓氏笔画为序）

刘　刚　刘　岳　孙凤文

李连波　张　磊　张元立

陆梦龙　周绍东　房洪琳

胡怀国　姚　宇　崔　刚

中国社会科学院　刘国光

刘国光简介

1923 年 11 月 23 日，生于江苏省南京市。

1946 年毕业于云南昆明国立西南联合大学经济系。

1946—1948 年，天津南开大学经济系助教。

1948 年 9 月—1951 年，中央研究院社会研究所助理研究员。

1951—1955 年，苏联莫斯科经济学院国民经济计划教研室研究生。

1955 年起在中国科学院（后为中国社会科学院）经济研究所工作，历任助理研究员、研究员、研究室主任、《经济研究》杂志主编、所长等职务。

1975—1980 年，借调到国家计划委员会经济研究所工作。

1981—1982 年，兼任国家统计局副局长。

1982—1993 年，任中国社会科学院副院长。

1982—1992 年，任中国共产党中央委员会第十二届、第十三届中央委员会候补委员。

1993 年 11 月起任中国社会科学院特邀顾问。

1993—1998 年，任全国人民代表大会第八届常务委员会委员。

1988 年 5 月 27 日，被波兰科学院选为外籍院士。

2001 年 9 月 20 日，被俄罗斯科学院选为荣誉博士。

2005 年 3 月，获首届中国经济学杰出贡献奖。

2006 年 7 月，被中国社会科学院推选为中国社会科学院学部委员。

2011 年 5 月 28 日，获首届世界马克思经济学奖（美国麻省大学阿姆赫斯特分校，世界政治经济学学会颁发）。

兼任北京大学、南京大学、浙江大学、东北财经大学、上海财经大学等大学教授。

曾任国务院学位委员会委员，国务院三峡工程审查委员会委员，全国社会保障基金会理事会理事，中国石油化工股份有限公司独立董事，孙冶方经济科学基金会理事长、名誉理事长、理事及其评奖委员会主任、名誉主任委员，中国城市发展研究会理事长、名誉理事长，中国生态经济学会会长等职。

多年来，参加和领导过中国经济发展、宏观经济管理、经济体制改革等方面重大课题的研究、论证和咨询，是当前中国最著名和最有影响的经济学家之一。

总 序

中国社会科学院 王立胜

习近平总书记在2016年哲学社会科学工作座谈会“5·17”讲话中指出：“这是一个需要理论而且一定能够产生理论的时代，这是一个需要思想而且一定能够产生思想的时代。我们不能辜负了这个时代。”① 中国特色社会主义政治经济学就是习近平总书记结合时代要求倡导的重要学说，其主要使命就是以政治经济学总结中国经验、创建中国理论。他指出：“坚持和发展中国特色社会主义政治经济学，要以马克思主义政治经济学为指导，总结和提炼我国改革开放和社会主义现代化建设的伟大实践经验。”② 在2017年省部级主要领导干部“学习习近平总书记重要讲话精神，迎接党的十九大”专题研讨班“7·26”讲话中，习近平总书记提出当前的时代变迁是发展阶段的变化，指出“我国发展站到了新的历史起点上，中国特色社会主义进入了新的发展阶段”③，强调“时代是思想之母，实践是理论之源”④，要求总结实践经验，推进理论创新。在经济学领域，实现从实践到理论的提升，就是要贯彻习近平总书记在中央政治局第二十八次集体学习时提出的重要指示，“提炼和总

① 习近平：《在哲学社会科学工作座谈会上的讲话》，《人民日报》2016年5月19日。

② 新华社：《坚定信心增强定力 坚定不移推进供给侧结构性改革》，《人民日报》2016年7月9日。

③ ④新华社：《高举中国特色社会主义伟大旗帜 为决胜全面小康社会实现中国梦而奋斗》，《人民日报》2017年7月28日。

结我国经济发展实践的规律性成果，把实践经验上升为系统化的经济学说"[①]——这就是"坚持和发展中国特色社会主义政治经济学"的历史使命和时代要求。

当前中国特色社会主义政治经济学的提出和发展也是六十余年理论积淀的结果。1955年苏联政治经济学教科书中文版[②]在国内出版，当时于光远[③]、林子力和马家驹等[④]学者就开始着手探讨政治经济学的体系构建问题。从1958年到1961年，毛泽东四次提倡领导干部学习政治经济学[⑤]，建议中央各部门党组和各省（市、自治区）党委的第一书记组织读书小组读政治经济学。他与刘少奇、周恩来分别组织了读书小组。在组织读书小组在杭州读书期间，他在信中说"读的是经济学。我下决心要搞通这门学问"[⑥]。在毛泽东的倡导下，20世纪50年代中后期我国出现了第一次社会主义经济理论研究高潮——正是在这次研究高潮中，总结中国经验、构建中国版的社会主义经济理论体系被确定为中国政治经济学研究的方向和目标，并被一直坚持下来。这次研究高潮因"文革"而中断。"文革"结束后的80年代，在邓小平的倡导和亲自参与下，我国出现了第二次社会主义经济理论的研究高潮。很多学者在"文革"前积累的理论成果也在这一时期集中发表。在这次研究高潮中，我国确立了社会主义公有制与市场经济相结合的发展方向，形成了社会主义市场经济理论，为改革开放以来近40年的经济繁荣提供了理论支撑。当前在习近平总书记的倡导下，从2016年年初开始，我国出现了研究

---

① 新华社：《立足我国国情和我国发展实践 发展当代中国马克思主义政治经济学》，《人民日报》2015年11月25日。

② 苏联科学院经济研究所：《政治经济学教科书》（中译本），北京：人民出版社1955年版。

③ 仲津（于光远）：《政治经济学社会主义部分研究什么?》，《学习》1956年第8期；《最大限度地满足社会需要是政治经济学社会主义部分的一个中心问题》，《学习》1956年第11期。

④ 林子力、马家驹、戴钟珩、朱声绂：《对社会主义经济的分析从哪里着手?》，《经济研究》1957年第4期。

⑤ 逄义明：《"大跃进"后毛泽东四次提倡领导干部学政治经济学》，《党的文献》2008年第3期。

⑥《建国以来毛泽东文稿》第8册，北京：中央文献出版社1993年版，第637页。此次学习期间毛泽东读苏联政治经济学教科书的批注和谈话成为我国政治经济学研究的重要文献资料。

中国特色社会主义政治经济学的新高潮，形成了中国社会主义政治经济学的第三次研究高潮。经历了六十余年的理论积淀，在中国特色社会主义新的发展阶段，中国特色社会主义政治经济学的发展正逐步汇成一股理论潮流，伴随中国特色社会主义建设事业的蓬勃发展滚滚而来！

纵观六十余年积淀与三次研究高潮，中国特色社会主义政治经济学的发展既继往开来又任重道远。

一方面，所谓“继往开来”，是指中国社会主义经济建设事业的蓬勃发展为中国版社会主义政治经济学的形成开创了越来越成熟的现实条件。20 世纪 50 年代，毛泽东感叹“社会主义社会的历史，至今还不过四十多年，社会主义社会的发展还不成熟，离共产主义的高级阶段还很远。现在就要写出一本成熟的社会主义、共产主义政治经济学教科书，还受到社会实践的一定限制”①。80 年代，邓小平高度评价中共十二届三中全会《中共中央关于经济体制改革的决定》提出的“在公有制基础上有计划的商品经济”，认为是“写出了一个政治经济学的初稿，是马克思主义基本原理和中国社会主义实践相结合的政治经济学”②。当前，习近平总书记指出，“中国特色社会主义是全面发展的社会主义”③，“中国特色社会主义进入了新的发展阶段”④，要“提炼和总结我国经济发展实践的规律性成果，把实践经验上升为系统化的经济学说”⑤。从毛泽东认为写出成熟的教科书“受到社会实践的一定限制”，到邓小平认为“写出了一个政治经济学的初稿”，再到习近平提出“把实践经验上升为

① 中华人民共和国国史学会：《毛泽东读社会主义政治经济学批注和谈话》（简本），内部资料，第 804 页。

②《邓小平文选》第 3 卷，北京：人民出版社 1993 年版，第 83 页。

③ 习近平：《准确把握和抓好我国发展战略重点　扎实把“十三五”发展蓝图变为现实》，《人民日报》2016 年 1 月 31 日。

④ 新华社：《高举中国特色社会主义伟大旗帜　为决胜全面小康社会实现中国梦而奋斗》，《人民日报》2017 年 7 月 28 日。

⑤ 新华社：《立足我国国情和我国发展实践　发展当代中国马克思主义政治经济学》，《人民日报》2015 年 11 月 25 日。

系统化的经济学说”，历代领导人关于理论发展现实条件的不同判断表明，随着社会主义建设进入不同历史阶段，政治经济学理论发展的现实条件日益成熟，实践推动理论创新。正如习近平总书记所言：“中国特色社会主义不断取得的重大成就，意味着近代以来久经磨难的中华民族实现了从站起来、富起来到强起来的历史性飞跃……意味着中国特色社会主义拓展了发展中国家走向现代化的途径，为解决人类问题贡献了中国智慧、提供了中国方案。”① 在实践的推动下，中国特色社会主义政治经济学在继往开来中不断发展。

另一方面，所谓“任重道远”，是指中国特色社会主义政治经济学从提出到成熟尚需经历曲折的探索过程。当前中国特色社会主义政治经济学的发展至少面临两个方面的艰难探索：第一，理论构建面临诸多悬而未解的学术难题。从20世纪50年代开始，国内围绕体系构建的“起点论”“红线论”等问题就形成了诸多争论，同时，社会主义条件下“剩余价值规律”和“经济危机周期性”的适用性等一些原则性的问题未能获得解决，甚至在某些问题上的分歧出现了日益扩大的趋势。这在很大程度上限制了中国特色社会主义政治经济学的理论化水平，使政治经济学经典理论中的价值理论、分配理论、剩余价值理论和危机理论未能充分体现在中国社会主义政治经济学中，从而导致中国实践中涌现出的一系列具有中国特色的经济思想未能获得经典的理论化表述。破解这一难题，需要直面六十余年来形成的一系列争论，加速对政治经济学经典理论的创新应用，在中国特色社会主义经济思想理论化的道路上不断探索。第二，时代变革形成的新问题和新挑战倒逼理论探索。50年代中后期，既是中国社会主义政治经济学的第一次研究高潮，也是我国社会主义初级阶段的起始时期。当前中国社会主义经济建设在经历了六十余

① 新华社：《高举中国特色社会主义伟大旗帜　为决胜全面小康社会实现中国梦而奋斗》，《人民日报》2017年7月28日。

年的巨变后，迎来了中国特色社会主义新的发展阶段。中国特色社会主义政治经济学也需要适应新时期新阶段，加速理论创新。正如习近平总书记在“7·26”讲话中所强调的：“我们要在迅速变化的时代中赢得主动，要在新的伟大斗争中赢得胜利，就要在坚持马克思主义基本原理的基础上，以更宽广的视野、更长远的眼光来思考和把握国家未来发展面临的一系列重大战略问题，在理论上不断拓展新视野、做出新概括。”① 值得注意的是，实践中的新问题与历史累积的学术难题，都将理论探索指向中国特色社会主义政治经济学理论化水平的提升：在实践方面，要形成解释社会主义初级阶段不同时期的理论体系，为新时期的经济实践指明方向，必须提升理论高度；而提高理论高度就需要在理论方面破解体系构建面临的学术难题，创新政治经济学经典理论使之适应当前现实，从而实现中国特色社会主义经济建设经验的理论化重构。理论水平的提升必须遵循学术发展的客观规律，注定是一个任重道远的探索过程，要求政治经济学研究者群策群力、积极进取、砥砺前行。

编写出版《中国特色社会主义政治经济学名家论丛》就是为了响应习近平总书记推进理论创新的时代要求，服务中国特色社会主义政治经济学的发展。纵观中国社会主义政治经济学六十余年的发展历程不难发现：政治经济学学者承担着理论创新的历史使命，学术交流质量决定理论发展水平。当前中国政治经济学界存在着一支高水平的政治经济学理论队伍，他们既是六十余年理论积淀的承载者，也是当前理论创新的承担者。及时把握这些学者的研究动态，加快其理论成果的普及推广，不仅有助于推动政治经济学界的学术交流，也有助于扩大中国特色社会主义政治经济学的社会反响，同时为后来的研究提供一批记录当代学者理论发展印迹的历史文献。“名家论丛”选取的名家学者都亲历过20世纪

① 新华社：《高举中国特色社会主义伟大旗帜　为决胜全面小康社会实现中国梦而奋斗》，《人民日报》2017年7月28日。

80 年代和当前两次研究高潮，部分学者甚至是三次理论高潮的亲历者。这些学者熟悉中国社会主义政治经济学的理论传承，知晓历次研究高潮中的学术焦点与理论分歧，也对中国特色社会主义经济建设经验具有深刻的理论洞察。在本次研究高潮中，他们的理论积淀和实践观察集中迸发，围绕中国经验的理论升华和中国特色社会主义政治经济学的体系构建集中著述，在中国特色社会主义政治经济学的发展中起到学术引领和理论中坚的作用，其研究成果值得高度关注和广泛推广。同时，从2015年年底习近平总书记提出“中国特色社会主义政治经济学”算起，当前这次研究高潮从形成到发展，尚不足两年，还处于起步阶段，需要学界同仁的共同参与、群策群力，使之形成更大的理论潮流。中国社会科学院经济研究所是我国重要的经济学研究机构，也是中国社会主义政治经济学六十余年发展历程和三次理论高潮的重要参与者。在 20 世纪 50 年代和 80 年代两次理论高潮中，经济研究所的张闻天、孙冶方、刘国光和董辅礽等老一辈学者是重要的学术领袖。在本轮研究高潮中，经济研究所高度重视、积极参与中国特色社会主义政治经济学的发展，决心依托现有资源平台积极服务学界同仁。策划出版《中国特色社会主义政治经济学名家论丛》的目的就在于服务学术创新，为当前的理论发展略尽绵薄之力，也是为笔者所承担的国家社科规划重大项目“中国特色社会主义政治经济学探索”积累资料。

同时，为了更加全面地展示中国特色社会主义政治经济学的理论发展动态，我们还将依据理论发展状况适时推出“青年论丛”和“专题论丛”，就青年学者的学术观点和重要专题的学术成果进行及时梳理与推广，以期及时反映理论发展全貌，推动学术交流，服务理论创新。当然，三个系列论丛的策划与出版，完全依托当前的理论发展潮流，仰赖专家学者对经济研究所工作的认可与鼎力支持。在此我们代表经济研究所和论丛编写团队，对政治经济学界同仁的支持表示衷心的感谢！同时也希望各位大家积极参与论丛的编写和出版，为我们推荐更多的高水平研究成果，提高论丛的编写质量。

编者说明

2015 年 11 月 23 日，中共中央政治局就马克思主义政治经济学基本原理和方法论进行第二十八次集体学习。中共中央总书记习近平同志在主持学习时强调，要立足我国国情和我国社会发展的具体实践，揭示新特点新规律，提炼和总结我国经济发展实践的规律性成果，把实践经验上升为系统化的经济学说，不断开拓当代中国马克思主义政治经济学新境界。为了响应党中央发出学习马克思主义政治经济学的号召，我们邀约了 10 位在我国政治经济学领域极具影响力的经济学家，编辑了这套丛书。

需要说明的是，担任丛书学术委员会主任的刘国光先生已届 95 岁高龄，在习总书记发出学习政治经济学的政治号召后，他因年事已高，难以集中精力撰写长篇的理论文章，在这本文集中，我们选辑了他在 2005 年至 2015 年期间公开发表的政治经济学研究文章。

刘国光先生的文章契合了习近平总书记提出的中国特色社会主义政治经济学系列讲话精神，而且这些文章对于当前存在的问题仍然具有很强的针对性，具有很强的现实意义。虽然他在讨论一些具体问题时没有使用最新的流行的话语体系，但为了更好地贴近和反映具体问题所处历史时期的理论认识水平，我们还是决定尽量保留文章最初写作时的本来面目，所以有一些文章与读者从学术刊物上阅读到的版本之间会有一定的出入。还有一些论述，看起来似乎有某些重复，但那是对同一问题从不同角度所做的探讨，可以相互映衬着帮助读者更全面地去思考。

我们把收在这本文集中的文章编为四个部分：首篇是作者针对政治经济学学科本身的研究，后三篇是他对中国特色社会主义政治经济学所要着重阐解的重点问题的研究，包括对社会主义市场经济、社会主义基本经济制度的思考，以及他对改革开放方向问题的理论探索。贯穿其中的，是马克思主义理论的指导思想。他早在2005年就提醒经济学学术界出现了马克思主义边缘化倾向，提出要加强马克思主义的指导地位，要克服新自由主义带来的负面影响。他在研究中国特色社会主义政治经济学的工作中，坚持把社会主义市场经济放在核心地位，强调其区别于资本主义市场经济的本质特征。他在思考社会主义基本经济制度时，强调社会主义公有制对分配制度的影响。他在探索改革开放阶段理论时，始终把改革开放的方向问题摆在首位。

通过对刘国光先生文集的整理和编辑工作，我们可以看到，他对中国特色社会主义政治经济学的学科发展、研究范式、话语体系构建等各方面的贡献，都是极其巨大的。

丛书编辑委员会

目 录

第一篇 中国特色社会主义政治经济学

关于中国社会主义政治经济学的若干问题 / 2010 年 / 3

论中国特色社会主义经济学三则 / 2009 年 / 18

经济学教学和研究中的一些问题 / 2005 年 / 33

我的经济学探索之路 / 2012 年 / 48

第二篇 社会主义市场经济

社会主义市场经济与资本主义市场经济的两个根本性区别 / 2010 年 / 63

关于党的十一届三中全会以来探索和确立社会主义市场经济制度情况的回顾 / 2009 年 / 69

计划与市场关系变革三十年及我在此过程的一些经历 / 2008 年 / 76

关于政府和市场在资源配置中的作用 / 2014 年 / 87

全面准确理解市场与政府的关系 / 2014 年 / 95

政府和市场关系的核心是资源配置问题 / 2015 年 / 107

第三篇　社会主义初级阶段基本经济制度（所有制与分配关系）

关于社会主义初级阶段基本经济制度若干问题的思考 / 2011 年 / 121
社会主义初级阶段的主要矛盾问题 / 2010 年 / 134
社会主义初级阶段的矛盾和本质特征 / 2013 年 / 141
公有制是社会主义初级阶段基本经济制度的基石 / 2011 年 / 147
深化对公有制经济地位和作用的认识 / 2011 年 / 159
关于分配与所有制关系若干问题的思考 / 2007 年 / 164
重视发展集体经济 / 2012 年 / 201
关于混合所有制改革的一些看法 / 2014 年 / 207
改革开放新时期的收入分配问题 / 2010 年 / 211
关于国富、民富和共同富裕问题的一些思考 / 2011 年 / 223

第四篇　改革方向的争论与探讨

试用马克思主义哲学方法总结改革开放三十年 / 2008 年 / 235
坚持正确的改革方向 / 2006 年 / 257
略论“市场化改革” / 2006 年 / 262
“市场化”不应是中国改革的全称 / 2006 年 / 268
共和国六十周年感言四则 / 2009 年 / 277
反思改革不等于反改革 / 2005 年 / 298
不坚持社会主义方向的改革同样死路一条 / 2012 年 / 307
“十八大”后再谈中国经济体制改革的方向 / 2013 年 / 312

第一篇

中国特色社会主义政治经济学

关于中国社会主义政治经济学的若干问题

一、 社会主义政治经济学的阶级性和科学性

人们通常讲，马克思主义政治经济学体现了科学性和阶级性的高度统一，它代表无产阶级的利益，具有鲜明的阶级性，这是不错的。人们又通常讲，坚持马克思主义立场就是要始终代表最广大人民的根本利益。一般地讲，这也不错。但是要分析，广大人民是划分为阶级的。社会主义初级阶段也是这样。现阶段，广大人民除了广大的工农劳动人民，还包括小部分剥削阶级。应当说，马克思主义和共产党不能代表剥削阶级的利益，只能在一定历史条件下，如民主革命时期和社会主义初级阶段，关怀和照顾一部分剥削阶级（民族资产阶级、合法私营企业主阶层）的正当利益，以团结他们为革命和建设而努力；不能无条件地毫不动摇地毫无限制地支持剥削阶级，绝对不能为了迁就或成全他们的利益而损害劳动人民的利益。贫富差距的扩大，两级分化趋势的形成，就是这种损害的表现。这是同马克思主义的立场与共产党的宗旨格格不入的。政治经济学的社会主义部分也要贯彻这个立场，处处不要忘了这个问题。

马克思主义政治经济学的科学性在于它揭示了经济社会发展的客观规律，运用的基本方法是辩证唯物主义和历史唯物主义的方法，把历史方法和逻辑方法统一起来。过去对于社会主义经济的研究一般采用规范方法，学者的注意力集中在社会主义经济“应该怎样”，从给定的前提中合乎逻辑

地推出结论。现在研究社会主义经济改革时，当然也不能不关心社会主义初级阶段的经济“应该怎样”的规范，但首先要分析清楚初级阶段的经济“实际上是怎样”的问题，即对客观存在的事实及其内在联系和规律表现予以实事求是的分析和说明。没有这种分析说明，就不可能对它面临的问题有明晰的概念和提出可行的方案。我们要注意经济学教学中的一个现实，即实事求是的实证分析，要比规范原理的说教更能够唤起学习热情和探索兴趣。为什么某些西方资产阶级经济学教材能在社会主义国家大行其道，吸引了不少学生，而马克思主义政治经济学却在课堂里被边缘化，甚至被学生嘲笑？我想，与研究方法和叙述方法上存在的缺点可能有一定的关系。我希望有关教材能在这方面有所改进，比如说增加一些定量分析，用方块事例解说一些经济原理，等等，以便更有效地宣传马克思主义。

二、 社会主义初级阶段的主要矛盾

按党的有关文件论述，社会主义初级阶段的主要矛盾就是人民日益增长的物质文化需要同落后的社会生产之间的矛盾。这一主要矛盾首先是1956年党的八大明确宣布的。当时刚完成社会主义改造，把这一矛盾当作进入社会主义建设时期的主要矛盾。党的十一届三中全会以来，重新确认这一主要矛盾，后来引入了初级阶段概念，就把它当作“社会主义初级阶段所面临的主要矛盾”。由于人民日益增长的需要大于落后的社会生产，才迫切要求我们聚精会神加紧经济建设，所以作为十一届三中全会全党重点工作转移决策的理论依据，初级阶段主要矛盾的提法是非常重要的。

不过，当前有一个理论上的疑难问题，就是出现了“内需不足”、“产能过剩”的现象，即国内生产能力大于国内需求。这好像同社会生产落后于社会需要的主要矛盾有点脱节，很需要政治经济学从理论上解释一下。

人民日益增长的“需要”是指生理上和心理上的欲望，还是指有购买能力的需求？如果是前者，即主观欲望，那么社会生产总是赶不上欲望的需要，由此推动社会的发展和人类的前进。如果“需要”是指后者，即有购买能力的需求，那么社会生产和人民消费需求的关系就要看是什么社会制度了。在资本主义社会制度下，社会生产与有效需求的关系受到资本经济基本矛盾的制约，人民有效需求总是落后于不断扩大的社会生产，因此经常发生生产过剩并爆发周期性经济危机。在社会主义社会制度下，公有制经济和按劳分配制度，再加上有计划的调节和综合平衡，一般不应发生有效需求不足和生产过剩问题。但在过去传统计划经济下，因大锅饭、软预算体制，导致短缺经济现象，往往出现有效需求过多而生产供应不足。这是传统计划经济的一个缺陷。但无论如何，社会主义社会一般不应发生有效需求不足和生产过剩的与社会主义本质宗旨相扭曲的现象。问题在于现在初级阶段不是完整的社会主义。除了社会主义经济成分外，还允许私企、外企等资本主义经济存在和发展，因此资本主义经济规律的作用就渗透到初级阶段社会主义经济中来，发生局部的生产过剩和内需不足的问题。对于这次世界资本主义周期性经济危机过程中中国为什么被卷进去，为什么中国在这个危机中表现得比资本主义国家好，也要从上述道理来解释，才讲得通。

初级阶段的主要矛盾决定了十一届三中全会以来我党工作重点转移到经济建设为中心，这是万分正确的。“经济建设”或“经济发展”要做什么事情？简单地说主要是两件事情：一是把 GDP（蛋糕）做大，经济实力做强；二是把 GDP（蛋糕）分好，让人民共享发展成果。从全局来看，当然要两者并重，但在初级阶段确有先后次序，先做大蛋糕，然后分好蛋糕，也说得通；但到一定时候就要两者并重，甚至把分好蛋糕放在“更加注重”的地位，因为不这样做就难以进一步做大蛋糕。政治经济学应该强调现在我们已经到了这个时期。按照邓小平的意见，在上世纪末达到小康水平的时候就要突出地提出和解决贫富差距问题①，就是说从世纪之交开始，我们

---

① 邓小平年谱（1975—1997）：下．北京：中央文献出版社，2004.

说法，而只能是“消灭剥削，消除两极分化，达到共同富裕”。

邓小平还有一篇讲话涉及社会主义“本质”问题。1990 年 12 月 24 日他同江泽民、杨尚昆、李鹏谈话时指出，“社会主义最大的优越性就是共同富裕，这是体现社会主义本质的一个东西”。这是与南方谈话中讲的“消灭剥削、消除两极分化”相通一气的，都是讲的生产关系，但是不包括生产力方面的东西。

邓小平讲社会主义“本质”的地方并不多，只找到上面两例。他大量讲的是社会主义的“性质”、“原则”、“两个最根本的原则”、“最重要的原则”、“两个非常重要的方面”，概括起来一个是公有制为主体，一个是共同富裕，不搞两极分化。他反复地讲这两点，而这两点同 1992 年南方讲话所谈的社会主义本质的生产关系方面又是完全一致的。

邓小平之所以反复强调社会主义本质、性质、原则中的生产关系方面的东西，就是因为不同社会制度相区别的本质特征是在生产关系方面，不是在生产力方面。马克思主义政治经济学的研究对象是联系生产力和上层建筑来研究生产关系；着眼于完善生产关系和上层建筑，来促进生产力的发展。所以，在社会主义本质问题的研究和阐述上，主要的工夫应该下在生产关系方面，强调社会主义区别于资本主义的本质在于消灭剥削和两极分化，它的根本原则在于公有制为主体和共同富裕。

事实上，目前的许多教材在社会主义性质问题分析上，也是对于发展生产力方面阐述比较周详，这当然是必要的；但对于生产关系方面的阐述偏弱，这是不足之处。为什么会有这种偏向？其原因大概是由于社会主义初级阶段的实践，实际上不能消除一切剥削，并且出现两极分化的趋向。一些就其性质来说不是社会主义的生产关系，只要适应社会主义初期阶段的生产力水平，能够推动生产力的发展，也应该存在和发展。这是容许资本主义剥削因素存在于初级阶段社会主义的理论依据。这样，为了发展生产力，我们必须容忍剥削关系和它所带来的两极分化后果，甚至讳避谈论剥削关系和两极分化趋势的存在。但这是同社会主义本质论不相容的。社会主义本质论同社会主义初级阶段实践的矛盾，使得这个理论的阐述者只好强化它的生产力方面，弱化它的生产关系方面。但是，邓小平社会主义理论的重点核心还是在生产关系方面。不然，为什么他说“如果导致两极分化，改革就失败了”。这个理论上的假设也是就生产关系来说的。“失败”是指在假设的情况下，社会主义生产关系就要遭受挫折，并不是指生产力，即使在那样假设的情况下，生产力短期内可能有很大的发展。

我们怎样才能解决社会主义本质论和社会主义初级阶段实践之间的矛盾呢？这是需要政治经济学来研究和解答的问题。

四、 社会主义市场经济是有计划的

马克思主义认为，在共同的社会生产中，国民经济要实行有计划按比例的发展。“有计划按比例”并不等于传统的行政指令性的计划经济。改革后，我们革除传统计划经济的弊病，适应社会主义初级阶段的国情，建立了社会主义市场经济体制。但是不能丢掉公有制下有计划按比例的经济规律。政治经济学尤其不能忘记这一点。

1992 年党的十四大提出建立社会主义市场经济体制的改革目标，是在邓小平“计划与市场两种手段都可以用”的南方谈话精神下制定的。江泽民同志于党的十四大前在党校讲话，列举了改革目标的三种提法：（1）社会主义有计划的市场经济；（2）计划与市场相结合的社会主义商品经济；（3）社会主义市场经济。这三种提法当时并无高下之分，都可以选择。江泽民选择了“社会主义市场经济”，把“有计划”三个字去掉了。但是江泽民随即说：“有计划的商品经济也就是有计划的市场经济，社会主义经济从一开始就是有计划的，这在人们的脑子里和认识上一直是很清楚的，不能因为提法中不出现‘有计划’三个字，就发生了是不是取消了计划性的问题。”①党的十四大之所以在改革目标的文字上取消了“有计划”三个字，

① 改革开放30年重要文献选编：上．北京：中央文献出版社，2008.

而由江泽民在会前的口头解释中讲明，这并不意味着取消社会主义的“计划性”，这与当时传统计划经济的影响还相当严重而市场经济的概念尚未深入人心的情况有关。为了提高市场在人们心中的地位，推动市场经济概念为社会公众所接受，才这样提出来的——删掉了“有计划”三个字，加上“社会主义”四个极有分量的定语，而“社会主义从一开始就是有计划的”，这样，党的十四大改革目标的精神就很完整了。我当时就认为党中央这样做用心良苦，非常正确。可是今天对党的十四大改革目标提法的精神能够真正理解的人却不多了。

现在，市场经济在我国已实行将近20年，计划离我们渐行渐远。由于历史原因，我们过去过于相信传统的计划经济；时过境迁，一些同志从迷信计划变成迷信市场，从一个极端走到另一个极端。十一五计划改称为“规划”，一字之差就大做文章，说我们离计划经济更远了。我并不反对“计划”改称“规划”，反正都是一样，但是难道只有“规划”才有指导性、战略性、灵活性，“计划”不是也有指令性计划、指导性计划、战略性计划、预测性计划吗？

在宏观调控工作中，国家计划对短期和长期的宏观经济的指导作用明显减弱；计划本身是政策汇编性的，很少有约束性、问责性的指标任务；中央计划与地方计划脱节，前者控制不了后者追求GDP情结；计划的要求与实绩完成的数字相差甚远，完全失去了导向的意义。所有这些，影响到宏观经济管理的实效，造成社会经济发展中的许多失衡问题。

在这样的情况下，政治经济学教材重申社会主义市场经济也有“计划性”很有必要。2008年党的十七大重新提出“发挥国家规划、计划、产业政策在宏观调控中的导向作用”，就是针对我国经济实践中计划工作削弱和思想意识中计划观念的淡化和边缘化而提出的。我们不仅要在实践中切实贯彻党的十七大这一方针，而且要在理论宣传工作中重新强调社会主义市场经济的计划性，恢复前述党的十四大关于改革目标的整体精神。这首先是政治经济学教材的任务。

社会主义市场经济必须有健全的宏观调控体制，这当然是正确的。但是1985年巴山轮会议上，匈牙利经济学家科尔奈建议我国建立宏观调控下市场经济体制的时候，法国经济学家阿尔约伯特说，他们法国就实行这种体制。所以宏观调控下市场经济并非社会主义国家经济体制独自的特色，资本主义国家也有的。那么我们社会主义国家宏观调控下的市场经济怎样区别于资本主义国家呢？除了基本经济制度的区别外，就在于社会主义市场经济还有计划性，还有国家计划的指导。少数市场经济国家如日、韩、法曾设有企划厅之类的机构，编有零星的预测性计划。英美等多数市场经济国家只有财政货币政策等手段，没有采取计划手段来调控经济。但我们以公有制经济为主体的社会主义大国有必要也有可能在宏观调控中运用计划手段指导国民经济有计划按比例发展。这也是社会主义市场经济的优越性所在。宏观调控有几项手段，最重要的是计划、财政、货币三者。党的十四大报告特别指出，“国家计划是调控的重要手段”，没有指财政、货币政策。不是说财政、货币政策不重要，而是财政、货币政策是由国家宏观计划来导向的。党的十七大也强调国家计划在宏观调控中的导向作用。所以，国家计划与宏观调控不可分，是宏观调控的主心骨。因此，宏观调控下的市场经济也可以称为国家宏观计划调控下的市场经济，这就是社会主义有计划的市场经济不同于资本主义在宏观调控下的市场经济的地方。

五、关于社会主义基本经济制度的一些问题

社会主义初级阶段的基本经济制度是公有制为主体、多种所有制经济共同发展的经济结构，坚持这一基本制度必须既不能搞私有化，也不能搞单一公有制。这是党的十七届四中全会提出要划清四个重要界限里面的一条，十分重要。不过，要进一步弄明白，“私有化”和“单一化”这两个错

误倾向哪一个目前是主要的。单一公有制是过去片面追求“一大、二公、三纯”时代的产物，现在似乎没有人主张那一套，有也是极其个别的极“左”人士。当前主要错误倾向不是单一公有制，而是私有化。有大量的言论和事实证明，当前私有化的危险倾向确实严重存在。马克思主义的政治经济学不能不看到这些大量的言论和事实。对私有化和单一公有化两种倾向各打五十大板，不中要害，实际上是把私有化错误倾向轻轻放过。

马克思主义评价所有制的标准，并不只看所有制成分的比重，但也不主张不看比重。公有制在国民经济中的比重不断降低，降得很低，以致趋于零，那还算是什么社会主义。现在连国家统计局局长都在讲我国的经济成分一直是公降私升，国有经济比重一直不停地在下降，宏观上并不存在右派精英攻击的所谓“国进民退”。微观上“有进有退”，案例多是“国退民进”。局部个别案例中的所谓“国进民退”，也并非没有道理。总之，客观上我国经济这些年来一直是公降私升，“国退民进”究竟要退到什么地步才算合适？记得江泽民同志讲过，公有制比重的减少也是有限制、有前提的，就是不能影响公有制的主体地位。现在有不少人对公有制是否还是主体有疑虑。解除人们疑虑的办法之一就是用统计数字来说明。马克思主义政治经济学应当负起这个责任，解除公众的疑虑，坚定人们对社会主义初级阶段基本经济制度的信心。

基本经济制度不但要求公有制经济占主体地位，还要求国有制经济起主导作用。而要对经济起主导作用，国家应控制国民经济命脉，国有经济的控制力、影响力和竞争力得到增强。在社会主义经济中，国有经济的作用不是像资本主义制度那样，主要从事私有企业不愿意经营的部门，补充私人企业和市场机制的不足，而是为了实现国民经济的持续稳定协调发展，巩固和完善社会主义制度。为了实现国民经济的持续稳定协调发展，国有经济就应主要集中于能源、交通、通信、金融、基础设施和支柱产业等关系国民经济命脉的重要行业和关键领域，在这些行业和领域应该为“绝对的控制力”、“较强的控制力”、“国有资本要保持独资或绝对控股”或“有条件的相对控股”，国有经济对这些部门保持控制力是为了对国民经济有计划的调控，以利于它的持续稳定协调发展。

除了帮助政府实行对国民经济有计划的调整外，国有经济还有另一项任务，即保证社会正义和公平的经济基础，对那些对于政府调控经济不重要，但是对于保障正义和公平非常重要的竞争性领域的国有资产，也应该视同“重要”和“关键”的领域，要力争搞好[①]。所以，不但要保持国有经济在具有自然垄断性的关系经济命脉部门领域的控制力，而且同时要保障国有经济在竞争性领域的发展，发挥它们在稳定和增加就业、保障社会福利和提供公共服务的作用，增强国家转移支付和实行公平再分配的经济能力和实力。有竞争力的国有企业为什么不能在竞争性领域发展，利润收入只让私企独占？所以，中央对竞争性领域的国有经济一向坚持的是“有进有退”、提高其竞争力的政策，而绝不是“完全退出”竞争性领域的政策，像一些新自由主义的精英们坚持不懈地叫嚷的那样。当然，竞争性领域应当对私营企业完全开放，尽量让他们相互竞争并与国企竞争。这些都要在政治经济学教科书中斩钉截铁地讲清楚。

私有化的主张者不仅要求国有经济完全退出竞争领域，他们还要求国有经济退出关系国民经济命脉的重要行业和关键领域。他们把国有经济在这些行业领域的控制和优势地位冠以“垄断行业”、“垄断企业”，不分青红皂白地攻击国有企业利用政府行政权力进行垄断。有人主张垄断行业改革措施之一就是创造条件鼓励私有企业进入这些“垄断行业”。这正是私有化主张者梦寐以求的，因为这些垄断行业一般都是高额利润行业。应当明确，在有关国家安全和经济命脉的战略性部门及自然垄断产业，问题的关键不在于有没有控制和垄断，而在于谁来控制和垄断。一般说来，这些特殊部门和行业由公有制企业经营要比私有制企业能更好地体现国家的战略利益

① 夏小林．为谁作嫁．香港：大风出版社，2008.

和社会公众利益。

行政性垄断的弊病是应当革除的。革除的办法与一般国企改革没有太大的差别，就是实行政企分开，政资分开，公司化改革，建立现代企业制度，进行收入分配制度的改革，健全法制和监管制度，等等。恢复企业利润上缴国库和调整高管薪酬待遇，是当前国企收入分配改革中人们关注的焦点。另外，还有一个完善职工代表大会制度的改革，要使之成为真正代表劳动者权益的机构。如果职工真正有权监督国企重组，像吉林通钢那样的悲惨事情也不会发生了。

私有经济在社会主义初级阶段的基本经济制度中有其地位，包括私有经济在内的非公经济对促进我国生产力发展有积极作用。但是，私营经济具有两面性，即除了有利于发展生产力的积极一面外，还具有剥削性消极的一面。这后一面在初级阶段是容许的，但它应当受到社会的约束。由于剥削追逐私利这一本质所带来的一系列社会后果，如劳资纠纷、两极分化等，马克思主义的政治经济不可不察，不可不研究。

针对私营经济和私营企业主客观存在的两面性，除了引导它们在适当的行业合法经营、健康发展外，还要对其不合法、不健康的经营行为进行限制，对其经营的领域进行节制，如不允许控制命脉重要部门、不允许进入垄断部门。这些部门天然是高利润部门，而且关系国家和公众利益，应当由公有制经济来承担，不能让私人资本来发财。孙中山还有“节制资本”的口号呢！

六、 关于收入分配

生产决定分配，不同的所有制关系决定不同的收入分配制度，只有在生产资料社会占有的基础上，才能形成按劳分配为主体的分配关系。这是马克思主义政治经济学的原理。个人收入划分为“劳动收入”和“非劳动收入”这一对概念的引入很重要，它是与另一对概念“按劳分配收入”和

"按要素收入"相对应的，但有些交叉。人们讲按生产要素分配时，生产要素包括了资本、知识、技术、信息、管理、土地等项。但马克思主义政治经济学是把技术和管理当作"复杂劳动"来看待，其所得收入也应看作"劳动收入"或"复杂劳动的收入"。知识、信息、专利等可以是资本化的产权，可以转让，属于资本的范畴，其所得收入也应视为资本收入。房地租收入也可以资本化，其性质可以等同视之。所以，个人收入划分为劳动收入和非劳动收入，按要素分配收入实质上是按资本分配收入。这一概念的澄清十分重要。它立刻把初次分配的核心带到劳动与资本的关系，即V：M的关系问题上来。由于国民收入初次分配中不同经济主体的收入获得是与生产要素的占有状况相联系的，尤其是非劳动生产要素（主要是资本）参与分配，在个人拥有非劳动生产要素的差异逐渐扩大、少数人财产性收入不断叠加累积的情况下，初次分配的结果必然产生越来越大的收入差距，出现分配的不公平现象。

在分析我国贫富差距不断扩大的原因时，人们列举了很多缘由，诸如城乡差异扩大、地区不平衡加剧、行业垄断、腐败、公共产品供应不均、再分配措施落后，等等，不一而足。这些缘由都言之有理，也是必须应对的，但这些原因不是最主要的。收入分配差距扩大的根本原因被有意无意忽略了。

收入分配不公源于初次分配，而初次分配的核心问题在于V：M的关系，即劳动收入与资本收入的关系，劳动与资本的关系就涉及生产关系和财产关系问题了。财产占有上的差别往往是收入差别最重大的影响因素。即使西方资产阶级经济学家萨缪尔森都承认，"收入差别最主要的是拥有财富多寡造成的，和财产差别相比，个人能力的差别是微不足道的"。又说"财产所有权是收入差别的第一位原因，往下依次是个人能力、教育，培训、机会和健康"①。西方经济学大师的这一说法是公允的、科学的。如果用马克思主义政治经济学语言，可以说得更加透彻。分配决定于生产，不

① 萨缪尔森．经济学：下卷．高鸿业，译．北京：商务印书馆，1979.

同的生产方式、生产关系决定了不同的分配方式、分配关系。与资本主义私有制生产方式相适应的分配方式是按要素主要是按资本分配，而与社会主义公有制生产方式相适应的分配方式则是按劳分配。马克思主义政治经济学历来是这样讲的。在社会主义初级阶段，由于我们在坚持社会主义道路前提下允许一些资本主义因素在一定范围内存在，所以允许同时实行按资本和其他非劳动要素分配，但这种分配方式只能处于从属地位，为主的应是按劳分配。这是由所有制结构以公有制为主决定了的。

以上是规范的政治经济学所论。但实证的政治经济学却发现，“现在我国国民收入分配已由按劳分配为主转向按要素（即资本）为主”①；另一篇文章提出，“从资本主义市场经济一般规律和我国市场经济发展的实际进程可以知道，这一分配方式的变化所带来的后果，就是随着私人产权的相对扩大，资本的收入分配也相应扩大，劳动收入的份额相对缩小，从而扩大收入差距。绝对富裕和相对贫困的并行，秘密就在这里”。我国贫富差距的扩大，除了前述的一系列重要原因外，跟所有制结构的变化、跟公降私升、跟化公为私的私有化和过度市场化过程有着解不开的紧密联系，这已是不争的事实。

讲清了收入差距扩大形成的原因，就可以找到治理途径和政策措施。2010 年以来，调整收入分配一词以前所未有的密集度出现在我国官方表述中。政府领导人多次讲了改革分配制度的决心和方案思路。总的看来，在考虑调整收入分配关系和缩小贫富差距时人们往往倾向于从分配领域本身着手，特别是从财政税收转移支付与再分配领域着手，改变低收入者的民生状况，完善社会保障和公共福利，等等。这些措施是完全必要的，我们现在也开始这样做了，但做得还很不够，还要加多措施加大力度，如个人所得税起征点和累进率的调整，财产税、遗产税、奢侈品消费税的开征，并以此为财源，增强对社会保障、公共福利和改善低收入者生活的支付，

---

① 武力，温锐. 1992 年以来收入分配变化刍议. 中国经济时报，2006－5－26.

等等。但仅仅从分配和再分配领域着手还是远远不够的，不能从根本上扭转贫富收入差距扩大的问题，还要从所有制结构、从财产关系上直面这一问题。也就是说，我们要从巩固社会主义初级阶段基本经济制度的角度来解决这一问题，强化公有制的地位，发展多种经济成分，同时弱化私有趋势来解决这个问题，才能最终地阻止贫富差距继续扩大向两极分化发展的趋势，实现共同富裕。这就是邓小平所说的“只要我国经济中公有制占主体地位，就可以避免两极分化”；“基本生产资料归国家所有，归集体所有，就是说归公有，就不会产生新资产阶级”。这是非常深刻的论断。政治经济学教科书不能丢了这个论断。它指明社会主义初级阶段容许私人产权的发展，容许按要素（主要是资本）分配收入，但这一切都要以公有制和按劳分配为主为前提，不能让私有制代替公有制为主体，也应该扭转按资分配代替按劳分配为主的趋势。那种让私人资本向高利行业渗透（关系国民经济命脉的重要部门和关键领域，连孙中山也反对这样做），那种突出鼓励增加“财产性收入”（只能使富人财产越来越富，而大多数工农大众从微薄财产获得蝇头小利）之类的政策只能促使收入差距和财富差距进一步扩大，都应该调整。只要保持和强化公有制这个主体，贫富差距就不会恶性发展到两极分化的程度，可以控制在合理的限度以内，最终走向共同富裕的目标；否则，两极分化、社会分裂是不可避免的。

（原载于《政治经济学评论》2010年10月第1卷第4期）

论中国特色社会主义经济学三则

一、 中国特色社会主义经济学应当凸显创新品格[①]

构建中国特色社会主义政治经济学，是中国马克思主义者的一项历史使命，也是马克思主义经济学的重大创新，我们党的几代领导集体都十分关注这件事。我作为中国的老一代经济学人认为，中国特色社会主义经济学应当凸显创新品格[②]，大体表现在以下几个方面。

第一，旗帜鲜明地坚持马克思主义立场、观点和方法，特别是凸现中国特色社会主义理论体系。所谓“马学”为魂、“中学”为体、“西学”为用，就是以马克思主义基本原理为指导，中国化的马克思主义经济学说为主体，吸收西方经济学中的有益成分为我所用。遵循这一正确的指导思想，方能全面深入地论述中国改革开放和发展中的一系列重大理论问题，科学地总结我国社会主义现代化建设的历史经验。同时，还要对每一个重大理论都进行辩证的分析，与形形色色的非马克思主义的“社会主义”划清界限。

第二，构建新的理论体系，不再照抄照搬以往政治经济学教科书的框

---

① 本节观点主要来自为杨承训主编、郭军副主编的《中国特色社会主义经济学》一书所作的序。据我所知，杨承训同志是最早倡导构建中国特色社会主义经济学的经济学家之一，得到了各方面的支持。现在经过五年多的努力，以杨承训教授为主编、郭军教授为副主编的《中国特色社会主义经济学》由人民出版社2009年1月出版。这是迄今为止第一部这类系统论著。

②《中国特色社会主义经济学》凸显了中国特色社会主义的创新品格。

子，更不能模仿西方经济学的范式。特别是要：把握生产力与生产关系以及上层建筑的辩证统一关系，从整体上揭示各经济关系和社会关系的内在联系。杨承训主编、郭军副主编的《中国特色社会主义经济学》一书，以大量的篇幅论述了现代生产力的发展和我国的建设道路，又分析了上层建筑对经济运行的反作用，突破了以往政治经济学忽视生产力和上层建筑的狭隘眼界和思维定式，值得提倡。

第三，力争全面系统地梳理社会主义经济学说的发展脉络和演进历程，辩证地理清坚持、继承和发展的关系。如对于社会主义本质、社会主义发展阶段、社会主义与市场经济的关系、社会主义所有制结构和分配关系、科学发展观等等问题，从马克思、恩格斯到列宁、斯大林直到中国共产党几代领导集体的相关思想和发展变化及其实践基础，要进行系统梳理，对科学社会主义经济学理出一条线索，达到正本清源的要求。同时，要回答以西方新自由主义为代表的国际资产阶级思潮对马克思主义的攻击，同时又汲取西方经济学有益的东西。

第四，在理论建树上不断提出新论点，为中国经济学提供新鲜血液，而不要有教条气息。要以生产社会化规律为主线揭示市场经济和社会主义相结合、市场机制与宏观调控相耦合的内生机理，澄清私有制是市场经济唯一社会基础、市场经济没有属性之分和市场万能论之类误见；把“科学技术是第一生产力”的论断升华为“科技主导经济发展规律”，揭示科技经济跳跃式发展的机制，深化对可持续发展和生态文明的认识，很好地体现社会科学与自然科学的融合互动。

第五，把意识形态与分析工具有效地统一起来，既鲜明地强化科学社会主义意识，又精巧地运用各种分析工具，将二者紧密地统一于马克思主义中国化的科学上。中国特色社会主义经济学的宗旨定位于为中国的社会主义现代化建设服务，坚定社会主义必胜的信念，这就需要运用一些科学的研究方法。使用的分析方法主要是理论分析与实证分析的结合，运用丰富的资料和数据，把理论逻辑建立在扎实的根基上。面对现时多种矛盾复杂交错的世界和各种思潮互相冲撞的环境，我们应当倡导运用科学分析工具为社会主义意识形态服务的学术导向。

人们对客观世界的认识是一个随着社会实践发展不断深化的螺旋式进程。如今，新中国成立已近60年，特别是走过30年改革开放的成功道路。随着实践的发展，人们的认识还会进一步丰富和深化，即使是社会主义初级阶段，仍然还有很长的实践过程。所以，现时也不可避免地会带有某些历史局限，需要在实践中不断完善，希望大家就一些根本性的问题继续深入研讨，大胆创新。

二、 中国特色社会主义经济学的历史实践基础[①]

经济学的任务是揭示客观经济规律，进而指导实践。然而，认识规律并非易事。毛泽东说过："要认识事物发展的客观规律，必须进行实践，在实践中必须采取马克思主义的态度来进行研究，而且必须经过胜利和失败的比较。"[②] 又说："规律自身不能说明自身。规律存在于历史发展的过程中。应当从历史发展过程的分析中来发现和证明规律。"[③] 我国经济建设的近60年，特别是改革开放的30年，为我们认识中国特色社会主义发展规律提供了一个很好的平台。

在1978—2008年的30年间，世界发生了什么事件呢？最主要的就是四件事：一是世界上第一个社会主义国家苏联覆灭，冷战结束；二是作为世界上超级大国的美国发动了一系列局部战争，但在它本土又发生了"9·11"空前的恐怖灾难；三是以美国为首的西方世界由一时繁荣走向"百年

---

① 本部分第3－8段是《纵论改革开放30年——刘国光等26位学者多视角解析》（河南人民出版社2008年12月版）一书中"用马克思主义总结30年历史经验"一章的一部分。

② 毛泽东文集：第8卷．北京：人民出版社，1999.

③ 毛泽东文集：第8卷．北京：人民出版社，1999.

一遇”的金融大危机；四是社会主义中国在改革开放中崛起，经济总量由世界第10位跃升至第3位，并将继续持续、快速、健康发展。与此同时，演变出经济学两个最大的学派展开理论与实践紧紧相连的论争：一派是成为西方经济学主流学派的新自由主义，一派是以中国化马克思主义为主线的中国特色社会主义理论体系。与两大学派之争相关的是两大模式之争："欧美自由市场模式"与"中国特色社会主义模式"，或者说"华盛顿共识"和"北京共识"。两大学派、两种模式之争，也在国内凸显得比较强烈。究竟孰优孰劣？哪个是能够真正指导中国经济社会发展的理论？判断的标准只有社会实践，用毛泽东的话说："社会实践是检验真理的唯一标准。"①

作为一个老经济学人，新中国建设的近60年、改革开放的30年，我都亲自经过。无论是60年还是30年，在人类社会历史长河中都不过是"弹指一挥间"，然而我国却走过了西方大约100—150年的现代化历程，社会主义中国由一个极其落后的半殖民地半封建的社会跃上世界第三经济体的位置，真可谓发生天翻地覆的变化。正如胡锦涛同志在党的十七大报告中所说："只有社会主义才能救中国，只有中国特色社会主义才能发展中国。"② 尤其是改革开放30年的辉煌成就和丰富经验，乃是中国历史上未曾有过的、在社会主义发展史上罕见的，在人类发展史上空前的。说它是"人间奇迹"一点也不为过，很值得用马克思主义的立场、观点和方法进行科学的总结，进而丰富和升华中国特色社会主义理论体系，发展中国化马克思主义。

根据国家统计局提供的数据，我国GDP在1978年为3645亿元，2007年猛增为249530亿元，以不变价格计算，后者为前者的15倍，年均增速为9.88%。如果算上2008年（估计增速为9%），按现汇价总量计算将接近4.4万亿美元，成为世界第三大经济体，仅次于美国、日本。我国人均GDP

---

① 毛泽东著作专题摘编．北京：中央文献出版社，2003.

② 胡锦涛．高举中国特色社会主义伟大旗帜为夺取全面建设小康社会新胜利而奋斗．求是，2007（21）．

在1978年为381元，2007年为18934元，估计2008年达到2万元，人均接近3000美元。尽管数量还比较低，但在短短30年内即将进入发展中国家的中等水平，这同样是一个历史的跨越。我国工农业重要产品和交通设施均为世界前茅，令世人刮目相看。我国的一些巨型工程（如三峡枢纽、西气东输、西电东送、青藏铁路、南水北调等）也是世界上绝无仅有的。我国进出口贸易由世界第29位跃升为第3位，外汇储备稳居世界第一。所有这些，都充分彰显了社会主义制度的优越性，表现了改革开放的巨大威力。特别是在西方发生“百年一遇”的金融危机时，很多人都把希望寄托于中国，盛赞“中国模式”。

恩格斯说过：“政治经济学本质上是一门历史的科学。”[①] 毛泽东也讲过：“今天的中国是历史的中国的一个发展；我们是马克思主义的历史主义者，我们不应当割断历史。”[②] 30年改革开放和发展的成就，正是在前29年的基础上成长出来的。正如胡锦涛同志所说：“我们要永远铭记，改革开放伟大事业，是在以毛泽东同志为核心的党的第一代中央领导集体创立毛泽东思想，带领全党全国各族人民建立新中国、取得社会主义革命和建设伟大成就以及艰辛探索社会主义建设规律取得宝贵经验的基础上进行的。新民主主义革命的胜利，社会主义基本制度的建立，为当代中国一切发展进步奠定了根本政治前提和制度基础。”[③]

从理论上说，中国化马克思主义实现了第二次飞跃，形成了中国特色社会主义理论体系。我以为，总结改革开放30年宝贵经验，需要认真领会胡锦涛同志在党的十七大所阐发的“十个结合”，这就是：“把坚持马克思主义基本原理同推进马克思主义中国化结合起来，把坚持四项基本原则同坚持改革开放结合起来，把尊重人民首创精神同加强和改善党的领导结合

---

① 马克思恩格斯选集：第3卷．北京：人民出版社，1995.

② 毛泽东选集：第2卷．北京：人民出版社，1991.

③ 胡锦涛．高举中国特色社会主义伟大旗帜为夺取全面建设小康社会新胜利而奋斗．求是，2007（21）．

起来，把坚持社会主义基本制度同发展市场经济结合起来，把推动经济基础变革同推动上层建筑改革结合起来，把发展社会生产力同提高全民族文明素质结合起来，把提高效率同促进社会公平结合起来，把坚持独立自主同参与经济全球化结合起来，把促进改革发展同保持社会稳定结合起来，把推进中国特色社会主义伟大事业同推进党的建设新的伟大工程结合起来。"[①] 这"十个结合"体现了马克思主义辩证法思想，是中国特色社会主义理论体系的瑰宝。

历史往往出现一些巧合现象。恰好在中国改革开放30年取得伟大成绩（当然前进中也存在一些问题）之际，美国的金融危机愈演愈烈，正在向实体经济扩张，变成了经济衰退，损失仅次于20世纪30年代的经济"大萧条"，使得许多国家蒙受灾难，东欧一些原来是社会主义国家"转型"后受害尤甚。全球金融危机正在越来越多的发展中国家造成动荡，人民生活水平降到贫困线以下的范围正在扩大。这些问题正迫使美国等大国考虑重新建立新的货币金融秩序。西方经济学家们惊呼：自由市场经济要终结了。就连"金融大鳄"索罗斯、自由市场得意的掌门人格林斯潘、美国前财政部长保尔森都出来反思、检讨、指责新自由主义，甚至"求救"于中国。曾经因实施"华盛顿共识"而惨遭厄运的拉美国家正在向左转，马克思的《资本论》重新在欧美和中国畅销起来。应当这样说，此次金融危机以及由此引发的实体经济的衰退，乃是资本主义制度基本矛盾尖锐化的表现，值得从深层上研究。

现在世界上越来越多有见识的政治家和学者将眼光转向中国：30年经济年均增长9.86%，在世界上是史无前例的，我国因此被誉为世界经济的"火车头"。中国的奇迹再一次验证了马克思主义的正确性，彰显出中国特色社会主义的优越性，值得大书特书。我们作为中国的学者不仅应当为之自豪，更应当认真用马克思主义的立场、观点、方法全面科学地总结自己

---

① 胡锦涛．高举中国特色社会主义伟大旗帜为夺取全面建设小康社会新胜利而奋斗．求是，2007（21）．

的经验，实现中国化马克思主义理论的创新。

还有一点需要说几句：国内一些受新自由主义影响的学者，曾经认为我国是依靠西方市场经济理论进行改革开放的，这并不符合事实，也没有人赞同。历史事实明明白白地摆着，我国改革开放正是在邓小平关于社会主义制度自我完善思想和社会主义市场经济理论指引下进行的（当然也有选择地借鉴了西方一些有益的东西）。相反，国内经济社会生活中出现的大量问题倒是鼓吹“经济人假设”、“市场万能论”、“私有化高效论”、“收入差距扩大有益论”、“政府职能守夜人化”等理论和伦理所导致的后果。2008年出现的“三鹿奶粉事件”以及收入差距扩大到两极分化的临界点，在国内外影响甚坏，经济损失十分惨重，道德的内伤更深，其根子正是来自对市场的过分放任，以至不惜损害消费者的利益以获取“利益最大化”，社会主义讲得少了，自由化讲得多了；坚持公平讲得少了，追求效率讲得多了；讲融入国际化多了，讲坚持自力更生少了，不少方面脱离了社会主义轨道。国人对于西化的影响、新自由主义的影响不应低估，经济学界首当其冲，或许是一个“洪峰头”与“重灾区”。我估计，一些人在事实面前认输，也很难。从过去的事实看，不大可能有承认错误的勇气，或者还会用一些不相干的事实为自己辩护。这也无碍大局，关键在于广大群众能够在亲身体验和大量事实中思考经验教训，明辨行动方向。根据我多年的体验，客观经济规律是不饶人的，不管怎样巧言令色，铁一般的事实总是无法改变（关于对新自由主义的分析，后面将专作论述）。

胡锦涛同志多次强调，要增强忧患意识。我以为，这一点十分重要。任何事物都具有两重性，我们必须坚持一分为二的辩证法，在充分肯定成就和经验的同时，也一定要正视由于错误思潮影响造成的以及发展中出现的矛盾，包括原有的与新出现的突出矛盾，需要实事求是的深入分析，提出解决的思路。古语说，凡事预则立，不预则废。作为彻底的唯物主义者，不怕正视矛盾和风险，这恰好是高人一筹的认知能力和精神境界。

三、 新自由主义是同中国特色社会主义格格不入的意识形态

（一）新自由主义的表现与危害

构建和深化中国特色社会主义经济学必然会遇到许多理论与意识上的障碍，其中“西化”的影响不可低估。正如党的十七届三中全会所指出的，意识形态领域并不平静，特别是渗透和反渗透斗争仍然十分尖锐，多种敌对势力正加紧在意识形态领域对我国进行渗透破坏活动，同时国内也出现一些噪音和杂音。新自由主义和社会民主主义都属于噪音、杂音之列，它们都是搅乱中国特色社会主义，与其格格不入的意识形态。

新自由主义是近二三十年西方经济学的主要流派，也是美国几任执政者的主体意识，在我国渗透流行，自称为中国的“主流经济学”，影响到学界、媒体以至一些执政官员，现在确实需要认真清理，因为这关系到我国社会主义的命运。简单说，新自由主义是古典自由主义的复活，它是在凯恩斯国家干涉主义不能应付20世纪70年代以来的滞涨问题的背景下而崛起的，它在英美等发达国家一时兴盛，随着“华盛顿共识”的形成与推行，嬗变为国际垄断资本的经济范式和政治纲领。其主要观点是自由化、市场化、私有化；否定公有制，否定社会主义，否定国家干预；在战略政策方面则极力鼓吹、推行以超级大国为主导的全球经济、政治、文化一体化，即全球资本主义化。新自由主义作为一种经济学理论和研究方法，它对市场经济运作具有一定的说明作用，可以批判地借鉴吸收；但作为当代资本主义主流意识形态，作为国际垄断资本集团的核心理论体系和价值观念，则必须坚决地反对和抵制。

放眼世界，追思历史，新自由主义思潮真是给人类带来一场又一场的灾难。拉丁美洲是美国的后院，本来发展得还可以，20世纪90年代美国推

行新自由主义来了个“华盛顿共识”，让拉美各国搞自由化、私有化、放松国际金融管制等，出现了10年倒退，许多国家都出了大问题，政治上出了大动乱。后来，拉美国家觉悟了，纷纷抛弃“欧美自由市场经济模式”，向左转。

苏联的和平演变与美国推行新自由主义分不开，戈尔巴乔夫实际上是向新自由主义急转弯。“大爆炸”后的俄罗斯完全听信新自由主义“休克疗法”的药方，结果造成近10年的大灾难，其损失比第二次世界大战还大。还有一些“转型”国家实际上变成了西方的附庸国，银行等国民经济命脉被欧美操纵，这次金融危机一来，有几个国家几乎沦为“国家破产”。欧美自顾不暇，哪有力量救它们。同时，受危害的还有亚洲一些国家，10年前东南亚金融危机，就使不少国家和地区遭了殃。

新自由主义在世界各地表演的结果究竟如何，美国纽约大学教授塔布（William. K. Tabb）有一个很好的总结。他说：“新自由主义就其所许诺的目标而言，已经失败了。它没有带来快速的经济增长，没有消除贫困，也没有使经济稳定。事实上，在新自由主义霸权盛行的这些年代里，经济增长放慢，贫困增加，经济和金融危机成为流行病。”①

（二）新自由主义与中国特色社会主义经济学格格不入

有人说，中国改革开放是按新自由主义的药方进行的。这是根本不符合事实的。新自由主义乃是与中国特色社会主义格格不入的意识形态。

第一，我国经济改革以市场为取向，需要借鉴学习包括新自由主义在内的西方经济学中关于市场机制一般运行机理的理论，但不能按照他们的意识形态作为改革路线选择的依据，即不能照抄西方模式。中国经济改革的路线是邓小平说的社会主义自我完善，主要依据中国自己的情况，在与时俱进的马克思主义指导下，形成有中国特色的社会主义市场经济模式，

---

①［美］威廉·K. 塔布．新自由主义之后还是新自由主义．吕增奎编译．当代世界与社会主义．2003（6）．

而绝不是一般的、抽象的、资本主义市场经济模式。由此区别目标模式的社会性质，是十分重要的。但是一些受到新自由主义影响的人士却无视这种区别，主张中国改革突破姓“社”姓“资”的束缚，把中国改革简单化为“市场化改革”，或者说模仿欧美自由市场经济模式，只字不提社会主义。借此糊里糊涂地把中国改革引导到资本主义自由市场经济的道路上去，这显然与中国改革是社会主义自我完善的宗旨不符合。

第二，由于社会主义在人们心目中有崇高地位，有些人士在阐述“市场化改革”的观点时，有时也不得不说说“社会主义”，但同时又说对“社会主义”有不同的理解，以此来篡改“社会主义”的科学内涵。社会主义有确定的科学内涵，是不能改变的。拿社会主义市场经济来说，十四大和《宪法》都明确规定社会主义市场经济是与社会基本经济制度结合在一起的，即公有制为主体、多种所有制共同发展，是社会主义市场经济必有的内涵。这与新自由主义反对公有制、主张私有化的观点是不相容的。有一位人士倡议的所谓“人民社会主义”或“社会主义新模式”，根本不提公有制为主体，他在许多文章中把我国公有制经济贬称为“官本经济”，主张以“民本经济”、“民营经济”为主体来代替“官本经济”，宣称“经济体制转轨的过程本质上是由原来的官本经济转向民本经济的过程”，实际上就是以私有经济为主体来代替公有经济为主体，完全抽掉了社会主义的经济基础。还有一些人士鼓吹不但要突破姓“社”姓“资”，还要突破姓“公”姓“私”，破除“所有制迷信”。这类主张，无论用什么华丽辞藻来包装，揭开画皮，都是与中国特色社会主义市场经济的内涵格格不入的。

第三，我国《宪法》第六条不仅规定了“国家在社会主义初级阶段坚持公有制为主体、多种所有制共同发展的基本经济制度”，还规定了“坚持按劳分配为主体、多种分配方式并存的分配制度”。这不仅在所有制关系上而且在分配关系上确立了社会主义原则。但是，上述“社会主义新模式”中，只提“按劳分配与按要素分配互相结合”，不提“按劳分配为主体”。

这是同他们在所有制问题上的主张相并连的。因为按劳分配为主体与公有制为主体是相匹配的。如果不讲公有制为主体，自然也不会有按劳分配为主体，那只好是按要素（主要是资本）分配和劳动力按市场价格来分配。所以，提出“新模式”的作者，同时也是竭力主张劳动力商品化、市场化的始作俑者。他把马克思早已批臭了的萨伊的要素创造价值论来代替劳动创造价值论，把按要素分配这一社会主义初级阶段的历史性政策，变为要素价值论决定的永恒分配政策，把推动私有化的理由建立在要素价值论的基础上，他们否定世间还有剥削一事，更是与新自由主义的分配理论一气相通。

第四，“自由化”是新自由主义“三化”主张（市场化、私有化、自由化）中的一化。主张一切由看不见的手来指挥，反对政府对市场的干预与管制。这种观点人们称之为“市场原教旨主义”。这次西方金融危机已经充分证明，这种观点是根本站不住脚的。我国经济改革本来要转变政府的经济职能，减少政府对微观经济的干预，让市场在资源配置中起基础性作用。同时政府对经济进行的宏观调控，这本来是社会主义市场经济的组成部分，国家计划就是宏观调控的重要手段，这些都写在十四大文件之中的。而我们有些经济学人力倡把政府职能压缩到提供市场环境和维护市场秩序，要政府从一切经营性领域抽出，从全部竞争性乃至垄断部门退出，并且竭力贬低和削弱国家计划在宏观调控中的作用，使之跟不上市场化的进程，这是造成近年来我国社会经济许多失衡的重要原因之一。目前在“市场化改革”口号下，迷信市场成风，计划大有成为禁区的趋向。在这种氛围之下，十七大重新强调社会主义市场经济下也要加强国家计划在宏观调控中的导向作用①，看来是十分必要的，是对新自由主义影响的一个矫正。

在这次世界经济大动荡中，我国政府对稳定经济所采取的种种重大措施，许多都是计划手段，证明了社会主义市场经济是不能离开国家计划指

① 中国共产党第十七次全国代表大会文件汇编．北京：人民出版社，2007.

导下的宏观协调的。国民经济许多重要领域都不能完全交给看不见的手——市场去管。教育、卫生、住宅、社会保障、收入分配等民生领域，交通运输、资源开发、环境保护、农村设施等基本建设领域，以及扩大内需和调整结构，乃至宏观总量平衡等问题，都不能完全交给自由市场去调节，而不要国家计划的协调和安排。计划与市场都是手段，都可以用，这是邓小平讲过的。那种唯市场是崇，见计划就损，迷信市场自由放任万能的新自由主义神话，所有神经正常、立场也没有问题的人，都不会再相信了。

（三）新自由主义思潮在中国传播流行的原因

第一，中国改革从一开始就具有市场取向的性质，需要向市场经济的国家学习。对外开放给我们这样一个学习机会。不过也有另一面，邓小平说得很形象：打开窗子透透新鲜空气，也会有苍蝇、蚊子进来。一些西方意识扑面而来。新自由主义经济思想正是这样一种混合物。一方面作为经济学术理论，它对市场经济运行机制不乏科学的分析，对我们市场取向的改革可供参考；另一方面，它充满了资产阶级的偏见，演变为国际垄断资本的思想理论体系，维护私有制和资本主义制度，反对公有制和社会主义，这是我们要坚持抵制的。中国对外开放的时期新自由主义在西方方兴未艾，无论是出国考察的学者和官员，还是在留学西方的学生，大多在一定程度上接受了新自由主义的影响。这些人回国后把新思想带到了中国。缤纷杂陈的生活方式和思想潮流传入中国，对比落后的中国，有一些人不加分析地看到欧美比中国富得多，就一味向往以至敬慕；加上苏东剧变，世界社会主义运动处于低潮，这些人实际上丧失了对社会主义的信心，在吸取西方有益东西的同时，对西方糟粕失去抵抗力，盲目信奉。这样，新自由主义得以在中国蔓延。

第二，从国内背景看，如同在其他任何社会，中国也不乏原教旨主义的新自由主义信徒。这与改革开放后中国社会阶层的变化有很大的关系。中国改革要求从单一的公有制变为公有制为主体、多种所有制并存。在这个过程中，公降私升在一定时期是不可避免的。但是随着非公经济的发展、壮大，和公有制经济的相对式微，中国社会阶层发生了显著的变动。拥有资本、财富和知识的阶层地位上升，而工农劳动群众的地位下降，这是不争的事实。在这种情况下，新自由主义以其强调“效率就是一切”，而“资本是达到效率的至高无上的手段”，力图使政府政策为资本利益最大化开路，忽视普通人民的权利，这一整套学说，是中国社会的新兴强势集团所乐于接受的。从这个群体中天然会产生原教旨主义的新自由主义信徒。以上谈到传播新自由主义言论的代表人物大多来自这个阶层，就可以看出一些端倪。

第三，从意识形态工作来说，我们党一贯反对右的和“左”的机会主义，有右反右，有“左”反“左”。新时期的右倾主要是资产阶级自由化。邓小平自己称反对资产阶级自由化最积极，21 世纪头 50 年都要反①。反对资产阶级自由化理应包括反对新自由主义的经济思想，这方面邓小平当时没有专门多说。这是因为他的注意力首先是在政治方面，在提出反资产阶级自由化的时候，总是同时提出“坚持四项基本原则”②（如 1989 年 5·31 谈话），就是在政治层次上提出，着眼于解决更高层次的政治问题，这是非常英明、非常必要的。改革开放才不久，经济上要向市场、向非公经济、向外向型经济开放，不可过于拘泥，强调要思想解放，要大胆地闯，是非常必要的。但是与此同时，对于警惕经济领域的资产阶级自由化，即新自由主义经济思潮，相对而言强调不够，注意不够。比如，邓小平曾说，有些人“把改革开放说成是引进和发展资本主义”③。以此来反对改革开放，这当然是不对的。但是，确实也有人“打着拥护改革的旗号，想把中国引导到搞资本主义”④。他还说，“某些人所说的改革，应该换个名字，叫作自

① 邓小平文选：第 3 卷．北京：人民出版社，1993.

② 邓小平文选：第 3 卷．北京：人民出版社，1993.

③ 邓小平文选：第 3 卷．北京：人民出版社，1993.

④ 邓小平文选：第 3 卷．北京：人民出版社，1993.

由化，即资本主义化。我们讲的改革，与他们不同，这个问题还要继续争论"①。因此，不能说经济领域没有资产阶级自由化的问题。资产阶级自由化不但政治领域有，经济领域也有。私有化、自由化和市场化，反对公有制，反对政府干预，反对社会主义，这一系列观点都与经济领域有关。反对资产阶级自由化，政治上反经济上不反，这是不够的。防止经济领域资产阶级的自由化，就是防止经济领域变质。经济领域如果变质（变成私有化、资本主义化），政治领域也会跟着变质。这是马克思主义的基本常识。过去赵紫阳就认为经济领域没有资产阶级自由化问题，至今仍有一些领导干部这样认为，以至放松这方面意识形态的斗争。这是极糊涂的。新自由主义经济思潮之所以能够在中国渗透、流行、泛滥，同这个情况有很大的关系。

（四）应当采取积极措施清除新自由主义的影响

应该采取怎样的措施来扭转这个现象，坚持马克思主义在经济学中的主流地位、深化中国特色社会主义经济学研究呢？这是一个大题目。我在2005年7月15日关于经济学教学与研究问题的谈话中，已经谈了几点意见，得到有关领导的重视，问题在于落实执行。这里我再补充几点意见。

第一，要重视经济领域反对资产阶级自由化即反新自由主义经济思潮的斗争。在理论上要把新自由主义经济学中对于市场机制运行一般规律的科学成分同作为资产阶级意识形态区别开来。对前者，可以批判地选择吸收；对后者，要明确宣布，新自由主义的私有化、自由化、市场化，反公有制、反政府干预、反社会主义等系统主张，是与有中国特色的社会主义市场经济不相容的，要坚决反对，坚持科学的社会主义和中国特色的社会主义。

第二，对从事经济学教学、研究和财经部门的海外归来的爱国人士，

---

① 邓小平文选：第3卷．北京：人民出版社，1993.

欢迎他们为社会主义祖国服务，帮助他们进行科学社会主义和有中国特色社会主义的思想教育和或再教育。

第三，对各级党政领导，特别是高层干部进行马克思主义基本原理的教育、再教育，主要经典著作的选读，批判敌对思潮和反社会主义的杂音和噪音（包括新自由主义、社会民主主义等），防止上理论骗子的当。

第四，社会利益多元化、复杂化以后，各种社会思潮的出现，以及非马克思主义、反社会主义思潮的出现是不可避免的。历史经验证明，对于多种多样的社会思潮，自由放任不行，简单堵塞也不行，包容并蓄似乎是和谐社会应有之义。但一切事物总要有一个“度”，一个“边”，不能让一些非常错误的思潮横行，把人们的思想搞得乱七八糟，六神无主，不能让这些思潮把我国改革和发展的方向引入歧途，像戈尔巴乔夫、雅可夫列夫导致灾难后果的“多元化”、“公开化”那样。因此，在实行多样化，包容各种思潮存在的同时，一定要强调“主旋律”，强调切实地而不是形式主义地宣传马克思主义、科学社会主义，坚持四项基本原则和改革开放的中国特色社会主义，用主旋律来教育人民，筑牢社会团结进步的思想基柱。批判与反批判是追求科学真理的必由之路，不争论在现时条件下只有利于反社会主义思潮向我们争论，而不利于我们对反社会主义思潮的反驳。在社会主义国家，公正合理的思想斗争，必将有利于错误思潮的清除和马克思主义的胜利，推进中国特色社会主义经济学深化研究。

（原载于《毛泽东邓小平理论研究》2009 年第 3 期）

经济学教学和研究中的一些问题

一、当前理论经济学教学与研究中西方经济学的影响上升、马克思主义经济学的指导地位削弱和边缘化的状况令人堪忧

一段时间以来，在理论经济学教学与研究中，西方经济学的影响上升，马克思主义经济学的指导地位被削弱和被边缘化。在理论经济学的教学和研究中，西方经济学现在好像成了主流，很多学生自觉不自觉地把西方经济学看成我国的主流经济学。有人认为西方经济学是我国经济改革和发展的指导思想，一些经济学家也公然主张西方经济学应该作为我国的主流经济学，来代替马克思主义经济学的指导地位。西方资产阶级意识形态在经济研究工作和经济决策工作中都有渗透。对这个现象我感到忧虑。

二、造成当前西方经济学影响上升、马克思主义经济学的指导地位下降的原因

存在这种状况有内外两方面的原因。外部原因是：第一，国际敌对势力亡我之心不死，不断地对我们进行西化、分化；第二，社会主义阵营瓦解之后，世界社会主义运动处于低潮，很多人认为社会主义不行了，马克思主义理论不行了；第三，中国由计划经济向社会主义市场经济转变，一些人因此误认为马克思主义经济学不行了，只有西方经济学才行。这是外

部原因。

内部原因比较多，总的说来，新形势下我们对于意识形态斗争的经验不足，放松了警惕。

具体说来有以下几点：第一，高等院校经济学的教育方针不明确，目标不明确。到底是以马克思主义经济学为指导来教育和培养学生，还是双轨教育，即马克思主义经济学与西方经济学并行。现在许多人都讲“双轨制”，北京某大学一位院长几年前就讲现在实行“双轨制”，学生因此疲于奔命，很苦。学生既要学马克思主义政治经济学，又要学西方经济学。表面上看是并重，实际上是西方经济学泛滥。并重的结果是马克思主义经济学的地位下降，西方经济学的地位上升。一些高等学校在经济学、管理学等学科的本科生、研究生教育中取消了政治经济学的课程，只要求掌握没有经过科学评论的西方经济学的原版教材。一些学校的研究生比如经济专业、管理专业的研究生，入学考试不考马克思主义政治经济学，只考西方经济学。这是教育方针的问题。

第二，教材问题。马克思主义政治经济学要与时俱进，现在的教材也在改进，这几年大有进步，特别是抓了马克思主义基础理论研究和建设工程。但是西方经济学教材大量流入。北京某大学有一位教授说，从上个世纪 90 年代中期开始，中国经济学教材开始发生比较重大的改变，中国经济学教育从以政治经济学即马克思主义经济学为主，向以西方经济学为主发生着转变，如今，西方经济学已成为主流的经济学教育体系，因为教材的改变反映出教学重点的改变。有人说，世界上没有一个国家像中国这样高频率地引进外国经济学教材。

第三，教师队伍、干部队伍的问题。在国外学成的经济学者，回来很好，可以充实我们的经济学队伍，充实我们关于西方经济学的知识，这是好的一面。但是他们中的一些人没有经过马克思主义的再教育，就进入教师队伍和研究人员队伍；不经过评论、原本原汁地介绍西方的东西，却是有问题的。有些原来在国内接受过马克思主义的教育，出去后把马克思主义忘了；有些理工科的学生出国学经济，其中很多人没受过马克思主义的教育。上海某大学一个研究中心的主任说，他希望这个局面“越来越好”，认为送出去培养是中国经济学提高水平最快的办法。他说，训练有素的海外军团回流浪潮将加快，不断充实到内地主要大学经济学教学队伍里，势头势不可挡。我认为他的这个说法是有问题的。没有经过马克思主义再教育，没有受过训练，就走上讲台的这种做法流弊很大。还有是影响了干部队伍，比如对一些党校省部级干部班的教育，如果让主张以西方经济学为主流的教师去教他们，那会是个什么样的结果，可想而知。现在干部的思想也在变，虽然很多干部不是学西方经济学出身的，但是也在受影响。还有，一些地方提拔干部，规定必须到国外某大学某学院进修才能提拔。这些都不是很正常，这是崇拜西方。

第四，领导权问题。领导权很关键。中央一再强调，社会科学单位的领导权要掌握在马克思主义者手中。经济院系、研究机构的领导权一定要掌握在坚定的马克思主义者手里。因为一旦掌握在非马克思主义者手中，那么教材也变了，队伍也变了，什么都变了。复旦大学张薰华教授对这个状况很担心，他说只要领导权掌握在西化的人手中，他们就要取消马克思主义经济学，排挤马克思主义经济学。

三、关于意识形态领域两个相互联系的倾向性问题

最近，中国社会科学院院长陈奎元同志分析了当前意识形态领域存在的两个相互联系的倾向性问题，一个是两种迷信、两种教条主义，一个是“左倾”右倾问题。我觉得他分析得很有道理。所谓两种教条主义，一个是迷信、空谈马克思主义，而不是与时俱进地发展马克思主义；一个是迷信、崇仰西方发达国家的、反映资产阶级主流意识形态的思想理论，把西方某

些学派、某些理论或者西方国家的政策主张奉为教条，向我国思想、政治、经济、教育、文化等各个领域渗透。上述两种教条主义，第一种教条主义还是存在的，但是在当前不是主要的，其影响在下降。马克思主义者吸取了过去的经验教训，都在不同程度地向现代化的方向努力，力求与时俱进，进行理论创新。而第二种教条主义即西方教条主义在意识形态领域和经济社会中的影响力在上升。比如在经济学领域，北京某大学出版社出版的《经济学是什么》这本书竟然只讲西方经济学，不讲马克思主义政治经济学，把马克思主义经济学排除在外，这实际上是否定马克思主义经济学，其流毒很大。西方经济学思想的影响上升是当前的主要危险。我们国家是共产党领导的社会主义国家，这是我们历史的选择，是最基本的国情。坚持共产党的领导，实行社会主义制度，必须以马克思主义为指导，包括经济学和经济领域要以马克思主义政治经济学为指导，一切淡化或者取消马克思主义的企图都会削弱共产党的领导，改变社会主义的方向。所以这是一个主要的危险。因此我们不能把经济领域里的东西看淡了。

陈奎元同志指出的另一个倾向性的问题，即“左”右倾问题，这个问题与两种教条主义的倾向有联系。他说，从改革开放到现在二十多年的时间里，我们在思想领域始终把克服“左”的教条主义当作主要任务，已经取得了决定性的成果，在思想理论领域和改革开放的实践中，来自“左”的干扰已经日渐式微，当前突出的倾向性问题是资产阶级自由化的声音和倾向正在复苏，并且在顽强地发展蔓延。奎元同志提出的问题很值得我们重视和关注。反“左”反右并不是长期不变的，“左”和右发展下去都能葬送我们的社会主义，所以应该有“左”反“左”、有右反右。目前主要的倾向是什么，要不要提出反右防“左”的问题，这个问题我觉得是很重大的问题，特别是在理论经济学领域。

四、 关于马克思主义政治经济学与西方经济学的关系问题

马克思主义政治经济学与西方经济学的关系问题是个有争论的问题。现在我们的大学里有两门基础经济学或者基础经济理论，即马克思主义的政治经济学和西方经济学，事实上是双轨制，这是根本错误的。

关于政治经济学与经济学的分野，我很同意中国人民大学卫兴华同志的分析，他说，无论从经济理论的发展史看，还是从经济学发展的层次看，并不存在政治经济学和经济学的严格区分。从一定意义上说，政治经济学就是经济学，或者简称为经济学，经济学就是政治经济学。马歇尔的“经济学”他自己说就是政治经济学，斯蒂格利茨、萨缪尔逊等的经济学实际上也是政治经济学。但是不同的政治经济学或者经济学在体系、理论框架、理论观点等方面有差异性，比如有马克思主义政治经济学（或经济学）和非马克思主义政治经济学（或经济学）的差别。习惯上我们所称西方的经济学是指非马克思主义的经济学或非马克思主义的政治经济学，因为马克思主义经济学或马克思主义政治经济学也是从西方来的，所以把西方经济学专指非马克思主义经济学更合适一点。

至于马克思主义政治经济学（或经济学）与西方政治经济学（或经济学）在我国经济学教学和理论研究中的关系，如果说中国是一个马克思主义指导下的社会主义的国家或者社会主义市场经济的国家，那么这种关系就应该很明确，即马克思主义经济学应该是指导、是主流，西方非马克思主义经济学应该是参考、借鉴。前者是指导，后者是参考；前者是主流，后者是借鉴。在这个问题上有两种意见：一种是认为，不能把现时期世界主流经济学即西方经济学当作我国社会主义国家的主流经济学，后者必然是与时俱进的马克思主义指导下的现代政治经济学；另外一种是认为，党的十四届三中全会以后，市场经济体系中有关经济学的内容在教育界基本

被承认，这就是现代西方主流经济学，认为不管在教学人数上还是教育内容上，到现在应该承认西方主流经济学在中国的主导地位。

上述两种意见是尖锐对立的。如果西方经济学真的在中国成为主流、主导的地位，取代了马克思主义政治经济学，那长远的后果可想而知。不管你主观上怎么想，不管你愿不愿意，最终要导致改变社会主义的发展方向，取消共产党的领导，或使她变色。我认为，把西方主流经济学当作中国主流经济学固然不可，两门基础经济理论的观点也不能成立，应该是一门基础经济理论，即用与时俱进的、发展的马克思主义政治经济学作为经济学教学的主体、经济研究的指导思想和经济政策的导向，不能是双轨的。当然，对于西方经济学中反映社会化大生产和市场经济一般规律的理论，我们要尽量吸收、借鉴到与时俱进的马克思主义经济学理论中来，作为马克思主义经济学的消化了的组成部分。新的马克思主义政治经济学的内容体系应该包括这么一些内容：一是政治经济学的一般理论；二是资本主义经济；三是社会主义经济；四是微观经济；五是宏观经济；六是国际经济。当然中间有许多交叉重复，逻辑上怎么处理、体系上怎么编是另外一个问题。这样我们就可以把西方经济学的精华，把西方经济学当中反映市场经济一般的内容吸收进来，作为与时俱进的马克思主义政治经济学的一部分新的内容。至于西方经济学的体系和其他内容，可以开设一些课程比如西方经济思想的课程、西方经济思想流派的课程、西方经济思想名著的课程等来对专门的学生介绍，但是我们不要突出这些内容，因为对我们有用的东西已经吸收进马克思主义经济学中来了。总之，我主张只能有一门基础经济理论，即马克思主义经济学，要单轨，不能双轨，这是个教育方针的问题。

五、 正确对待西方经济理论和新自由主义经济学

西方的非马克思主义经济学（或政治经济学），由古典的西方政治经济

学发展到现代西方经济学。古典的西方经济学有科学的成分，也有庸俗的成分，其科学的成分被马克思主义政治经济学所吸收。现代西方经济学也有科学的成分，有反映现代市场经济一般规律的成分，也有反映资产阶级意识形态的成分，如私有制永恒、经济人假设等。其科学成分值得我们借鉴和学习，但其基于资产阶级意识形态的理论前提与我们根本不同，所以整体上它不适合于社会主义的中国，不能成为中国经济学的主流、主导。在西方经济学当中曾经居于主流地位的新自由主义经济学，其研究市场经济一般问题的分析方法有不少也可以借鉴、学习，我们不能完全否定它，但是新自由主义经济学的核心理论是我们所不能接受的。

西方主流经济思想特别是新自由主义经济理论的前提和核心理论大体上包括：第一，经济人假设，认为自私自利是不变的人性。这个假设是我们所不能接受的。马克思主义有“社会人”和“历史人”的人性理论，当然也不否定私有制下人有自私自利的一面；第二，认为私有制是最有效率的，是永恒的，是最符合人性的，是市场经济的唯一基础。这不符合历史事实；第三，迷信市场自由化、市场原教旨主义，迷信完全竞争的假设和完全信息的假设。其实这些假设是不存在的，比如所谓的信息完全的假设就是不可能的，消费者的信息不如生产者，垄断者的信息优于非垄断的大众，两者在市场上是不平等的；第四，主张政府作用最小化，反对国家对经济的干预和调控。大约是以上四点，可能还可以举出其他几点来。这几点同马克思主义，同社会主义，同中国的国情都格格不入，自然不可以为我所用。这里我就不一一分析了，因为这四点每一点都可以做一篇大文章。

对于西方非马克思主义经济学的正确态度，早在改革开放初期的1983年，我国研究西方经济学的权威学者——北京大学的陈岱孙先生就提出了几个观点：第一，因为社会经济制度根本不同，所以西方经济学作为一个整体不能成为我国国民经济发展与改革的理论；第二，在若干具体问题的分析方面，西方经济学的确有可以为我们参考借鉴的地方；第三，由于制度上的根本差异，甚至在一些技术性的具体问题上，我们也不能照搬西方国家的某些经济政策和措施；第四，对外国经济学说的内容的取舍，根本的原则是以我为主，要符合我国的基本国情。他说，我们既要承认外国经济学在其推理分析、计算技术、管理手段等方面有若干值得参考借鉴之处，但是我们又不要盲目推崇、生搬硬套。陈先生讲的这几条，有很重要的现实意义。有许多我们尊敬的学者都受过西方经济学的教育，比如陈岱孙，还有中国人民大学的高鸿业、北京大学的胡代光等，他们在如何对待西方经济学理论的问题上是一致的。我的西方经济学的知识很少，他们是专家。但是我在接受马克思主义的启蒙之前，在西南联大也接受过正规的美式的西方经济学理论教育，解放前半殖民地市场经济的体验我也是有的。我们感到，西方经济学虽然有用，但整体上不适合于中国，适合中国的一定是与时俱进的、不断创新的马克思主义经济学。现在有一些年轻的经济学家，他们西方经济学的根底很不错，可以说不比推崇西方主流经济学的人士差，他们根据中国的情况，不主张在中国推崇西方主流经济学。我觉得他们的路子是对的。

有些人不愿意别人批评新自由主义，说什么批评者把新自由主义当成了一个筐，什么都往里装。其实新自由主义经济学也包括一些有用的东西，我们不是一概否定它，我们否定的是它的理论前提和核心理论，我们不能让它来指导、主导中国经济的改革和发展。为什么要讳言新自由主义呢？如果你是真心实意地为中国特色的社会主义市场经济贡献力量的话，如果你也是不赞成新自由主义的理论前提和核心理论的话，你就不必担心批评新自由主义会伤及无辜。如果你赞成他们的理论前提和核心理论，那你自己就跳进筐了，怪不得别人。马克思主义者对西方经济学向来是开放的，但曾经一度不开放，那是错误的，是“左倾”，是教条主义。马克思主义过去是开放的，现在也是开放的，马克思主义本身就是开放的，但有些西方化的经济学者不是这样对待马克思主义，张五常就是这样一个人，他要把马克思主义埋葬，并且钉上最后一个钉子。很多人到现在还在吹捧张五常，有的党校、大学请他讲学，怎么能够把给马克思主义钉钉子的人请过来，到处吹捧，这是什么道理！

六、经济学教育是意识形态的教育还是分析工具的教育

经济学的教育既是意识形态的教育，也是分析工具的教育。但是有些提出中国经济学要以西方经济理论为主流的人认为，经济学的教育不是意识形态的教育，而只是分析工具的教育。一些人还提出经济学要去政治化。他们提出这样的问题是不奇怪的。但我们要明确经济学是社会科学，不是自然科学。自然科学没有意识形态的问题，没有国界的问题，没有什么资产阶级的天文学与无产阶级的天文学、中国的天文学和世界的天文学之分，因为自然科学主要是分析工具的问题。但社会科学不同，它反映不同社会集团的利益、不同社会阶层阶级的利益，不可能脱离不同阶级、不同社会集团对于历史、对于制度、对于经济问题的不同看法和观点。马克思主义政治经济学一点也不讳言意识形态的问题，同时也非常注意分析方法和叙述方法。可以说，马克思主义经济学既是意识形态的，又是注重方法的。西方经济学作为社会科学事实上脱离不了意识形态，脱离不了价值观念，虽然它极力回避意识形态问题，宣扬所谓抽象的中立，但是经济人假定不是意识形态的问题吗？宣扬私有制永存不是意识形态的问题吗？宣扬市场万能不是意识形态的问题吗？这些都是它的前提。所以经济学教育不能回避意识形态，经济学也不能去政治化，去政治化的实质是去马克思主义化。把这个问题放在明处，不是更科学一点吗？

北京某教授就主张，经济学教育不应该是以意识形态为主的教育，而应该是以分析工具为主的教育，他特别强调逻辑方法包括数学逻辑的教育。当然，逻辑方法是很重要。数学在经济学当中只是一个辅助工具，这在经

济学的明白人当中都是有共识的。但是逻辑方法是不是经济学唯一的方法？我们知道，马克思主义经济学讲的研究方法和叙述方法有两套，即历史方法与逻辑方法，马克思主义经济学是历史方法与逻辑方法的统一。《资本论》就是历史方法与逻辑方法的统一。就是研究和叙述经济学要有逻辑的规律次序和历史的规律次序，要有一个历史的价值判断，而且要把两者统一起来，即在强调逻辑抽象的同时，还要强调历史的实感、质感、价值判断。

我在 1984 年带社科院的一个学者访问团去纽约，当时美方为我们开了一个座谈会，会上我跟普林斯顿大学一位教授有一个交锋。他说，到美国学习经济学的中国理工科出身的留学生很快就能适应，因为理工科出身的学生逻辑接受能力强，而文科出身的就不适应，所以美国大学的经济学教育招的主要应该是理工科的中国留学生，而不要招学文科出身的。我当时就反对这个说法，我说经济学不仅仅是一门逻辑的科学，它也是一门历史的科学，学习经济学或研究经济学只会逻辑抽象的方法而没有历史的方法、没有价值判断是不行的。会上争论很激烈。这场争论到现在还在继续。提出中国经济学不能搞意识形态教育，经济学教育要以传授工具方法为主；而在工具方法里头要以逻辑为主，不提历史方法，就是这场争论在当今的表现。

七、 关于经济学的国际化与本土化的问题

在关于经济学教学模式的讨论中，现在沸沸扬扬地提出了所谓国际化与本土化的问题。有人提出经济学没有国界，说基本的经济理论是反映人类共同的规律，没有什么东方经济学、西方经济学，没有什么各个国家的经济学。北京某大学就有人明确提出这个观点。他们说，所谓经济学的国际化与本土化的问题，实际上是一般理论与特殊问题的关系，国际化就是

指一般理论，本土化就是指特殊问题；国际化就是向一般理论接轨，向西方理论接轨，本土化就是要考虑中国的特殊情况。还说，不能因为有特殊情况就否认有一般理论，因为一般理论是放之四海而皆准的。有人说，西方经济理论是放之四海而皆准的。这些都是盲目崇拜西方经济学的说法。

从一定意义上说，马克思主义是“国际化”也是“本土化”的。马克思主义与中国具体实际相结合是一个老问题，我们永远都需要努力。问题是他们讲的国际化、本土化是排挤马克思主义的。他们讲的是西方经济学的国际化与本土化，是用西方非马克思主义理论来代表放之四海而皆准的一般理论，代表普遍规律。国际化就是向西方一般理论接轨。这些人不反对西方经济学的本土化，也不反对联系中国的实际，其中有些人还是主张应该有中国经济学，但主张按照西方的模式来建立中国的经济学，比如某大学一位教授就说，可以有中国特色的经济学派，但是其理论框架是和西方经济学一致的，是西方经济学的分支。有些人则根本反对建立中国的经济学。对此，中国人民大学有同志说，国际化不是中国经济学教育的全部内容，他认为，要构建中国经济学的教育体系，马克思主义经济学在这个过程当中应该扮演什么角色，西方经济学在这个过程当中应该扮演什么角色，二者分别应该处于什么地位，是需要研究的。我认为他的说法至少是一种客观的说法。当然，我们主张马克思主义经济学应当成为主导，西方经济学只能是借鉴。

我再顺便谈一个问题，就是现在中国经济学界有一部分人对诺贝尔奖很有兴趣。他们认为，诺贝尔经济学奖是唯一能代表经济学世界先进水平的奖项，因此获得诺贝尔奖是中国经济学界奋斗的目标，中国经济学教育奋斗的目标。有的人还以一种先行者的口气说，我们这一代不行了，赶不上诺贝尔奖了，但是一定要培养下一代、再下一代去获得诺贝尔奖。他们说，我们要向经济学的世界先进水平前进，包括拿诺贝尔奖。又说，诺贝尔经济学奖代表西方主流经济学理论的成就，要拿诺贝尔奖，首先就要掌握西方主流经济学。对于诺贝尔奖特别是自然科学的诺贝尔奖，我们要肯定它的意义。经济学的诺贝尔奖获得者也有在市场经济的一般理论、方法或者技术层面做出贡献的经济学家，是值得我们尊重的。但是，诺贝尔奖从来不奖给马克思主义经济学者，诺贝尔和平奖只考虑奖给中国不同政见者。因为社会科学有意识形态性，评奖者有政治上的偏见，有意识形态的偏见，因此诺贝尔奖不是我们追求的目标。当然，如果我们有些学者的经济学研究和理论，在不违反社会主义原则的前提下，能够获得诺贝尔奖，这也不是坏事，但是我们不必追捧这个奖，更不能把它作为我们经济学教育的奋斗目标。因为对于中国经济学理论真正做出马克思主义贡献的人，一定是得不到诺奖的。

八、 中国经济改革和发展以什么理论为指导

这是一个重大的问题，是涉及中国向何处去的问题。有人认为，建立和建设现代市场制度，没有西方的理论为指导，这一艰巨的历史任务是不能完成的。还说，我国的经济体制改革一直在黑暗中摸索，只有在受到西方经济学原理的启迪，并运用它来分析中国的问题后，才提出了应当发挥市场的作用、建立商品经济的主张。我很尊重说这句话的经济学者，但是我不同意他的这个观点。

第一，中国经济改革和发展是以西方理论为指导的说法是不符合实际的。中国共产党领导的经济体制改革，从十一届三中全会提出计划与市场相结合，到十一届六中全会确认了商品生产和商品交换，到十二大提出计划经济为主、市场调节为辅，到十二届三中全会提出中国社会主义经济是公有制基础上的有计划的商品经济，到十三大提出有计划的商品经济是计划与市场内在统一的体制，国家调控市场，市场引导企业，到十三届五中全会又提出计划经济与市场调节相结合，最后到十四届三中全会提出建立

社会主义市场经济为我国经济体制改革的目标。从十一届三中全会到十四届三中全会，期间经历了曲曲折折，主要是我们中国人总结我们中国的历史经验教训，也参考了外国的历史经验教训，包括苏联的历史经验教训，在与时俱进的马克思主义的指导下，目标一步一步明确起来。在这一过程中，我们看不出西方经济理论有什么指导作用。这是非常明显的。在这个过程中，邓小平同志起了相当大的作用，他 1979 年在接见美国不列颠百科全书的副总编、1985 年接见美国企业家代表团时，就提出过社会主义为什么不可以搞市场经济？1992 年他从理论上阐明了计划与市场是方法和手段问题，不是社会主义与资本主义的选择的问题，不是姓“社”姓“资”问题，但是社会主义与资本主义的界限还是要讲究，但不是在手段问题上讲究。这些重要的创见都不是西方经济理论，怎么可以说中国改革是在西方理论的指导下进行的？再从参与、形成中国经济改革理论的老一辈经济学家来说，薛暮桥、孙冶方、顾准、卓炯等一大批探索社会主义条件下商品经济、市场经济有功劳的开拓者，都是坚定的马克思主义者，他们不是受西方理论左右的人。后来的经济学理论工作者虽然受了西方经济理论的影响，但是他们中的大多数也是坚持马克思主义的。受西方影响比较大的中青年的经济学工作者的大多数也能够以市场经济的一般理论为社会主义服务。只有少数人用自由化、私有化为暴富阶层代言，来冲击马克思主义，干扰社会主义经济建设。应该说，这些人起的是干扰的作用，而不是指导中国经济改革的作用。我想，这些人倾向用西方经济学取代马克思主义经济学，这是个历史的插曲，历史的误区，经过努力，可能引导他们走向正确的道路。

第二，中国经济改革与发展是以西方理论为指导的说法会误导中国经济改革和发展的方向。因为，中国要建立的是社会主义的市场经济，而不是资本主义的市场经济；要坚持公有制为主体、多种所有制经济共同发展的基本经济制度，而不是私有化或者不断向私有化演变；要坚持宏观调控下的市场调节，而不是市场原教旨主义，主张市场万能论，把国家的一切正确调控说成是官僚行政的干预；坚持为保证效率而适当拉开收入差距，同时要强调社会公平、福利保障，而不是极力扩大社会鸿沟，为暴富阶层说话。要做到这些，都需要马克思主义的政治经济学来指导，而不能用西方经济理论特别是新自由主义经济理论来指导。一旦中国经济改革和发展由西方主流经济学或新自由主义来指导，中国的基本经济制度就要变。只要经济基础变了，势必政权的性质也要跟着变，实际上就会逐渐改变颜色，那么对大多数人来说，这是一个像噩梦一样的危险。

九、 克服经济学领域一些倾向性问题的意见

这个问题应该好好地做文章，因为这个事情太重要了。我只讲几点。

第一，教学方针要明确。现在我们要明确，只有一个经济学基础理论课程，而不是两个。马克思主义政治经济学是唯一的经济学基础理论课程，西方经济学是作为吸收、借鉴的部分。西方经济学作为体系、作为学派和学术名著来介绍，我们还是需要的，需要向专门的学生介绍，但是不要突出它。

第二，教材。要加强马克思主义基础理论研究工程的建设，要吸收各方面的专家，包括坚持马克思主义的学者和西方知识比较多的学者，这样便于我们吸收、借鉴西方的东西，当然要经过改造。我们还要鼓励多种马克思主义政治经济学教材的写作和创新，鼓励对马克思主义经济学做专题研究，包括政治经济学的体系、方法和具体的理论问题，都要进行专题研究，在专题研究的基础上才能形成教材。马克思主义经济学教科书要有多种，不应该只有一种。马克思主义可以是多学派的，但是必须是马克思主义的学派。对西方经济学教材和名著，我们要组织有质量的马克思主义的科学评说，而不是教条主义的评说。只要在教学方针上明确不能以西方经

济学教材为主，就可以有效地扭转局面。

第三，队伍。我们欢迎西方留学的学者回来充实我们对西方经济学的知识，充实我们对市场经济一般的知识，但是对于这些同志要进行再教育，特别是理工科出去的，过去没有接受过系统的马克思主义教育，要进行马克思主义的教育。对那些过去接受过马克思主义教育的，回来后有必要的也要进行重新教育。所谓再教育，就是指理论经济学或政治经济学的必要补课，并不是泛指所有部门经济学或应用经济学都要进行这种补课。

第四，领导权。加强高等经济院校和经济研究机构各级领导班子的建设，使领导岗位一定要掌握在马克思主义者手里。今天我们谈的主要是理论经济学领域的问题，教育领域的问题，意识形态领域的问题。马克思主义不能被取代，意识形态不仅仅是在政治、法律、军事、文化领域，经济本身也有意识形态问题，而且非常非常重要。基础变了，上层建筑也要跟着变。这个马克思主义的基本道理，我希望有更多的人明白。

（原载于《经济研究》2005 年第 10 期）

我的经济学探索之路

一

走上经济学求索之路，是我自己的选择，但仔细想想，却应该说是时代引导了我的人生之路。

1941年高中毕业投考大学时，父亲希望我学理工科，成为一个工程师。但我却选择了经济学，考取了西南联大经济系。我生长在我们国家危难的时期，1923年11月23日出生于江苏省南京市，考进江宁中学正是“一二·九”运动爆发的1935年，抗日救国浪潮已在全国兴起，1936年日本帝国主义以成都事件为借口，派军舰横闯长江，炮轰长江沿岸各大城市，我和同学们义愤填膺，上街游行示威。流亡重庆后，进入国立第二中学，高中时，读了一些进步书籍，也通读了郭大力、王亚南翻译的《资本论》第1卷，逐渐形成了对马克思主义经济学理论的兴趣和信仰。在西南联大学习了5年，毕业论文是《地租理论纵览》。1946年从云南昆明国立西南联合大学经济系毕业后，考取了清华大学经济系的研究生，但因家庭经济状况难以坚持学业，由导师荐举旋到天津南开大学经济系任助教。1948年9月转到南京中央研究院社会研究所任助理研究员。

新中国成立后，1950年春被选拔到华北人民革命大学政治研究院学习。1951年夏天又被选拔到苏联留学，分配到莫斯科国立经济学院。由于考虑到祖国进入社会主义建设时期，国民经济平衡问题是亟须妥善解决的一个基本问题，学位论文选的是《论物资平衡在国民经济平衡中的作用》。1955年毕业回国后，进入中国科学院（后为中国社会科学院）经济研究所从事研究工作，接受的第一项工作，是协助苏联专家进行为加强我国企业财务的计划管理而建立流动资金定额管理制度的调查研究。工矿企业资金定额管理制度的普遍建立，是推动我国企业实现经济核算制的重要一步。

1957年，我国著名经济学家、老一代职业革命家孙冶方到经济研究所任所长，他特别强调和重视理论密切联系实际，致力于为我国经济建设和发展开拓一条理论联系实际的经济学研究之路。然而，这种理论联系实际的思路和做法，难免会与当时“左”的倾向相抵触，孙冶方带领经济所研究人员的理论追求，曾被作为“修正主义思潮”遭到批判。我到经济所开始的从计算与统计国民经济的各项指标来研究社会主义经济运转各种的工作，使我走上了从实际出发来研究社会主义经济的管理体制和机制的学术出发点和道路。

1958年，经济所建立综合平衡组（即后来的宏观经济研究室），杨坚白任组长，我和董辅礽担任副组长。经过1958—1960年的3年“大跃进”，在盲目追求高速度的思想指导下，国民经济受到了严重的损害与挫折。怎样从理论上总结和认识经济发展中出现的这些问题，作为一个经济学研究者，有责任从经济学原理上来回答这些问题。1961年到1964年，我曾致力于社会主义再生产问题、发展速度与比例问题、积累与消费问题和固定资产再生产等问题的研究，在长期研究马克思的再生产理论过程中，形成了一套比较完整的看法，发表了一系列文章。“文化大革命”结束后，我又思考和提出了综合平衡与经济体制的关系问题，认为传统体制不利于综合平衡，不进行经济体制改革，就不能实现经济的稳定增长。1980年，撰写了《马克思关于社会再生产的原理及其在生活中经济中的应用》、《对我国国民经济发展速度和比例关系问题的探讨》、《关于速度问题和积累问题的一点看法》等文章。“文化大革命”之前，孙冶方对社会主义计划经济体制中存在的问题的思考就受到了批判，我也被划入孙冶方、张闻天反党集团的“一伙人”，受到冲击和审查。这种压抑的状态一直延续到“文化大革命”结束，作为一个经济学者，不能不在苦闷中思考祖国的未来。

我国历史性的改革开放，使我的经济学研究进入了一个新的阶段，改革中提出的一系列新问题，要求我们抓紧研究和思考，这一时期是我的思想进展较快的时期，应该说，是时代推动我在经济学探索的道路上不断前行。

二

改革开放初期，我有幸参加了一些出访考察。1982 年，我与国家计委柳随年、郑力受国务院派遣，到苏联做中苏论战以来的首次学术访问，考察其经济管理制度及其改革情况。以期寻找到一些可以借鉴的经验教训来推进我国的改革开放步伐，避免走弯路。考察回国后，我们向中央领导同志做了汇报。苏联当时的经济管理体制，虽然经过了时间不短的几次有快有慢、有进有退的改革，但进展并不大。我认为，从苏联经济体制的整体情况来看，特别是对微观经济的管理，弊病还是很多的，不能解决传统经济体制中的那些老大难问题。苏联的体制如果不进行根本的改革，继续前进就会遇到困难。所以，从整体上看，苏联经济体制不能成为我们经济体制改革的方向和模式。我们应该总结自己的经验，摸索自己的道路。我们的改革有些已经突破了苏联传统体制的做法，我们应该坚持自己的改革方向，不能像苏联那样步履蹒跚，走走停停。

中国经济体制改革，乃至整个社会主义国家的经济体制改革，在理论上要认识、在实践中要处理的基本问题，是社会主义与商品经济的关系问题，这就要求我们对现时社会主义经济的商品经济属性及其根源进行深入、科学分析，在整个基础上，认识传统高度集中的计划经济体制出现僵化等弊端的根源在什么地方。改革初期，我也比较集中地思考这个经济体制改革全部理论和实践问题的基点问题，当时是围绕社会主义经济中计划与市场的关系来展开对这个问题的研究的。1979 年，我在与赵人伟合作的《社会主义经济中计划与市场的关系》一文中，论证了我们对社会主义经济中计划与市场关系的看法，认为两者既不相互排斥，也不是由外在的原因所产生的一种形式上的凑合，而是由社会主义经济的本质所决定的一种内在的有机的结合。由于这篇文章的突破性，当时中央主要领导人给予很高评价，认为是研究新问题和探索改革之路的标杆文章。1982 年 9 月，我在《人民日报》发表的《坚持正确的改革方向》一文曾较早提出削减、取消指令性计划，强化市场取向的指导性计划观点曾受到批判，但实践证明是正确的。

经济体制改革在基本方向上是要发展商品经济和市场经济，但到底要改革成一个什么目标模式呢？这是在理论上必须解决的一个重要问题。在改革开放初期就开始了对这个问题的探索，设定出一个目标模式，才能综合地协调改革的步骤，向这一目标前进。对于经济体制改革的模式分类和目标选择，开始时我试图在归纳分类的基础上进行适应我国实际和需要的选择。我曾把社会主义经济体制归纳为六类。后来，从坚持社会主义方向、坚持市场取向和坚持从国情出发这三个选择原则出发，由开始时主张“计划与市场有机结合的模式”顺理成章地发展到更为明确地主张“社会主义市场经济为目标模式”。我认为，社会主义市场经济体制是人类的一种新的创造，其特点是：（1）市场经济与公有制结合在一起，并以公有制为主体，公有制可以采取多种实现形式；（2）在收入分配上以按劳分配为主体，兼顾公平和效率，实行多种分配方式；（3）在运行机制上，实行国家宏观管理下的市场配置资源的方式，宏观管理以计划为导向，力度要比其他国家强一些。社会主义经济体制的模式，是对具体的经济体制排除了细节的一种理论抽象，它是对一种经济体制的基本规定性的概括，它的基本框架是三个主要运行原则的总和。这种意义的模式反映了一种经济体制里面最重要最根本的东西。提出这一概念的意义还在于，我们进行的经济体制改革，不是对原有体制的不完善、不合理的细节的修改补充，而是要改造原有的经济模式本身。如果对于原有体制的不合理的基本框架和主要运行原则不加触动，只是对里面的具体细节进行修改补充，那就不能叫作改革。当然，这种改造是在坚持社会主义基本经济制度的前提下进行的。

1992 年，我在十四大前夕发表的《关于社会主义市场经济理论的几个问题》一文中提出，市场经济是商品经济的一种高度发展了的现象形态，在资源配置上，必须明确用市场配置为主的方式来取代行政计划配置为主的方式，这是我国当时经济改革的实质所在。在配置资源的过程中，凡是市场能解决好的，就让市场去解决；市场管不了，或者管不好的就由政府用政策和计划来管。现代市场经济不仅不排斥政府干预和计划指导，而且必须借助和依靠政策和调节手段来弥补市场自身的缺陷。

对中国经济体制改革的路子到底应该怎样走这个问题，也就是改革的路径和方式选择问题，我和一些有共同认识的同志认为，应推行渐进积极的改革，要遵循渐进原则和配套原则。其依据主要有四个：一是模式转换的实质是从以半自然经济或不发达的商品经济走向基本规范的商品经济，不可能在短期内迅速形成较完善的市场体系和较健全的市场机制；二是改革是一场广泛涉及经济、政治、社会、文化的大变动，必然引起不同集团和阶层的利益再分配和权力再分配，并有赖于观念更新，这都不能急于求成；三是中国是一个大国，地区差异明显，一步走难免一刀切，必然脱离部分地区的实际；四是改革缺乏现成样板，在理论、经验和规划上都需要探索和积累，否则容易陷入主观主义。同时，在渐进求实的行进中，应当也可能做出总体设计，使各项改革整体配套，同步前进。这种思路曾被称为我国经济体制改革中的几个主要派别中的稳健改革派。

为了实现改革的稳健发展，不仅要注意改革与发展的相互依存，而且注重能为改革提供支持的良好经济环境。从这一角度，我提出了一个社会主义的“有限买方市场”概念。因为要想推进经济体制改革的步伐，非常重要的一条，就是要给它创设必不可少的外部环境，这就是买方市场，使社会生产大于社会的直接需要，使商品供给大于有支付能力的需求，从而建立一个消费者或买方的市场，是正常开展市场调节的一个前提条件。买方市场问题不单是一个商业问题，而且是国民经济综合平衡的一个战略问题，一个宏观决策的问题，一个走出一条新的发展路子的问题。

1984 年以后，我国经济发展出现了过热现象和政策性通胀势头，我和一些经济学家感到这将妨碍经济建设和改革的健康发展，提出了为改革创造相对宽松环境的理论和政策主张，认为经济体制改革的顺利进行，需要一个比较宽松的经济环境，即总供给略大于总需求的有限的买方市场的条件。与单纯以价格改革为中心或以所有制改革为关键的改革思路不同，我主张按企业——所有制改革与市场——价格改革的双向协同配套原则，稳步地、渐进地推进改革，即双向协同、稳中求进的改革思路。

在 1987 年我国理论界和宏观决策界就 1988—1995 年中期改革思路的讨论中，我主持的中国社会科学院课题组提出了以整顿经济秩序、治理通胀、有选择地深化改革的稳中求进的改革思路。接着在 1988 年初在党的十三届二中全会上发言，后来以《正视通货膨胀问题》一文发表，强调稳定物价方针的口号不能放弃，分析通胀机理，力陈治理对策，引起广泛反响。这一思路和观点的正确性已被 1988 年后的经济过热和宏观调控成效，从反、正两方面予以证实。

党的第十二次代表大会召开前后，中央提出从 1980 年到 20 世纪末 20 年内的四化建设的宏伟纲领，制定到 2000 年时我国经济发展的战略目标、战略重点和战略步骤，在经济发展问题的研究中凸显“经济发展战略”的研究。我受社科院领导的委托，负责组织进行“中国经济发展战略问题”的研究，归纳出判定经济发展质量的一些基本原则：一是经济发展的质量目标，不是要求片面地追求高速度，而是要求实现持续、稳定、协调发展；二是这个战略目标，不仅是为了经济增长，更要注意在发展生产的基础上逐步满足人民日益增长的物质文化需要；三是这个战略要求在经济发展过程中，要正确处理速度与效益、速度与结构的关系；四是在扩大再生产的方式上，要从外延为主逐步转向内涵为主，走上依靠科技进步的轨道；五是在重视物质技术基础建设的同时，要越来越重视人力特别是智力的开发；六是在坚持自力更生为主的前提下，要进一步扩大对外开放；七是在经济管理体制上，从过去过分集中的、排斥市场机制的吃大锅饭的体制，转变为以国营经济为主的多种经济形式并存、集权与分权相结合、计划与市场相结合、贯彻按劳分配和物质利益原则的新体制。我领导的研究班子一直关注着中国经济发展的形势，不断针对发展中需要解决的问题提出政策建议，对国家宏观经济决策的制定和调整发挥了一定的积极影响。

改革是为了发展，为了更好地发展。在改革时期，体制改革与经济发展是并行不悖的。为了在更高层面把握我国的体制改革与经济发展两大任务，为了使国民经济走上持续稳定协调发展的道路，我提出了我国经济必须实现经济体制和发展战略的“双重模式转换”。在 1985 年撰写的《试论我国经济的双重模式转换》等文章中，我指出，1978 年底以来，我国经济生活的深刻变化概括起来可以归结为两种模式的转换，即发展模式的转换和体制模式的转换。经济发展模式的转换就是从过去片面追求高速增长为最高目标，外延发展为主要发展方式，不平衡发展为主要发展策略，逐渐转变为以提高人民生活水平为最高目标，以内涵发展为主要发展方式，以相对平衡的发展为主要发展策略。实现发展模式转换的要旨，就是要使速度、比例、效益有一个较优的结合，保证国民经济持续、稳定、协调、高效地增长。从“双重模式转换”中可以引申出两个根本性转变的主张，即经济体制从传统的计划经济体制向社会主义市场经济体制转变和经济增长方式从粗放型向集约型转变。“双重模式转换”理论符合当代中国经济演变的实际，为两个根本性转变决策做出了先行的论证。“双重模式转换”的思想，实际上后来被党的十四届五中全会的文件采用，即“两个根本转变”的提法和论断。我深切感到，我国经济大变动中同时进行的两种模式转换，必然是密切相关、相互影响、相互制约的，不可能指望两种模式转换是短时间里可以很快完成的行动，它们是一个非常曲折复杂的、需要一个历史时期才能完成的过程。当前乃至今后一个时期，我国面临的“加快经济发展方式转变”的艰巨任务，也与“双重模式转换”和“两个根本转变”有着逻辑的一致性和历史的延续性。

我国以社会主义市场经济为方向的历史性改革，对于我国经济社会的发展具有重大的现实意义和深远的历史意义。正如邓小平所说，这场改革是一场新的革命，是一场大试验。改革取得了巨大的成就，我国经济社会的面貌发生了历史性的变革。但是，我们也必须看到，苏东剧变后，国际上新自由主义思潮甚嚣尘上，我国不可能不受到这种错误思潮的影响。

改革开放以来，我国在取得巨大成就的同时，由于受新自由主义思潮的影响，也出现了一些严重的问题，这引起了我的忧虑和思考。由于事关我国改革和发展的方向，作为一位改革开放的坚定推动者和维护人民群众根本利益的马克思主义经济学家，在我国改革和发展的关键时期，我觉得应该对一些错误的倾向提出自己的批判意见，应该坚决抵御和批判新自由主义，应该坚持社会主义市场经济改革目标、捍卫中国特色社会主义理论和实践。

2005 年 7 月，我就当前经济学教学和研究中的一些重要问题谈了一些看法，谈话整理成文章后，以“经济学教学研究中的一些问题”为题在《高校理论比较》第 9 期和《经济研究》第 10 期发表。文章中指出了当前经济学教学与研究中西方经济学影响上升，而马克思主义经济学的指导地位削弱的问题。这实际上也是希望大家严肃地思考，中国的经济改革与发展究竟是以马克思主义经济学为指导还是以西方经济学为指导的问题。不必讳言，对这个重大问题，理论界是有不同意见的，一些人是信奉并主张新自由主义和西方主流经济学的。我主张以“马学为体，西学为用”，应该揭露和抵御新自由主义误导中国经济改革、干扰中国发展方向这个根本问题。我感到，中国的改革一旦由西方理论特别是新自由主义理论来主导，那么表面上或者还是共产党掌握政权，而实际上逐渐改变了颜色，那么对大多数人来说，这将是一个像噩梦一样的危险。整理成文章的讲话内容公开后，产生了强烈的反响，支持者有之，当然不少，反对者也有之，有人给了我一顶“反对改革”的大帽子。

社会主义市场经济改革的方向是必须坚持的。这场改革符合我国社会实际、历史发展规律和我国人民根本利益。但为了达到我们党领导我国人民进行这场历史性改革的目标，必须排除各种错误干扰。这些年，我针对一些错误思潮和倾向，发表了一些看法，主要有以下几个方面。

第一，在体制改革的方向和经济发展道路问题上，要反对市场原教旨主义，反对新自由主义的市场经济观。中国要建立的是社会主义的市场经济，而不是资本主义的市场经济。2005 年，我在《中国经济学杰出贡献奖答辞》中说，“社会主义市场经济”是一个完整的概念，是社会主义基本制度与市场经济的有机结合，是不容割裂的有机统一体。但是这些年来，我们强调市场经济，是不是相对多了一点；强调社会主义，是不是相对少了一点。在说到社会主义市场经济时，则强调它发展生产力的本质即效率优先方向，相对多了一些；而强调它的共同富裕的本质即重视社会公平方面，相对少了一点。这是不是造成目前许多社会问题的深层背景之一。在中国目前的法治不完善的环境下建立的市场经济，如果不强调社会主义，如果忽视共同富裕的方向，那建立起来的市场经济，必然是人们所称权贵市场经济，两极分化的市场经济。

第二，在公平与效率的问题上，反对把公平置于“兼顾”的次要地位。2005 年，我发表了《进一步重视社会公平问题》一文，后来又写了《把效率优先放到该讲的地方去》一篇短文，提出“效率优先，兼顾公平”要淡出，把公平置于“兼顾”的次要地位不妥，初次分配也要注重公平。党的十六届五中全会文件起草工作我因年事已高没再参加，把文章的原稿呈送给了中央，中央主要负责同志很重视，批给了起草组。但是，十六届五中全会报告征求意见稿当中又出现了“效率优先，兼顾公平”和“初次分配注重效率，再次分配注重公平”的字样，遭到各方面很多同志的非议。我在中国社会科学院也提出了不同意见。党的十六届五中全会文件最终定稿时，勾掉了这两个提法，同时突出了“更加重视社会公平”的鲜明主张。

第三，我在2007年《红旗文稿》第24期发表了《关于分配与所有制关系若干问题的思考》一文，认为在有关改革收入分配的众多复杂的关系中，最重要的是分配制与所有制的关系。在调整收入分配关系、缩小贫富差距时，人们往往从分配领域本身着手，特别是从财政税收、转移支付等再分配领域着手，完善社会保障公共福利，改善低收入者的民生状况。这些措施是完全必要的，我们现在也开始这样做了，但是做得还很不够，还要加大力度。而且，仅仅从分配和再分配领域着手，还是远远不够的，不能从根本上扭转贫富收入差距扩大的问题。还需要从所有制结构，从财产制度上直面这一问题，需要从基本生产关系，从基本经济制度来接触这个问题。收入分配不公源于初次分配。初次分配中影响最大的核心问题是劳动与资本的关系。财产占有上的差别往往是收入差别最重大的影响要素。按照马克思主义观点，所有制决定分配制。但是，人们常常忽略这个观点。在分析我国贫富差距拉大的原因时，人们举了很多缘由，诸如城乡差距扩大、地区不平衡加剧、行业垄断、腐败、公共产品供应不均、再分配调节落后，等等，不一而足。这些缘由都能成立，也必须应对。但这些不是最主要的。造成收入分配不公的最根本原因被忽略了。所以改革收入分配制度，扭转贫富差距扩大趋势，要放在坚持共和国根本大法的角度下考虑，采取必要的政策措施，保证公有制为主体、按劳分配为主这“两个为主”

的宪法原则的真正落实。

第四，社会主义市场经济是有计划的，反对否定其计划性的倾向。社会主义市场经济体制，是在国家宏观调控下，让市场在资源配置中起基础性作用，宏观调控就要包含计划调控，它本身就是广义的国家计划调控。不能因为字面上没有“有计划”，就不要计划，不发挥计划的作用了。邓小平一再讲计划和市场两手都要用，用市场化来概括我们改革的方向是有问题的。我们要建立的社会主义市场经济，不是一般的市场经济，是社会主义的。社会主义的市场经济是在基本经济制度下面的一个有计划的市场经济，不是在资本主义制度下的自由市场经济。

我们要尊重市场，但却不可迷信市场。我们不迷信计划，但也不能把计划这个同样是人类发明的调节手段，弃而不用。现在我们的经济学界、理论界，甚至于财经界，有些人认为我们现在搞市场化改革，计划不值得一谈。在“市场化改革”口号下迷信市场成风，计划大有成为禁区的态势下，强调一下社会主义市场经济也要加强国家对经济的干预管理和计划调节的作用，是十分必要的。这并不是如同某些人曲解的“要回到传统计划经济模式”。

第五，社会主义市场经济的发展和完善，离不开国家宏观调控、计划调节的加强和完善。当然，社会主义市场经济下的计划调节，主要不是指令性计划，而是指导性、战略性、预测性计划，但它同时必须有指导和约束作用，也就是有导向的作用。正如党的十七大报告指出的，要“发挥国家发展规划、计划、产业政策在宏观调控中的导向作用”。

第六，坚持社会主义基本经济制度，既不能搞私有化，也不能搞单一公有化。这是党的十七届四中全会提出要划清四个重要界限里面的一条。不过要弄明白，私有化和单一化这两个错误倾向，目前哪一个是主要的。应该看到，当前主要的错误倾向不是单一公有制，而是私有化。对私有化和单一公有化两种倾向各打五十大板，不中要害，实际上是把私有化错误轻轻放过。如果公有制在国民经济中的比重不断降低，降得很低，甚至趋于零，那还算什么社会主义。现在连国家统计局局长都在讲我国的经济成分一直是公降私升，国有经济比重一直不停地下降，宏观上并不存在某些人攻击的所谓“国进民退”。基本经济制度不但要求公有制经济占主体地位，而且要求国有经济起主导作用。中央对竞争性领域的国有经济一向坚持“有进有退”、发挥其竞争力的政策，而绝不是“完全退出”竞争性领域的政策，像一些新自由主义的精英们和体制内的某些追随者喋喋不休地叫嚷的那样。私有化的主张者不仅要求国有经济完全退出竞争性领域，他们还要求国有经济退出关系国民经济命脉的重要行业和关键领域，让私营经济进入这些天然是高利的部门，让私人资本来发大财。这是不能允许的，要知道，孙中山当年还提出过节制资本的口号呢！

三

我信奉的重要人生格言是“正直的经济学人应有的良心是不能丢弃的”；我坚守的学术目标是“为劳动人民服务”；我赞赏的学风是“把前人的东西钻研好，在掌握正确方向的基础上调查研究，不能人云亦云，要有独立的思想”。我虽然已经年近90，但只要我的人生之路还在延续，我的经济学探索之路就不会停止，我所信守的这些信念就不会放弃。从我走上经济学探索之路起，我就希望我们国家日益强大，人民生活日益富裕和幸福。我坚信，通过社会主义市场经济的成功构建，一定可以实现我的这一心愿，当然也是全国人民的心愿。

（原载于《毛泽东邓小平理论研究》2012年第1期）

第二篇

社会主义市场经济

社会主义市场经济与资本主义市场经济的两个根本性区别

从1992年党的十四大提出社会主义市场经济到现在已近20年，建立新体制已经取得有目共睹的巨大成就，也产生了不少有待探索改进的问题。这里，就正确处理计划与市场的关系和怎样巩固社会主义市场经济的制度基础（即社会主义初级阶段的基本经济制度），提出一些看法，供讨论参考。

一、关于社会主义市场经济的计划性问题

马克思主义认为，在共同的社会生产中，国民经济要实行有计划按比例的发展。“有计划按比例”并不等于传统的行政指令性的计划经济。改革开放以来，我们革除传统计划经济的弊病，适应社会主义初级阶段的国情，建立了社会主义市场经济体制，但也不能丢掉公有制为主体下有计划按比例的经济发展要求和规律。政治经济学领域的学者尤其不能忘记这一点。

1992年党的十四大提出建立社会主义市场经济体制的改革目标，是在邓小平同志“计划与市场两种手段都可以用”的南方谈话精神下制定的。当时，关于改革目标的问题，有三种提法：（1）社会主义有计划的市场经济；（2）计划与市场相结合的社会主义商品经济；（3）社会主义市场经济。在这三种提法中，我们党最终选择了“社会主义市场经济”。对于其中没有

包含“有计划”三个字，时任中共中央总书记的江泽民同志有解释：“有计划的商品经济也就是有计划的市场经济，社会主义经济从一开始就是有计划的，这在人们的脑子里和认识上一直是很清楚的，不能因为提法中不出现‘有计划’三个字，就发生了是不是取消了计划性的问题。”（《改革开放三十年重要文献选编》（上）第647页）党的十四大之所以在改革目标的表述上没有用“有计划”三个字，这与当时传统计划经济的影响还相当严重，而市场经济的概念尚未深入人心的情况有关；为了提高市场在人们心中的地位，推动市场经济概念为社会公众所接受，才没有加上“有计划”三个字，但加上了“社会主义”这极有分量的定语，而“社会主义从一开始就是有计划的”！这样，党的十四大改革目标的精神就很完整了。我当时参加中央文件起草工作，感到党中央这样做用心良苦，非常正确。

现在社会主义市场经济在我国已实行将近20年，计划经济离我们渐行渐远。由于历史原因，我们过去过于相信传统的计划经济；时过境迁，一些同志从迷信计划变成迷信市场，从一个极端走到另一个极端，说我们不再需要计划了。在经济工作的某些领域中，国家计划对宏观经济的指导作用有所减弱；有些地方的规划缺少约束性、问责性的指标任务；有些地方规划与中央规划脱节，片面追求GDP的高增长，规划失去了导向的意义。所有这些，都影响到宏观经济管理的实效，造成社会经济发展中出现许多失衡问题。

在这样的情况下，重申社会主义市场经济也有“计划性”，很有必要。党的十七大重新提出“发挥国家规划、计划、产业政策在宏观调控中的导向作用”，就是针对我国经济实践中计划工作削弱和思想意识中计划观念淡化的状况而提出的。我们不仅要在实践中切实贯彻党的十七大这一重要方针，而且要在理论宣传工作中强调社会主义市场经济的计划性。

社会主义市场经济必须有健全的宏观调控体制，这当然是正确的。但是，1985年在“巴山轮”国际宏观经济管理问题讨论会上，匈牙利经济学家科尔奈建议我国建立宏观调控下市场经济体制的时候，法国经济学家阿尔约伯特说法国就实行这种体制。所以，宏观调控下的市场经济并非社会主义国家经济体制独具的特色，而是资本主义国家也有的。那么，我们社会主义国家宏观调控下的市场经济怎样区别于资本主义国家呢？除了基本经济制度的区别外，就在于社会主义市场经济还有计划性，还有国家计划的指导。少数市场经济国家，如日本、韩国、法国，都曾设有企划厅之类的机构，编有零星的预测性计划。英美等多数市场经济国家只有财政政策、货币政策等手段，没有采取计划手段来调控经济。但我们是以公有制经济为主体的社会主义大国，有必要也有可能在宏观调控中运用计划手段，指导国民经济有计划按比例发展。这也是社会主义市场经济的优越性所在。宏观调控有几项手段，最重要的是计划、财政、货币三者，党的十四大报告特别指出“国家计划是宏观调控的重要手段”。这里没有说到财政政策、货币政策，不是说财政政策、货币政策不重要，而是财政政策、货币政策是由国家宏观计划来导向的。所以，国家计划与宏观调控不可分，是宏观调控的主心骨。宏观调控下的市场经济也可以称为国家宏观计划调控下的市场经济，这就是社会主义市场经济不同于资本主义市场经济的地方。

二、 关于如何巩固社会主义市场经济的制度基础问题

社会主义市场经济与资本主义市场经济的另一个根本区别在于基本制度不同。前者以社会主义初级阶段的基本经济制度为基础，不同于资本主义私有经济制度。社会主义初级阶段的基本经济制度是公有制为主体、多种所有制经济共同发展的经济结构，坚持这一基本经济制度是维系社会主义市场经济的前提条件。

党的十七届五中全会再次重申“要坚持和完善社会主义基本经济制度”。坚持社会主义基本经济制度，就必须既不能搞私有化，也不能搞单一

公有制。这是党的十七届四中全会提出要划清四个重要界限里面的一条，十分重要。当前，我们需要进一步研究，在“私有化”和“单一公有制”这两个错误倾向中，哪一个目前是主要的，以更好地抵制其消极影响。单一公有制是过去片面追求“一大二公三纯”时代的产物，现在还有个别极“左”人士在宣扬，这是需要我们与之划清界限的。但大量的言论和事实证明，当前存在的更为严重的错误思想倾向是私有化倾向，这一倾向对于社会主义市场经济的建设是极为不利的，马克思主义的政治经济学研究者不能不看到这一点。

马克思主义评价所有制的标准，并不只看所有制成分的比重。这是对的。但是，马克思主义也不主张不看比重。如果公有制经济在国民经济中的比重不断降低，以至于不再占主体，就会改变我国的社会主义性质。目前，根据国家统计局的数据，我国国有经济在国民经济中的比重还在下降，宏观上并不存在所谓的“国进民退”；微观上国有经济“有进有退”，但更多的是“国退民进”，个别案例中的所谓“国进民退”，也并非没有道理。我们党一贯强调，公有制比重的减少也是有限制有前提的，那就是不能影响公有制的主体地位。现在有不少人对公有制是否还是主体有疑虑。解除人们疑虑的办法之一，就是用统计数字来说明。马克思主义政治经济学应当负起这个责任，解释公众的疑虑，坚定人们对社会主义初级阶段基本经济制度的信心。

我国社会主义基本经济制度不但要求公有制经济占主体地位，而且要求国有经济起主导作用。而要保证国有经济对国民经济起主导作用，国家应控制国民经济命脉，国有经济的控制力、影响力和竞争力得到增强。在社会主义经济中，国有经济的作用不是像在资本主义制度中那样，主要从事私有企业不愿意经营的部门，补充私人企业和市场机制的不足，而是为了实现国民经济的持续稳定协调发展，巩固和完善社会主义制度。为了实现国民经济的持续稳定协调发展，国有经济应主要集中于能源、交通、通讯、金融等基础设施和支柱产业中。这些都是关系国民经济命脉的重要行业和关键领域，在这些行业和领域中国有经济应该有“绝对的控制力”、“较优强的控制力”，“国有资本要保持独资或绝对控股”或“有条件的相对控股”。这些都是中央文件所规定和强调的。国有经济对这些部门保持控制力，是为了对国民经济有计划地调控，以利于它持续稳定协调发展。

除了帮助政府实行对国民经济有计划地调控外，国有经济还有另一项任务，即它是保证社会公平正义的经济基础。对那些在政府调控经济中可能不太重要，但是对于保障公平正义非常重要的竞争性领域的国有资产，也应该视同重要和关键的领域，要力争搞好。所以，不但要保持国有经济在关系经济命脉领域的控制力，而且要保障国有经济在竞争性领域的发展，发挥它们在稳定和增加就业、保障社会福利和提供公共服务中的作用，增强国家转移支付和实行公平再分配的经济能力和实力。有竞争力的国有企业为什么不能在竞争性领域发展，难道利润收入只让私企独占？所以，中央对竞争性领域的国有经济一向坚持“有进有退”的政策，注重提高和发挥其竞争力，而绝不是要求它“完全退出”竞争性领域。当然，竞争性领域应当对私营企业完全开放，尽量让它们相互竞争，并与国企相互竞争。

私有化的主张者不仅要求国有经济完全退出竞争领域，他们还要求国有经济退出关系国民经济命脉的重要行业和关键领域。他们经常把国有经济在这些领域的优势地位冠以“垄断行业”、“垄断企业”，不分青红皂白地攻击国有企业利用政府行政权力进行垄断，把国有资本一概污蔑为官僚垄断资本。应当明确，在有关国家安全和经济命脉的战略性部门及自然垄断产业，问题的关键不在于有没有垄断，而在于谁来控制。一般说来，这些特殊部门和行业，由公有制企业经营要比由私有制企业经营能更好地体现国家的战略利益和社会公众利益。

行政性垄断的弊病是应当革除的。革除的办法与一般国企改革没有太大的差别，就是实行政企分开，政资分开，公司化改革，建立现代企业制度，收入分配制度的改革，健全法制和监管制度，等等。恢复企业利润上交国库，调整高管薪酬待遇（某些国企高管的收入高得离谱了），杜绝市场化改革以来国企利益部门化、私利化的弊端，这些都是当前国企收入分配改革中人们关注的焦点。另外，要进一步完善职工代表大会制度，使之成为真正代表劳动者权益的机构。如果职工真正有权监督国企重组，有些国有企业改制中出现的群体性事件甚至悲剧就不会发生了。

私有经济在社会主义初级阶段的基本经济制度中有其地位，应当充分阐述包括私有经济在内的非公经济对促进我国生产力发展的积极作用。但是，私营经济具有两面性，它除了有利于发展生产力的积极一面外，还具有剥削性的消极一面。针对私营经济和私营企业主客观存在的两面性，除了引导它们在适当的行业合法经营、健康发展外，还要对其不合法、不健康的经营行为进行限制，对其经营的领域进行节制。对于关系国家经济命脉和公众利益的部门，应当由公有制经济来承担，以避免私有经济只顾追逐利润而影响国家经济安全、扩大贫富差距。

（原载于《红旗文稿》2010 年第 21 期）

关于党的十一届三中全会以来探索和确立社会主义市场经济制度情况的回顾

一、关于十一届三中全会以后党探索计划与市场关系问题的过程

十一届三中全会以后，我们党在探索计划与市场关系问题的过程中开始涉及社会主义市场经济制度的问题。1979 年 11 月 26 日，邓小平在会见美国不列颠百科全书出版公司编委会副主席吉布尼等外宾时，就谈到过计划与市场的关系问题。他说："我们是计划经济为主，也结合市场经济，但这是社会主义的市场经济。""市场经济不能说是资本主义的。市场经济，在封建社会时期就有了萌芽。社会主义也可以搞市场经济。"那段时间，他曾几次谈过这个问题，但这些谈话是后来才公布的，当时外界并不知道。

明确提出计划与市场的关系问题，是在 1982 年召开的党的十二大上。十二大提出，以计划经济为主、市场调节为辅。当时我们还是把计划经济作为社会主义的主要特征，但是已经开始吸收市场的调节作用了。后来，十二届三中全会又提出一个重要论断："社会主义经济是在公有制基础上的有计划的商品经济。"之前，我们只承认商品生产和商品交换，不承认商品经济。十二届三中全会提出承认社会主义有商品经济，正如邓小平所说，这是马克思主义基本原理和中国社会主义实践相结合的政治经济学，解释

了什么是社会主义，我们用自己的实践回答了新情况下出现的一些新问题。这个论点提出以后，关于有计划的商品经济到底是计划为主，还是商品经济为主，经济学界持续争论了好几年。党的十三大召开前的 1987 年 2 月 6 日，邓小平在同万里等几位中央负责人谈话时提出，不要再讲计划经济为主了。后来，十三大提出，社会主义有计划的商品经济体制应该是计划与市场内在统一的体制。

十三大还提出国家调控市场、市场引导企业，指出了国家、市场、企业三者的关系，把三者的重点放在了市场上。同时还提出，在经济调节方式的配比上扩大指导性计划，缩小指令性计划。经济调控从直接调控为主转向间接调控为主。直接调控就是计划调控，间接调控就是市场调控。所以，从十二大提出计划经济为主、市场调节为辅，到十三大两者“平起平坐”，并且逐渐向市场经济、商品经济倾斜，计划与市场关系的转变这个过程是很清楚的。1989 年以后，提法上又有一些变化。1989 年 6 月 9 日，邓小平在接见首都戒严部队军以上干部时的讲话中说：“以后还是计划经济与市场经济相结合。”邓小平对市场问题的认识是很开放的，但是中央考虑到当时的国内形势，对市场问题还有些保留，后来在公开这个讲话时就改成了“计划经济与市场调节相结合”。这就基本上又回到了十二大时的提法。此后几年，我们一直都这样用。这个提法没讲计划与市场谁为主、谁为辅，但既然把计划经济作为社会主义的一个经济体制，市场调节只是作为一个调节手段，显然是以计划经济为重，重心转到了计划经济方面。由于“计划经济与市场调节相结合”这个提法，没有讲明计划和市场到底谁为主、谁为辅，1990 年、1991 年这两年理论界对计划为主还是市场为主的问题还在继续争论。

由于理论认识上不一致，对经济体制改革的目标模式就有不同的意见，有的主张计划取向，有的主张市场取向，争论非常激烈。在中央工作方面，中央权力曾经一度下放过多，1990 年 3 月七届人大三次会议提出，中央要多收一点权，指令性计划要扩大一点，指导性计划和市场调节要小一点。实际上，当时我们的工作已经转到更多地用行政权力来管理经济，市场方面稍差了一点。到1990年下半年，情况又有所变化，我们在治理整顿过程中加大了改革的力度和市场调节的分量。1990年12月，江泽民在十三届七中全会上转达了邓小平的意见：不要把计划与市场的问题跟社会制度联系起来，不要认为计划是社会主义的，市场是资本主义的。杨尚昆在军委扩大会议上也传达了这个观点。到1991年七届人大四次会议讨论“八五”计划时，关于三种经济调配方式就有了明确的说法：重申要缩小指令性计划的范围，扩大指导性计划和市场调节的范围。这是一个很重要的变化。此后，理论界逐渐倾向于不再把计划和市场与社会制度联系起来，不再认为计划是社会主义的，市场是资本主义的，而更多地把计划和市场看作是不同的资源配置方式。之后，1992年初邓小平发表南方谈话指出，计划与市场不是划分社会制度的标志，计划不等于社会主义，市场不等于资本主义，资本主义也有计划，社会主义也可以有市场。这样，党内关于计划与市场关系的争论，几经反复，逐渐有了一个比较统一的认识。

二、 关于提出建立社会主义市场经济体制的情况

我参加了党的十四大报告的起草工作。邓小平发表南方谈话以后，报告起草组就经济体制改革的目标模式问题，归纳了各方面的意见。1992年6月9日，江泽民在中央党校讲话中讲到了关于经济体制改革目标模式的三种提法：一是“建立计划与市场相结合的社会主义商品经济体制”，二是“建立社会主义有计划的市场经济体制”，三是“建立社会主义的市场经济体制”。关于这三种提法，江泽民在讲话前和讲话中都已明确表示倾向于“建立社会主义市场经济”。我们同意这个提法，同时也提出：假如用“建立社会主义市场经济”的提法，“有计划”这方面可能容易被人忽略，而这方面

也是很重要的。江泽民特别说明："有计划的商品经济，也就是有计划的市场经济。社会主义经济从一开始就是有计划的，这在人们的认识上一直是清楚的，不会因为提法中不出现'有计划'三个字，就产生是不是取消了计划性的疑问。"他在中央党校的讲话中也讲了这段话。我觉得江泽民讲得很对。几十年来大家确实都是这样理解的，社会主义就包括"有计划"。只用市场化来概括我们改革的方向是有问题的，我们要建立的社会主义市场经济，不是一般的市场经济，是社会主义的，社会主义还有很丰富的内容，包括江泽民讲的有计划的内容。但是，后来有些人就不这么理解了。在经济学界、理论界，甚至财经界，有些人把计划变成了一个禁区，认为是不应该谈的事情。我始终认为，我们要坚持市场取向的改革方向，但是不要迷信市场，市场有很大的正面的作用，也有不少负面的东西；我们也不要迷信计划，计划确实毛病也很多，但还是要发挥计划的作用。

党的十四大报告正式提出：我国经济体制改革的目标，是建立社会主义市场经济体制。同时指出，国家计划是宏观调控的重要手段之一，必须加强和改善国家对经济的宏观调控。改革开放以来，经济运行机制逐步由计划经济转向市场经济，推动着我国经济生动活泼地向前发展。几年前有人估计，我国市场经济在整体上完成程度已经达到70%左右。可以说，社会主义市场经济已经初步建立。但是，市场经济在发挥激励竞争、优化资源配置等优越性的同时，其自身固有的缺陷经过30年的演变，也逐步显露出来了。特别是在总量综合平衡、资源环境保护以及社会公平分配上引发的问题，不是市场经济本身能够解决的，而是与国家宏观调控跟不上市场化的进程有一定的关系。本来，我们所要建立的社会主义市场经济，就是社会主义国家宏观调控下的市场经济。这些年来，国家对经济的宏观调控在不断前进，我们在短期经济波动的控制上，先后取得了治理通货膨胀和治理通货紧缩两方面的成功经验。但是，国家计划对短期和长期宏观经济发展的导向作用明显减弱。这影响到宏观调控的实效，造成国民经济发展许多方面的失衡。针对国家宏观调控跟不上市场经济发展形势的状况，党的十七大提出“发挥国家发展规划、计划、产业政策在宏观调控中的导向作用”。这对在新形势下理顺市场和计划的关系，有着十分重要的意义。我国作为社会主义大国，有必要在宏观调控中利用计划手段。规划和产业政策，也是计划的不同形式。计划是宏观调控的核心。我们强调发挥国家计划的导向作用，并不是要回到传统计划经济模式，而是计划与市场这两个方面在更高层次上的新的结合。它的主要表现是：一、现在的计划只管宏观层面，微观的事情主要由市场调节。二、现在资源配置的基础性手段是市场，而计划是弥补市场缺陷和不足的必要手段。三、现在的计划主要不再是行政指令性的，而是指导性、战略性、预测性的，同时又要有必要的约束和问责的功能。

三、 关于党的十五大确立社会主义基本经济制度的情况

1997年党的十五大召开时，正处在世纪转折的重要时期，也是我国实现第二步战略目标向第三步战略目标迈进的一个关键时期。这一时期，我们要解决21世纪最初10年的两个任务：一是要建立完善的社会主义市场经济体制，一是要保持国民经济持续快速健康地发展。要建立完善的社会主义市场经济体制，首要任务就是要确立社会主义基本经济制度。党的十五大正式提出公有制为主体、多种所有制经济共同发展的社会主义基本经济制度时，有人担心国有经济比重不断下降，会影响公有制的主体地位和国有经济的主导作用。针对这样的情况，江泽民在十五大上作了回答，提出要全面认识公有制经济的含义。公有制经济不仅包括国有经济和集体经济，还包括混合所有制经济中的国有成分和集体成分。并提出，公有制的主体地位，一是公有资产在社会总资产中占优势，二是国有经济控制国民经济命脉，对经济发展起主导作用。只要坚持公有制为主体，国家控制国民经

济命脉，国有经济的控制力和竞争力得到增强，在这个前提下，国有经济比重减少一些，不会影响我国的社会主义性质。江泽民的讲话打消了人们的疑虑。因为当时我们的国有经济实力还很强，战线很长，国有经济稍微收缩一点不要紧。同时，在社会主义初级阶段，我们也需要给非公有制经济发展的余地。当时还有一个担心，就是公有制的实现形式。那时股份制和股份合作制已经开始兴起，理论界和民间担心搞股份制和股份合作制是不是搞私有化，搞到资本主义去了。十五大在关于公有制的实现形式方面着重解决了股份制和股份合作制的问题。江泽民在十五大报告中指出："股份制是现代企业的一种资本组织形式，不是社会制度的形式"，"资本主义可以用，社会主义也可以用"。"不能笼统地说股份制是公有还是私有，关键看控股权掌握在谁手中。国家和集体控股，具有明显的公有性，有利于扩大公有资本的支配范围，增强公有制的主体作用。"这个解释很好。我们多吸收一些社会资本，多吸收一些民间资本，参加到我们国有经济中来，壮大国有经济的控制力量，这很好嘛！在起草党的十五大报告时，关于股份合作制我们讨论了很久，最后定性为劳动者的劳动联合和资本联合为主的企业组织形式，是一种集体所有制形式。当时也有人反对股份合作制，因为那时股份合作制界定不是很严格，各种解释都有。社会上一些人认为股份合作制是搞资本主义、搞私有化，那是不对的。十五大作了定性解释，我们搞的是社会主义，劳动者的劳动联合和资本联合为主的集体所有制经济，当然是可以的。因为劳动者自己也参股，是劳动者自己的，所以不存在私有化的担心。股份合作制有点像恢复到高级社的形式，高级社实际上也是劳动联合和资本联合，只是当时没有股份这个概念。股份合作制不仅是我们农村劳动者的集体所有制，乡镇企业、国有小企业也可以采用这种形式，这是非常好的一条路。我当时是主张股份合作制的，认为股份合作制起码要搞 20 年。这里必须说明，劳动者的劳动联合和资本联合与资本家的控股公司不是一回事，资本家的控股公司是雇佣劳动，让别人替他劳动，那是私有制，不是公有制。党的十五大已经过去10年了。公有制比重下降，私有制比重上升，是必然现象。

在社会主义初级阶段，公有制为主体、多种经济成分共同发展，原来私有制成分少，私有制加快发展速度，比重会提高，公有制经济和国有经济速度相对慢一点，比重也会降低，这是一个客观的过程，但是要有一个限度。正如江泽民所说："所谓比重减少一些，也应该有个限度、有个前提，就是不能影响公有制的主体地位和国有经济的主导作用。"股份制原本不是一个私有化的道路，只要我们控股就是公有制。但是假如把控股的比例降到一定的程度，就很危险，就等于把企业卖掉。关于公有制的实现形式，党的十五大报告特别讲到两种实现形式，一种是股份制，一种是股份合作制，这都是很必要的。但我们恐怕不能只把公有制的实现形式限于这两个。股份制很重要，但不一定是最主要的。关于股份合作制，本来讲的是劳动者的劳动联合和资本联合，资本联合大体上平均，如果经营者持大股，那就变成卖给经营者了，股份合作制就会变质。实际上我们公有制的实现形式还很多，如社区所有制、社团集体所有制，还有基金，特别是公募基金，公募基金又包括养老金，等等。

（原载于《党的文献》2009年第1期）

计划与市场关系变革三十年及我在此过程的一些经历

一、解放思想激发对计划与市场关系问题的探索

十一届三中全会邓小平提出解放思想实事求是的思想路线，使经济理论工作者开始摆脱种种教条主义观点的束缚，如何在社会主义条件下按照客观经济规律办事，成为经济理论界探讨的焦点。其中一个有关经济全局的问题是如何认识和处理社会主义条件下计划与市场的关系。

在十一届三中全会精神鼓舞下，我和中国社会科学院经济研究所赵人伟在1978年末1979年初着手研究这个问题，并把研究成果《论社会主义经济中计划与市场的关系》[①] 报送中国社会科学院，接着提交1979年4月间由薛暮桥和孙冶方领衔在无锡召开的“商品经济与价值规律问题”讨论会。文章突破了过去关于计划与市场在社会主义经济中相互排斥不能结合的传统认识，深入论证社会主义经济中计划与市场的关系，既不是互相排斥，也不是外在的原因所产生的一种形式上的凑合，而是由于社会主义经济本质所决定的内在有机结合。为了确保国民经济各部门各地区的协调发展，为了维护整个社会公共利益和正确处理各方面的物质利益关系，必须在计划经济的条件下利用市场，在利用市场机制的同时，加强国家计划的调节。

① 邓小平年谱：上．北京：中央文献出版社，2004.

因为文章触及时下中国经济改革的核心问题，受到国内外各方面的重视，引发了广泛的讨论。时任中共中央总书记胡耀邦在阅读了中国社会科学院《未定稿》发表的该文后批示，“这是一篇研究新问题的文章，也是一篇标兵文章，在更多理论工作者还没有下大决心，作最大努力转到这条轨道上的时候，我们必须大力提倡这种理论研究风气”。中央党校、国家计委、社会科学院等内部刊物，国内几家重要报刊都全文刊载。大西洋经济学会通过当时的中国社会科学院院长胡乔木，要求我们将此文改写本送该会年会。该会执行主席 Helmont Shuster 给胡乔木电函称，此文受到年会的“热烈欢迎”，认为“学术上有重要意义”，并决定将此文同诺贝尔奖得主詹姆士·E·米德的论文一道全文发表于《大西洋经济评论》1979 年 12 月号（其他文章只发摘要）。

这篇文章在当时产生重要影响，但现在看来，它还是有时代的局限性，就是仍然在计划经济的框架下提出计划与市场可以而且必须互相结合。这篇文章发表后，邓小平在 1979 年 11 月 26 日会见美国不列颠百科全书出版公司副总裁弗兰克·吉布尼时说，“社会主义为什么不可以搞市场经济？我们是以计划经济为主，但也结合市场经济”[①]。邓小平是我们党首先提出市场经济的中央领导，他这一次谈话，直到 1990 年前后才公布出来，长久不为人知。他讲此话的时候，也还是认为“我们是以计划经济为主”。再联想到 1984 年十二届三中全会，划时代地提出“社会主义经济是有计划的商品经济”的同时，也解释说，这“有计划的商品经济”，“就总体上说”，“即我国实行的计划经济”[②]，所以，从“以计划经济为主体”的传统理论框架，转向“社会主义市场经济”新的理论框架，还有很长的路要走。

然而，计划与市场互相排斥，不能相容的传统观念，已经破除。坚冰已经打破，开创了传统计划经济向社会主义市场经济逐步转轨的新时代。

① 邓小平年谱：上．北京：中央文献出版社，2004.

② 中共中央关于经济体制改革的决定．北京：人民出版社，1984.

这是邓小平领导下中国共产党人在思想解放旗帜下的一个重大战果。

二、 指令性计划与指导性计划的消长

坚冰打破以后，人们普遍接受了这一点：社会主义经济下，计划经济与市场调节可以结合。这在十一届六中全会和十二大的文件中都讲明了的[①]。但是如何在国民经济的管理中，实现这种结合，也就是在计划经济中如何运用价值规律，是一个需要解决的问题。缩小行政指令式的管理范围，扩大用经济办法管理经济，中国经济改革最初就是沿着这条思路摸索前进的。

这涉及我国国民经济的具体管理方式问题。过去我们实行的基本上是一套行政指令的计划管理方式。虽然陈云同志早就提出三个主体三个补充的国民经济管理模式[②]，但是这一正确主张后来被“左”的政策思想冲得七零八落，难以实现。为了探索在社会主义经济中计划与市场结合的途径，需要研究国民经济管理方式问题。1982 年 9 月初，我应邀为《人民日报》撰写了《坚持经济体制改革的基本方向》[③] 一文。文中提出在处理社会主义经济中计划与市场的关系时，应根据不同情况，对国民经济采取三种不同的管理形式，即对关系国民经济全局的重要产品的生产和分配实行指令性计划；对一般产品的生产和销售实行指导性计划；对品种繁多的日用百货小商品和其他农村产品实行市场调节下的自由生产和销售。并指出，随着经济调整工作的进展，随着买方市场的逐步形成，随着价格的合理化，要逐步缩小指令性计划的范围，扩大指导性计划的范围；指导性计划的实质就是运用市场调节来进行的计划调节。我还指出，在保留和完善国民经济

---

① 三中全会以来重要文献选编．北京：人民出版社，1982；中国共产党第二十次全国代表大会文件汇编．北京：人民出版社，1982.

② 陈云文选：1956—1985. 北京：人民出版社，1986.

③ 人民日报，1982 - 9 - 6.

的三种管理形式的同时，我们必须着力研究指导性计划的机制问题，这是社会主义经济的计划与市场关系中难度较大的一个问题，也是我们坚持改革方向必须解决的一个问题。

这篇文章在党的十二大前送《人民日报》，正好在十二大期间发表。由于十二大报告中有肯定“指令性计划在重大范围内是必要的必不可少的，是完成与国民生计有关的计划项目的保证”的阐述，同我的文章中主张指令性计划范围在今后的改革中应逐步缩小的意思有出入，因此，十二大文件起草组部分同志认为我动摇了计划经济的原则，在权威的报刊上以本报评论员名义发表长篇批判文章，针锋相对地提出“指令性计划是计划经济的主要的和基本的形式”，“只有对重要的产品和企业实行指令性计划，我们的经济才能成为计划经济”①。

当时我并不知道胡乔木同志为我文章的事情曾在1982年9月7日写信给人民日报领导人提醒说，发表这样的文章是不慎重的。在十二大闭幕后，我走出人民大会堂时遇到乔木同志，他对我说，“你有不同观点可以向中央提出，但在报上发表与中央不一致的观点影响不好，要作检查”。我后来在中国社会科学院党组从组织原则上作了没有和党中央保持一致的检查，但思想上并没有认为自己的观点是错误的。

中国改革在实践中不断前进。上世纪80年代初中期的总趋势是市场调节的分量逐渐增加，而在计划调节的部分，又逐步减少指令性计划的比重，加大指导性计划的比重。两年之后，1984年十二届三中全会决定证明了我的观点是正确的。全会提出我国实行的计划经济，是在公有制基础上的有计划的商品经济，同时指出，实行计划经济不等于指令性计划为主，指令性计划和指导性计划都是计划经济的具体形式，要有步骤地适当缩小指令性计划的范围，适当扩大指导性计划的范围②。当初批判我的同志也认同了

---

① 人民日报，1982－9－21.

② 中共中央关于经济体制改革的决定．北京：人民出版社，1984.

这一论点。这说明认识的前进需要一个过程，差不多每一个人都是这么走过来的，一贯正确的人是没有的。过去我也是主张计划经济为主的。在十二届三中全会以前，我对社会主义经济是有计划的商品经济的提法也是有保留的。1982 年我曾提出“首先要把社会主义经济定义为计划经济，其次才能说到它的商品经济属性”①，用“有商品经济属性的计划经济”这一观念来概括社会主义经济，就反映了我当时的认识水平。

三、计划与市场：孰轻孰重?

1984 年十二届三中全会到 1992 年十四大，从确认社会主义经济是有计划的商品经济，到提出建立社会主义市场经济体制，这是关于计划与市场关系认识发展的一个重要阶段。

1987 年 2 月 6 日，十三大之前，小平同志在同几位中央负责人谈话时提出，“不要再讲计划经济为主了”②。所以党的十三大就没有再讲谁为主，而提出了“社会主义有计划的商品经济体制应该是计划与市场内在统一的体制”；还提出“国家调控市场，市场引导企业”③，把国家、市场、企业三者关系的重点，放在市场方面；同时提出，要从直接调控为主转向间接调控为主。所以，计划与市场的关系，就从十二大时以计划经济为主市场调节为辅，到十三大转为计划与市场平起平坐，并且逐渐把重点向商品经济市场经济的方面倾斜。

1989 年政治风波之后，情况有所变化。鉴于当时的政治经济形势，小平同志在 6 月 9 日讲话中将计划与市场关系的提法，调回到“以后还是计划经济与市场调节相结合”④，即十二大时的提法。这个提法，从 1989 年政治

---

① 光明日报，1982-7-10.

② 邓小平年谱：下．北京：中央文献出版社，2004.

③ 十三大以来重要文献选编：上．北京：人民出版社，1991.

④ 邓小平年谱：下．北京：中央文献出版社，2004.

风波后一直用到1992年十四大。一段时期，我们的经济工作也转到更多地用中央行政权力来管理经济，市场调节方面稍微差了一些。

由于“计划经济与市场调节相结合”的提法，在理论上还是没有讲清楚到底计划与市场谁为主谁为辅，所以在1990年和1991年理论界还在继续争论，并对改革的目标模式有不同意见。有的主张市场取向；有的反对市场取向，说联合国统计上分类，都把中央计划经济的国家等同于社会主义国家，而把市场经济国家等同于资本主义国家。1990年12月十三届七中全会透露小平说不要把计划与市场的问题跟社会制度联系起来；1991年七届人大四次会议重新提出要缩小指令性计划、扩大指导性计划的范围，更多地发挥市场机制的作用。在这样的微妙气氛下，理论界的争论也发生了变化，大家逐渐地倾向于不再把计划与市场跟社会制度联系起来，更多地看成是资源配置的不同方式。特别是小平同志1992年南方谈话，清楚地指出计划与市场不是划分社会制度的标志，而是社会主义和资本主义都可以利用的手段，大多数人都逐渐统一到这一理解上来。

由多年的争论可以看出，在计划与市场关系问题上，经济理论界两种思想情结都是很深刻的。一种是计划经济情结，一种是市场经济情结。双方都不否认对立面的存在，但非常执着地强调自己这一方面的重要性。所以有“为主为辅”的长期争论。其实作为资源配置的手段，计划与市场各有其正面优点与负面缺陷。我们要在社会主义经济中实行两者的结合，其目的就是要把两者的优点长处都发挥出来，避免两者的缺陷和不足。

基于这个信念，在这一段争论的末期，我试图用折中的办法，来解决计划与市场的这一情结纠葛。

针对计划与市场的两种情结，我提出了两个坚持和破除两个迷信的意见。一是我们要坚持市场取向的改革，但不能迷信市场。一是我们要坚持计划调控，但不能迷信计划。简单说来，计划的长处就是能在全社会的范围内集中必要的财力物力人力，办几件大事，还可以调节收入，保持社会公正。市场的长处就是能够通过竞争，促进技术和管理的进步，实现产需衔接。但是，计划和市场都不是万能的。有这么几件大事不能完全交给市场，交给价值规律去管。一是经济总量的平衡，二是大的经济结构的及时调整，三是竞争导致垄断问题，四是生态环境问题，五是社会公平问题。这些问题都得由国家的宏观计划调控来干预。但是计划工作也是人做的，人不免有局限性，有许多不易克服的矛盾，比如主观与客观的矛盾。一是由于主观认识落后于客观发展的局限性，二是由于客观信息不对称和搜集、传递、处理上的局限性，三是利益关系的局限性，即计划机构人员观察问题的立场、角度受各种利害关系的约束，等等。这些局限性都可能使宏观计划管理工作偏离客观情势和客观规律，造成失误。所以要不断提高认识水平和觉悟水平，改进我们的宏观计划管理工作，使之符合客观规律和情势的要求。

总之，我们要实行市场取向的改革，但不能迷信市场；要坚持宏观计划调控，但不能迷信计划。我在 1990 年—1991 年提出的这些概念，是符合小平同志关于计划和市场都可以用的思想，也排除了对计划与市场的片面情结所带来的弊端，从而是顺应党的十四大关于建立国家宏观调控下社会主义市场经济体制决定精神的。

四、十四大定音："社会主义市场经济"。"有计划"三字是省略而不是取消

1992 年 10 月中共十四大明确提出，我国经济体制改革的目标是建立社会主义市场经济体制。这是我国计划与市场关系演变过程中的一个里程碑。十四大报告起草时，我有幸参与工作。小平同志南方谈话以后，各方面经过学习，对计划与市场的关系，建立新经济体制问题，有了一些新的提法。起草小组就经济体制改革的目标模式问题，归纳各方面意见，整理成三点。

也就是 1992 年 6 月 9 日中共中央总书记在中央党校讲话中讲到的关于经济改革目标模式的三种提法：一是建立计划与市场相结合的社会主义商品经济体制；二是建立社会主义有计划的市场经济体制；三是建立社会主义市场经济体制[①]。

关于这三种提法，总书记在中央党校讲话前，找我谈了一次。他个人比较倾向于使用“社会主义市场经济体制”的提法，问我的意见。我赞成这个提法，说这个提法简明扼要，同时也提出一个意见，如果只用“社会主义市场经济”，不提“有计划的”市场经济，“有计划”这个方面可能容易被人忽略，而“有计划”对于社会主义经济是非常重要的。总书记说：“有计划的商品经济也就是有计划的市场经济。社会主义经济从一开始就是有计划的，这在人们的脑子里和认识上一直是很清楚的，不会因为提法中不出现‘有计划’三个字，就发生了是不是取消了计划性的疑问。”[②] 后来他在中央党校讲话里也讲了这段话。我觉得总书记讲得很好，讲的确实是对的。几十年来大家确实都是这样理解的，社会主义就包括“有计划”。

十四大提出建立社会主义市场经济体制，是在国家宏观调控下，让市场在资源配置中起基础性作用。国家宏观调控的手段，除了货币金融，财政税收，还包括国家计划，十四大报告明确指出“国家计划是宏观调控的重要手段之一”[③]；并且，货币政策和财政政策，也离不开国家宏观计划的指导。宏观调控本身就是广义的国家计划调控。我们要建立的社会主义市场经济，不是资本主义的市场经济，也不是一般的市场经济，而是社会主义的。社会主义有很丰富的内容，包括公有制为主体，共同富裕的内容，也包含“有计划”的内容。所以说我们的社会主义市场经济是有计划的市场经济，是完全正确的。

---

① 江泽民文选：第一卷．北京：人民出版社，2006.

② 江泽民文选：第一卷．北京：人民出版社，2006.

③ 中国共产党第十四次全国代表大会文件汇编．北京：人民出版社，1992.

为了给十四大提出建立社会主义市场经济体制作理论宣传准备，中共中央几个部门1992年9月19日在怀仁堂联合召开干部大会，举办系列讲座。我在讲座的开篇讲演“社会主义市场经济理论的若干问题”[①]，回顾了对计划与市场认识的曲折演变过程，阐明了若干焦点问题。我说，建立社会主义市场经济新体制，要求我们更加重视和发挥市场在资源配置中的基础作用，“在这个基础上把作为调节手段的计划和市场更好地结合起来。在配置资源的过程中，凡是市场能解决好的，就让市场去解决；市场管不了，或者管不好的就由政府用政策和计划来管。现代市场经济不仅不排斥政府干预和计划指导，而且必须借助和依靠它们来弥补市场自身的缺陷，这是我们在计划经济转向市场经济时不能须臾忘记的”。这也算是我在向市场经济转轨的关口，对于不要忘记“社会主义也有计划”的一个呼应吧。

五、 十七大重申发挥国家计划在宏观调控中的导向作用

30年来，我国经济运行机制，由传统计划经济逐渐转向社会主义市场经济。市场调节的范围不断扩大，推动了中国经济生动蓬勃地向前发展。现在商品流通总额中，市场调节的部分已经占到90%以上。前几年有人估计，中国市场经济在整体上完成程度已经达到70%左右。所以说社会主义市场经济已经初步建立。当然，目前市场经济还有一些不到位的地方，比如资源要素市场，资本金融市场，等等，需要进一步发展到位。但是也有因为经验不成熟，犯了市场幼稚病，而发生的过度市场化的地方，如教育、医疗、住宅等等领域，不该市场化的部分，都要搞市场化，发展到对市场的迷信，带来十分不良的后果，造成民众的一些痛苦。市场经济在发挥激励竞争、优化资源配置等优越性的同时，它本身所固有的缺陷，特别在总量平衡上，环境资源保护上，及社会公平分配上引发的负面效果，经过30

① 经济研究，1992（10）.

年的演变，这两个方面已经充分地显露出来了。一方面经济发展取得了空前的成绩，另一方面社会经济出现了新的矛盾，如资源环境、收入分配、民生等等，越积越多。这与国家的宏观计划调控跟不上市场化的进程，有很大的关系。

如前所述，本来我们要建立的市场经济，就是国家宏观调控下的市场经济。这些年国家对经济的宏观调控在不断完善前进，特别是十四大以来，我们在短期宏观调控上，先后取得了治理通胀和治理通缩的成功经验，但国家计划对短期和长期的宏观经济导向作用明显减弱。计划本身多是政策汇编性的，很少有约束性、问责性的任务；中央计划与地方计划脱节，前者控制不了后者的 GDP 情结；计划的要求与实绩完成数字相差甚远。所有这些，影响到宏观经济管理的实效，造成经济社会发展中的许多失衡问题。

正是基于这种情况，党的十七大重新提出“发挥国家规划、计划、产业政策在宏观调控中的导向作用，综合运用财政、货币政策，提高宏观调控水平”①。十七大明确提出这个多年没有强调的国家计划的导向性问题，我以为是极有针对性的。它再次提醒我们，社会主义市场经济应该是“有计划”的。

前面已经讲过，宏观调控的主要手段有计划手段、财政手段和货币手段，产业政策属于计划手段，规划也是一种计划，所以，主要是三种手段。财政政策、货币政策要有国家计划的指导，所以国家计划与宏观调控是不可分的，可以说前者是后者的主心骨。

鉴于十七大重新提出的这个重大问题，在许多学习十七大报告的宣传文章中没有引起足够的注意，我在去年写了《对十七大报告论述中一些经济问题的理解》一文，其中第一条就是阐发“强调国家计划在宏观调控中的导向作用的意义”。最近我又写了《试用马克思主义哲学方法总结改革开放三十年》一文，其中指出，由计划经济向市场经济过渡，再到重新强调

① 中国共产党第十七次全国代表大会文件汇编．北京：人民出版社，2007.

国家计划在宏观调控中的导向作用，这合乎辩证法的正－反－合的规律。这不是回到过去传统的计划经济的旧模式，而是计划与市场关系在改革新阶段更高层次上的综合。

我这样说是有根据的。现在重新强调国家计划在宏观调控中的导向作用，不同于过去“传统计划经济”，第一，现在的国家计划不是既管宏观又管微观，无所不包的计划，而是只管宏观，微观的事情主要由市场去管。第二，现在资源配置的基础性手段是市场，计划是弥补市场缺陷的必要手段。第三，现在的计划主要不再是行政指令性的，而是指导性的、战略性的、预测性的计划，同时必须有导向作用和必要的约束、问责功能。

这样的国家计划导向下的宏观调控，是中国特色社会主义市场经济所必备的内涵，所以，不应把“计划性”排除在社会主义市场经济含义之外。我们要本此精神，努力改进国家计划工作与宏观调控工作，使之名副其实地起导向作用，指导社会主义市场经济的发展，实现市场和计划在更高层次上的综合。

（原载于魏礼群：《改革开放三十年见证与回顾》，中国言实出版社2008年版）

关于政府和市场在资源配置中的作用

一

经济建设与意识形态工作的辩证关系。2013 年 8 月 19 日，习近平同志在全国宣传思想工作会议上指出："经济建设是党的中心工作，意识形态工作是党的一项极端重要的工作。"① 这句话高屋建瓴地阐释了经济建设与意识形态工作的辩证关系。简言之，经济建设工作为意识形态工作创造物质基础，只有经济建设这个中心工作做好了，意识形态工作才会有坚实的物质基础；反过来，意识形态工作做好了，可以为经济建设这个中心工作保驾护航，保证经济建设持续、快速、健康发展。

按照历史唯物主义基本原理，经济基础决定上层建筑。上层建筑是指建立在一定社会经济基础上的社会意识形态以及与它相适应的政治、法律制度和设施，而上层建筑也会反作用于经济基础。当然，这也包括意识形态会反作用于经济基础。在阶级社会里，包括在社会主义初级阶段，意识形态具有鲜明的阶级性。资本主义经济基础决定资本主义的意识形态，社会主义经济基础决定社会主义的意识形态。代表先进的阶级利益的意识形态对社会的经济发展起促进作用，代表反动阶级利益的意识形态对社会的经济发展起阻碍作用。毛泽东同志曾指出："凡是要推翻一个政权，总要先

① 习近平．胸怀大局把握大势着眼大事　努力把宣传思想工作做得更好．人民日报，2013-08-21.

造成舆论，总要先做意识形态方面的工作，革命的阶级是这样，反革命的阶级也会是这样。”① 龚自珍说过：“灭人之国，必先去其史。”② 苏联的解体就是鲜明的事例。当今一些丑化革命领袖、否定改革开放前三十年、抹黑公有制经济和国有企业的言论，其终极意图在于颠覆共产党的领导，改变社会主义经济制度，是十分明显的。对此我们应当提高警惕，深刻认识到意识形态工作的重要性、长期性、复杂性，巩固马克思主义在意识形态领域的指导地位。经济建设与意识形态工作不是两种平行的事情，某些意识形态与经济工作有着密切的交叉关系。意识形态深入到经济工作之中，经济工作本身也蕴含着意识形态因素，如经济建设的指导思想本身就属于意识形态的范畴。当前，在意识形态领域流行的错误思潮中，西方宪政民主、普世价值、历史虚无主义、公民社会等，属于政治、文化、社会领域，与经济领域的关系不是直接的。而新自由主义则属于经济领域中的思潮，在各种思潮中居于很重要的地位。新自由主义经济理论的核心观点，如“经济人”假设、追逐私利的人性论、私有制永恒论、市场教旨主义、政府职能最小化（“守夜人”）等，在我国经济界、理论界广泛传播，对我国经济改革和经济发展施加相当大的影响。可以说，当前我国经济领域存在着中国特色社会主义和新自由主义思想的斗争，这个斗争是经济领域中的意识形态斗争。这个斗争直接关系到经济建设的成败得失和中国特色社会主义的前途命运，关系到改革向何处去的问题，即是走完全自由化的市场经济道路？还是走中国特色的社会主义市场经济道路？对此，党的十八届三中全会做出了明确回答：“坚定不移高举中国特色社会主义伟大旗帜，既不走封闭僵化的老路、也不走改旗易帜的邪路。”③

---

① 建国以来毛泽东文稿：第10册．北京：中央文献出版社，1996.

② 龚自珍全集．上海：上海人民出版社，1975.

③ 胡锦涛．坚定不移沿着中国特色社会主义道路前进　为全面建成小康社会而奋斗．人民日报，2012－11－18.

二

现在海内外对中国政治经济形势有一种流行的说法，叫“经右政左”，即经济上更加趋于自由化、市场化，放开更多管制领域；同时政治上更加趋于权威化，高举马克思列宁主义、毛泽东思想的旗帜，收紧对意识形态的控制。似乎我国在经济领域上偏“右”，而在政治和意识形态领域偏左。好像左右双方对此都有议论，角度不同，好恶各异。姑且不论“经右政左”说法的是非，从理论上讲，这是一对矛盾的概念。按照历史唯物主义基本原理，政治、意识形态与上层建筑是由经济基础决定的。如果上层建筑与经济基础的方向一致，就可以巩固经济基础；如果上层建筑与经济基础偏离，那么就会使经济基础发生变异，原来的上层建筑也会有坍塌之虞。

有人分析，“经右政左”的风险，可能会导致社会分裂，所以这种局面难以长久持续。社会主义经济如果长期受到西方新自由主义经济思想的侵蚀，使自由化、私有化倾向不断上升，计划化、公有经济为主体的倾向不断下降，社会主义经济基础最终就要变质，变成与社会主义意识形态和上层建筑不相容的东西。而随着私有经济的发展，资产阶级力量壮大，其思想影响也扩大，迟早他们会提出分权甚至掌权的要求，那时即使在政治思想上坚持科学社会主义做多大的努力，恐怕终究难以为继。这是由经济基础决定上层建筑所决定的，不以人的意志为转移。对此我们一定要有清醒的认识，千万不能大意。

改革开放以来，我们逐步建立了社会主义市场经济体制。按照党的十八届三中全会的决定，政治上“必须高举中国特色社会主义伟大旗帜，以马克思列宁主义、毛泽东思想、邓小平理论、‘三个代表’重要思想、科学发展观为指导”①，而在经济上“坚持社会主义市场经济改革方向”②。这就

① 中共中央关于全面深化改革若干重大问题的决定. 人民日报，2013-11-16.

② 中共中央关于全面深化改革若干重大问题的决定. 人民日报，2013-11-16.

是说，政治上既要高举马克思列宁主义、毛泽东思想，也要高举邓小平理论、“三个代表”重要思想、科学发展观；经济上既要“市场经济”，又要“社会主义”。政治上经济上两边都摆正了，这就与所谓的“经右政左”的说法划清了界限。

三

下面我想就“坚持社会主义市场经济改革方向”问题，再谈一点认识。社会主义市场经济的改革方向，本身就是经济和政治的统一。我们的改革要建立的是“社会主义市场经济”，不是单纯的市场经济，而是“社会主义＋或市场经济”。“社会主义市场经济”是一个完整的概念，是不容割裂的有机统一体。党的十四大报告第一次提出社会主义市场经济的改革目标时，就明确在“市场经济”一词的前面加上一个前置词“社会主义”，还有一个前提条件，就是“在国家宏观调控下”，让市场在资源配置中发挥重要作用。资源配置有宏观、微观不同层次，还有许多不同领域的资源配置。在资源配置的微观层次，即多种资源在各个市场主体之间的配置，市场价值规律可以通过供求变动和竞争机制促进效率，发挥非常重要的作用，也可以说是“决定性”的作用。但是在资源配置的宏观层次，如供需总量的综合平衡、部门地区的比例结构、自然资源和环境的保护、社会资源的公平分配等方面，以及涉及国家社会安全、民生福利（住房、教育、医疗）等领域的资源配置，就不能都依靠市场来调节，更不用说“决定”了。市场机制会在这些宏观领域存在很多缺陷和不足，需要国家干预、政府管理、计划调节来矫正、约束和补充市场的行为，用“看得见的手”来弥补“看不见的手”的缺陷。

过去邓小平同志在提出社会主义也可以搞市场经济的时候，从来没有否定计划，一再说计划和市场都是手段、都可以用。党的十四大报告在说到“市场在国家宏观调控下对资源配置起基础性作用”的时候，特别明确指出“国家计划是宏观调控的重要手段之一”。党的十四大召开前，江泽民总书记在中央党校省部级领导干部进修班上，说明选择社会主义市场经济的改革目标时，就提醒我们：“有计划的商品经济，就是有计划的市场经济。社会主义经济从一开始就是有计划的，这在人们的脑子里和认识上，一直是很清楚的，不会因为提法中不出现‘有计划’三个字，就发生是不是取消了计划性的疑问。”① 以上所述，表明了社会主义市场经济就是有计划的市场经济，肯定了在社会主义市场经济体制中，计划和市场两种资源配置的手段都要用。但是以后，由于新自由主义经济思想的影响，逐渐出现了凸出市场、淡化计划的倾向。有人认为，我们现在搞市场化改革，“计划”不值得一提。“‘十一五’计划”改称“‘十一五’规划”，一字之差，就大做文章，欢呼离计划经济更远了，离市场经济更近了，“计划”好像成了一个禁区。但是，党的十七大报告还提出“发挥国家发展规划、计划、产业政策在宏观调控中的导向作用”。十八届三中全会通过的《中共中央关于全面深化改革若干重大问题的决定》（以下简称《决定》），在“使市场在资源配置中起决定性作用”的后面，紧随着跟上“更好发挥政府作用”。虽然没有提“国家计划的导向”的字样，但保留了“健全以国家发展战略和规划为导向、以财政政策和货币政策为主要手段的宏观调控体系”，其实也表达了“计划导向”的意思，只是回避了“计划”二字。这是颇值得玩味的。我以为，只要切实做到如《决定》所言“宏观调控体系”要“以国家发展战略和规划为导向”，那也没有多大关系。

值得注意的是，习近平总书记在《关于 < 中共中央关于全面深化改革若干重大问题的决定 > 的说明》中指出：“市场在资源配置中起决定性作用，并不是起全部作用。”② 可见，市场的“决定性作用”是有限制的。根

---

① 江泽民文选：第1卷．北京：人民出版社，2006.

② 本书编写组．〈中共中央关于全面深化改革若干重大问题的决定〉辅导读本．北京：人民出版社，2013.

据这个精神，《决定》在写出市场的决定性作用的同时，也强调了政府和国家计划的作用。就是说政府和国家计划要在资源配置中起导向性作用。这样，市场与政府、市场与计划的“双重调节作用”的思想就凸现出来了。“双重调节作用”是程恩富同志最近对《决定》中有关市场与政府关系问题的一个提法①，颇有道理。

那么，在资源配置的调节中，市场和政府或计划，怎么分工？依我看，可按照资源配置的微观层次和宏观层次，划分市场与政府或计划的功能，大体上是可以的。市场在资源配置中起决定性作用，应该限制在微观层次。而政府职能如行政审批等的缩减，也主要在微观领域。至于宏观层次上的资源配置问题，政府要加强计划调控和管理，不能让市场这只“看不见的手”盲目操纵，自发“决定”。当然，对市场提供服务、实施监管、做“守夜人”的责任，政府还是责无旁贷的。

四

这样来理解社会主义市场经济中“政府”与“市场”或“计划”与“市场”的关系，符合马克思主义经济学原理，更加有利于坚持既是“市场经济”的、又是“社会主义”的改革方向。

党的十八届三中全会《决定》说的不错：“市场决定资源配置是市场经济的一般规律”，这也就是市场价值规律。但社会主义经济决定资源配置的不是市场价值规律，而是有计划按比例发展规律。马克思主义认为，在共同的社会生产中，国民经济要实行有计划按比例的发展。马克思说过：“时间的节约，以及劳动时间在不同的生产部门之间有计划的分配，在共同生

① 程恩富．习近平的十大经济战略思想．人民论坛，2013（12）（上）．

产的基础上仍然是首要的经济规律。这甚至在更加高得多的程度上成为规律。”[①] 这说明，劳动时间按比例在各生产部门之间的分配和劳动时间在利用中的节约，是集约化经济的第一经济规律。“劳动时间”包括活劳动时间和物化劳动时间，意味着人力资源和物质资源。其意思就是有计划按比例地分配和节约资源，是社会化生产要遵循的首要经济规律。有计划按比例发展就是人们自觉安排的持续、稳定、协调发展，它不等同于传统的行政指令性的计划经济，更不是某些人贬称的“命令经济”。“有计划”主要是指导性、战略性、预测性的计划，用以从宏观上导向国家资源的配置和国民经济的发展，当然，也包括某些必要的指令性指标，并不排除国家计划的问责功能。改革后，我们革除传统计划经济的弊病，适应初级阶段的国情，建立了社会主义市场经济体制，尊重市场价值规律，但是不能丢掉公有制下有计划按比例发展的经济规律。在社会主义初级阶段，社会主义经济容纳市场经济，成为社会主义的市场经济，而不是什么纯粹的市场经济，或者其他性质的市场经济。这样的社会主义市场经济就不能只受一个市场价值规律的支配，而必须在市场价值规律起作用的同时，受“有计划按比例发展规律”的支配。所以，十八届三中全会《决定》所说的“市场决定资源配置是市场经济的一般规律”，单就市场经济来说，是绝对正确的；下面接着说“健全社会主义市场经济体制必须遵循这条规律”，也是对的，但是说得不够完整。因为社会主义市场经济要遵守的不仅是市场价值规律，这不是社会主义市场经济唯一的规律。社会主义市场经济还要遵守有计划按比例发展规律。这就是为什么在社会主义市场经济中，计划和市场、政府和市场、自觉的调节和自发的调节、“看得见的手”和“看不见的手”都要在资源配置中发挥重要作用的理论根据。

---

① 马克思恩格斯文集：第8卷．北京：人民出版社，2009.

总之，我们必须以马克思主义的经济理论观点，而不能以哈耶克之流的自由主义经济观点来理解社会主义市场经济中市场与政府、市场与计划的关系，这样我们就能掌握好中国改革航船的舵盘，驶向实现中国梦的美好未来。

（原载于《当代经济研究》2014 年第 3 期）

全面准确理解市场与政府的关系

党的十八届三中全会是在我国进入全面建成小康社会决定性阶段召开的一次十分重要的会议，对全面深化改革进行了全面部署，突出体现了改革的系统性、整体性、协同性，是全面深化改革的又一次总部署、总动员，具有里程碑意义，是新的历史起点上全面推进中国特色社会主义伟大事业的行动纲领。全会通过的《中共中央关于全面深化改革若干重大问题的决定》（以下简称《决定》）指出："经济体制改革是全面深化改革的重点，核心问题是处理好政府和市场的关系，使市场在资源配置中起决定性作用和更好发挥政府的作用。"[①] 对此，要进行全面准确理解。

一、如何理解"使市场在资源配置中起决定性作用"

党的十四大报告指出："我国经济体制改革的目标是建立社会主义市场经济体制"，并强调"我们要建立的社会主义市场经济体制，就是要使市场在社会主义国家宏观调控下对资源配置起基础性作用"。[②] 随后党的文献中一直强调市场在资源配置中起"基础性作用"，而《决定》将"基础性作用"改为"决定性作用"，强调"使市场在资源配置中起决定性作用和更好发挥政府的作用"，对于这一提法应当如何理解？

---

① 中共中央关于全面深化改革若干重大问题的决定．人民日报，2013-11-16.

② 十四大以来重要文献选编：上．北京：人民出版社，1996.

刘国光：《决定》说得不错："市场决定资源配置是市场经济的一般规律"。这也就是市场价值规律。但是社会主义经济决定资源配置的就不是市场价值规律，而是有计划按比例发展规律。马克思主义认为，在共同的社会生产中，国民经济要实行有计划按比例的发展。马克思说过："时间的节约，以及劳动时间在不同的生产部门之间有计划的分配，在共同生产的基础上仍然是首要的经济规律。这甚至在更加高得多的程度上成为规律。然而，这同用劳动时间计量交换价值（劳动或劳动产品）有本质区别。"[①] 这说明，劳动时间按比例在各生产部门之间的分配，和劳动时间在利用中的节约，是集体化经济的第一经济规律。劳动时间包括活劳动时间和物化劳动时间，意味着人力资源和物质资源，其意思就是有计划按比例地分配和节约资源，是社会化生产要遵循的首要经济规律。有计划按比例发展就是人们自觉安排的持续、稳定、协调发展，它不等同于传统的行政指令性的计划经济，更不是某些人贬称的"命令经济"。改革后，我们革除传统计划经济的弊病，适应社会主义初级阶段的国情，建立了社会主义市场经济体制，尊重市场价值规律，但是不能丢掉公有制下有计划按比例发展的经济规律。

在社会主义初级阶段，社会主义经济容纳市场经济，成为社会主义的市场经济，而不是什么纯粹的市场经济，或者其他性质的市场经济。这样的社会主义市场经济就不能只受一个市场价值规律的支配，而必须在市场价值规律起作用的同时，受"有计划按比例发展规律"的支配。所以，《决定》所说的"市场决定资源配置是市场经济的一般规律"，单就市场经济来说，是绝对正确的；下面接着说"健全社会主义市场经济体制必须遵循这条规律"[②]，也是对的，但是说得不够完整，因为社会主义市场经济要遵守的不仅是市场价值规律，这不是社会主义市场经济唯一的规律。社会主义

① 马克思恩格斯文集：第 8 卷．北京：人民出版社，2009.

② 中共中央关于全面深化改革若干重大问题的决定．人民日报，2013－11－16.

市场经济还要遵守有计划按比例发展规律。这就是在社会主义市场经济中，计划和市场、自觉的调节和自发的调节、“看得见的手”和“看不见的手”都要用的理论根据。

程恩富：2013年，习近平在“两会”的讲话中强调“两个更”：更加尊重市场规律，更好发挥政府作用。在党的十八届三中全会上，他强调使市场在资源配置中起决定性作用和更好发挥政府作用，并明确指出：“我国实行的是社会主义市场经济体制，我们仍然要坚持发挥我国社会主义制度的优越性、发挥党和政府的积极作用。市场在资源配置中起决定性作用，并不是起全部作用。”[①] 为了实现两个百年目标，我国的经济发展既要着眼于进一步激发改革活力，增强人民群众对于改革的参与性；也要着眼于进一步提高宏观调控水平，提高政府效率和效能。发挥“两个作用”，不仅直接关系到促发展、转方式、调结构（产能过剩）、稳速度、增效益，也直接关系到完全的竞争性市场机制能否真正解决高房价、高药价、乱涨价、低福利、贫富分化、就业困难、食药品安全、行贿受贿严重、劳资冲突频发、教育和城镇化的质量不高等民生领域的迫切问题。提出双重调节思想的重要意义在于，今后需要将市场决定性作用和更好发挥政府作用看作一个有机的整体。既要用市场调节的优良功能去抑制“国家调节失灵”，又要用国家调节的优良功能来纠正“市场调节失灵”，从而形成高效市场即强市场和高效政府即强政府的“双高”或“双强”格局。这样，既有利于发挥社会主义国家的良性调节功能，同时在顶层设计层面避免踏入新自由主义陷阱和金融经济危机风险。

二、如何理解“更好地发挥政府的作用”

《决定》提出“使市场在资源配置中起决定性作用和更好发挥政府的作

① 习近平．关于《中共中央关于全面深化改革若干重大问题的决定》的说明．人民日报，2013-11-16.

用”，并要求“健全宏观调控体系”。如何理解？

刘国光：社会主义市场经济的改革方向，本身就是经济和政治的统一。我们的改革要建立的“社会主义市场经济”，不是单纯的市场经济，而是“社会主义+或市场经济”。“社会主义市场经济”是一个完整的概念，是不容割裂的有机统一体。党的十四大报告第一次提出社会主义市场经济的改革目标时，就明确在“市场经济”一词的前面加上一个前置词“社会主义”，还有一个前提条件，就是“在国家宏观调控下”，让市场在资源配置中发挥重要作用。资源配置有宏观、微观不同层次，还有许多不同领域的资源配置。在资源配置的微观层次，即多种资源在各个市场主体之间的配置，市场价值规律可以通过供求变动和竞争机制促进效率，发挥非常重要的作用，也可以说是“决定性”的作用。但是在资源配置的宏观层次，如供需总量的综合平衡、部门和地区的比例结构、自然资源和环境的保护、社会分配公平等方面，以及涉及国家社会安全、民生福利（住房、教育、医疗）等领域的资源配置，就不能完全依靠市场来调节，更不用说“决定”了。市场机制会在这些宏观领域存在很多缺陷和不足，需要国家干预、政府管理、计划调节来矫正、约束和补充市场的行为，用“看得见的手”来弥补“看不见的手”的缺陷。

邓小平在提出社会主义也可以搞市场经济的时候，从来没有否定计划，一再说计划和市场都是手段、都可以用。党的十四大报告在说到“市场在社会主义国家宏观调控下对资源配置起基础性作用”的时候，特别指出“国家计划是宏观调控的重要手段之一”。[①] 党的十四大召开前，当时江泽民就提醒我们：“有计划的商品经济，就是有计划的市场经济。社会主义经济从一开始就是有计划的，这在人们的脑子里和认识上，一直是很清楚的，不会因为提法中不出现“有计划”三个字，就发生是不是取消了计划性的

① 十四大以来重要文献选编：上．北京：人民出版社，1996.

疑问。”[①] 这些都是肯定在社会主义市场经济体制下计划和市场两种资源配置的手段都要用。但是以后，由于新自由主义经济思想的影响，逐渐出现了突出市场、淡化计划的倾向。有人认为，我们现在搞市场化改革，“计划”不值得一提。“‘十一五’计划”改成“‘十一五’规划”，一字之差，就大做文章，欢呼离计划经济更远了，离市场经济更近了，“计划”好像成了一个禁区。但是，党的十七大报告还提出“发挥国家发展规划、计划、产业政策在宏观调控中的导向作用”[②]。十八届三中全会通过的《决定》在“使市场在资源配置中起决定性作用”的后面，跟着“更好发挥政府的作用”。虽然没有提“国家计划的导向”的字样，但保留了“健全以国家发展战略和规划为导向、以财政政策和货币政策为主要手段的宏观调控体系”[③]，其实也表达了“计划导向”的意思，只是回避了“计划”二字。这是颇值得玩味的。我以为，应当切实做到如《决定》所言的“宏观调控体系”要“以国家发展战略和规划为导向”。

值得注意的是，习近平总书记在《关于 < 中共中央关于全面深化改革若干重大问题的决定 > 的说明》中指出：“市场在资源配置中起决定性作用，并不是起全部作用。”[④] 可见，市场的“决定性作用”是有限制的。根据这个精神，《决定》在提出市场的“决定性作用”的同时，也强调了政府和国家计划的作用。就是说政府和国家计划要在资源配置中起导向性作用。这样，市场与政府、市场与计划的“双重调节作用”的思想就凸显出来了。“双重调节作用”是程恩富最近对《决定》中有关市场与政府关系问题的一个提法[⑤]，颇有道理。那么，在资源配置的调节中，市场和政府或计划，怎

---

① 江泽民文选：第 1 卷．北京：人民出版社，2006.

② 胡锦涛．高举中国特色社会主义伟大旗帜　为夺取全面建设小康社会新胜利而奋斗．北京：人民出版社，2007.

③ 中共中央关于全面深化改革若干重大问题的决定．人民日报，2013－11－16.

④ 习近平．关于《中共中央关于全面深化改革若干重大问题的决定》的说明．人民日报，2013－11－16.

⑤ 胡锦涛．高举中国特色社会主义伟大旗帜　为夺取全面建设小康社会新胜利而奋斗．北京：人民出版社，2007.

么分工？依我看，可按照资源配置的微观层次和宏观层次划分市场与政府或计划的功能。市场在资源配置中起决定性作用，应该限制在微观层次。而政府职能如行政审批等的缩减，也主要在微观领域。至于宏观层次上的资源配置问题，政府要加强调控和管理，不能让市场这只“看不见的手”盲目操纵，自发“决定”。当然，对市场提供服务、实施监管、做“守夜人”的责任，政府责无旁贷。

程恩富：的确如此。早在 1991 年，我就提出构建“以市场调节为基础、以国家调节为主导”的新型调节机制[①]。当时我指出，市场调节的优势功能确立了它在社会主义经济调节体系中的基础性地位，同时其固有的功能欠缺又导致国家调节的必然出现；国家调节的良性功能确立了它在社会主义经济调节体系中的主导性地位。同时，其不可完全避免的功能弱点，又决定了必然要以市场调节为基础。从理论上搞清楚市场调节与国家调节结合的特性，目的在具体构造二者结合的状态时，防止调节系统的功能性错位，加强功能性互补；减少调节系统的负熵值，增强协同正效应；缩小调节系统的机制背反性，扩展机制一致性。

例如，关于住房问题，在几年前有一种错误的舆论只说住房商品化或市场化，而不提社会保障房。住房问题走向市场应该是市场的主体说了算。但作为市场主体重要部分的购买方或消费者，能说了算吗？如果开发商大都是私营企业主的话，实际上是私有的大开发商说了算。在国外是私人垄断资本家说了算。为什么新自由主义都说管得最少的政府是最好的政府呢？因为如果政府不管，就是垄断资本家来管。一般的消费者能管住房价和物价等等吗？那谁管？如果国有企业不管，国家政府不管，实际上是少数非公大企业及其投资者说了算。就像新自由主义渲染的“国家不要与民争利”一样，这个“民”是指私人、大私有者，难道真的还会是指广大劳动人民？就财富和收入分配来讲，如果国家不管，那当然主要是非公企业家说了算。

① 程恩富．构建“以市场调节为基础、以国家调节为主导”的新型调节机制．财经研究，1991（5）．

五六年前，珠三角地区出现民工荒，民工荒的实质是什么？有人说这说明中国劳动力总量供不应求，这个研判可能和事实不符。中国将近 14 亿人，劳动力总和相当于欧盟国家的总和，它们的 GDP 加起来比我国多得多，我国的劳动力总量难道会供不应求吗？事实上，是珠三角地区农民工和一般职工的收入和福利长期得不到正常的增长，以及劳动时间较长和劳动环境不佳等因素造成的。在劳动强度大，劳动条件改进不大，而收入和福利增长不快的状况下，这些职工和某些技工就不愿意在珠三角地区工作，自然就出现了民工荒。当然，其他个别现象也有，像技术不配套、需要的技工找不到等，这些可以通过培训和教育来解决。所以，出现民工荒现象的主次原因要分清。而改变这个格局，就需要政府进行调节。

事实上，没有一个国家是没有宏观调控的，只是力度大小和方式不完全相同而已。作为一个发展中的社会主义大国，中国如果要想实现跨越式发展和发挥后发优势，国家调节的力度自然要比西方国家大一些。当然，国家应该在廉洁、廉价、民主、依法、高效的基础上加以调节。应该建立一个小而强的政府，机构人数是少的、小的，功能是强的，实现“强市场、强政府”的双强功能。其中，政府的很多决策必须经过民主程序，要广泛听取不同的意见。比如，华北地区的雾霾问题，就需要政府强有力的调节。2013 年 2 月，中国工程院院士石元春在《科技日报》发表文章，用数据分析出关于北京等周边地区为什么会出现雾霾问题，明确指出雾霾问题的解决障碍就在于决策层，当时政府没有落实有关生物能源的立法，没有大力发展生物能源，而是继续大规模地生产和使用煤炭，加之汽车工业的大规模发展等因素，才导致如今非常严重的雾霾问题。这表明，并不是要不要国家调节，而是应该要什么样的国家调节。如果政府没有依法行政，又不发扬民主，不听取各种意见，政府的调控肯定会出现问题。因此，要具体情况具体分析，建立一个“以市场调节为基础、国家调节为主导”的双重功能性调节机制。

三、 如何看待市场与政府关系的种种误读

有些学者在解读市场与政府的关系时，只提出更加尊重市场规律，要实行市场化改革，要建立竞争性市场机制和体制，而不提改进和加强宏观调控，不提要建立一个有国家调控体系的竞争性市场机制；有的学者虽然也提发挥政府的作用，但仅仅将政府的作用局限于“为市场主体服务、创造良好的环境”上面。我们如何看待这种现象？

刘国光：这涉及经济建设与意识形态工作的辩证关系。从经济建设与意识形态工作的辩证关系谈起。2013 年 8 月 19 日，习近平在全国宣传思想工作会议上指出：“经济建设是党的中心工作，意识形态工作是党的一项极端重要的工作。”① 这句话高屋建瓴地阐释了经济建设与意识形态工作的辩证关系。简言之，经济建设工作为意识形态工作创造物质基础，只有经济建设这个中心工作做好了，意识形态工作才会有坚实的物质基础；反过来，意识形态工作做好了，可以为经济建设这个中心工作保驾护航，保证经济建设持续、快速、健康发展。

按照历史唯物主义基本原理，经济基础决定上层建筑，上层建筑是指建立在一定社会经济基础上的社会意识形态以及与它相适应的政治、法律制度和设施，而上层建筑也会反作用于经济基础。当然，这也包括意识形态会反作用于经济基础。

在阶级社会，包括在社会主义初级阶段，意识形态具有鲜明的阶级性。资本主义经济基础决定资本主义的意识形态，社会主义经济基础决定社会主义的意识形态。代表先进阶级利益的意识形态对社会的经济发展起促进作用，代表反动阶级利益的意识形态对社会的经济发展起阻碍作用。毛泽东曾指出：“凡是要推翻一个政权，总要先造成舆论，总要先做意识形态方

① 习近平．胸怀大局把握大势着眼大事　努力把宣传思想工作做得更好．人民日报，2013－08－21.

面的工作，革命的阶级是这样，反革命的阶级也会是这样。”[①] 龚自珍说过：“灭人之国，必先去其史。”[②] 苏联的解体就是鲜明的事例。当今一些丑化革命领袖、否定改革开放前30年、抹黑公有制经济和国有企业的言论，其终极意图在于颠覆共产党的领导、改变社会主义经济制度，是十分明显的。对此我们应当提高警惕，深刻认识到意识形态工作的重要性、长期性、复杂性，巩固马克思主义在意识形态领域的指导地位。

经济建设与意识形态工作不都是两种完全平行领域，某些意识形态与经济工作有着密切的交叉关系。意识形态深入到经济工作之中，经济工作本身也蕴含着意识形态因素，如经济建设的指导思想本身就属于意识形态的范畴。

当前，在意识形态领域流行的错误思潮与观点中，西方宪政民主、普世价值、历史虚无主义、公民社会等，属于政治、文化、社会领域，与经济领域的关系不是直接的。而新自由主义则属于经济领域中的思潮，在各种思潮中居于很重要的地位。新自由主义经济理论的核心观点，如“经济人”假设、追逐私利的人性论、私有制永恒论、市场原教旨主义、政府职能最小化（“守夜人”）等，在我国经济界、理论界广泛传播，对我国经济改革和经济发展施加相当大的影响。可以说，当前我国经济领域存在着中国特色社会主义和新自由主义思想的斗争，这个斗争是经济领域中的意识形态斗争。这个斗争直接关系到经济建设的成败得失和中国特色社会主义的前途命运，关系到改革向何处去的问题，即是走完全自由化的市场经济道路，还是走中国特色的社会主义市场经济道路？对此，党的十八大明确做出了回答：“既不走封闭僵化的老路、也不走改旗易帜的邪路。中国特色社会主义道路，中国特色社会主义理论体系，中国特色社会主义制度，是党和人民九十多年奋斗、创造、积累的根本成就，必须倍加珍惜、始终坚

---

① 建国以来毛泽东文稿：第10册．北京：中央文献出版社，1996.

② 龚自珍全集．上海：上海人民出版社，1975.

持、不断发展。”①

程恩富：新自由主义的经济模式，其理论和政策上主张经济的非调控化、私有、经济完全自由化、福利个人化，是国际大垄断资产阶级的一种经济意识形态。当前，新自由主义深陷危机之中，在世界上已经臭名昭著。但是，由于中国社会主义初级阶段的基本经济制度具有巨大优势，我国受西方危机的影响还不很严重，因而有不少人对于新自由主义的危害还认识得不够。他们在研究中国经济问题、改革问题的时候，总是把新自由主义的流派当作分析的框架来解决中国经济社会发展中的问题，于是，私有化、市场经济万能、反对宏观调控等主张蔓延开来。新自由主义对所有制等经济方面的改革造成思想混乱，中国经济领域中出现的某些问题，是与这种思潮的影响密切相关的。例如，有人公开大讲特讲，说中国的国家宏观调控太多，国有企业太多，要像美国那样才对。还说，国企不要与民企竞争，国有企业只是拾遗补阙的。这是垄断资产阶级典型的口号，这种观点所说的那个“民”不是人民，是私营业主和大资本家，尤其是大的垄断寡头。西方资产阶级执政党以及他们的理论家就持这样的观点。这些国家是私有制为主体，国有经济是为私有经济服务的。平时如果某个行业是亏损的，或者投资收益比较低，私人不能干，国家就去干。干了盈利了，再卖给私人。什么叫资产阶级政府？什么叫人民政府？在国企问题上就是最典型的区别。人民政府允许私有制部分发展，按照邓小平的讲法是为了巩固公有制，而资产阶级政府是为了巩固私有制才发展一点国有制，两者性质是根本不一样的。

以“市场决定作用论”为例，中国特色社会主义的“市场决定作用论”与中外新自由主义的“市场决定作用论”有着天壤之别。前者有下列 5 个特点：一是与国家宏观调控和微观规制并存；二是限于一般资源的短期配

① 胡锦涛．坚定不移沿着中国特色社会主义道路前进 为全面建成小康社会而奋斗．北京：人民出版社，2012.

置，而非地下资源等特殊资源和一般资源的长期配置；三是文化、教育等某些非物质资源配置，只是引进适合本领域的市场机制，而非市场决定；四是公有制为主体、国有经济为主导，并体现在市场经济体系和市场活动中；五是在财富和收入分配领域由市场和政府各自发挥应有的调节作用，国民收入初次分配中市场作用大些，再分配中政府作用大些。这根本不是某些中外新自由主义的市场决定作用论者所说的中国仍在搞“半统制经济”、“权贵资本主义”和“国家资本主义”，也不是宣扬不要国家调控的竞争性市场机制的所谓“现代市场经济体制”，更不是搞市场原教旨主义和“唯市场化”改革，规避必要的政府宏观调控和微观规制。改革以来，在稀土、煤炭和住房等某些领域，其开放和国内外交易问题上，都曾经实行过不同程度的新自由主义的市场决定论政策，结果损国损民，近几年正在积极纠正。

四、 如何看待海内外对中国政治经济形势的评价

现在海内外对中国政治经济形势有一种流行的说法，叫“经右政左”，即经济上更加趋于自由化、市场化，放开更多管制领域；同时政治上更加趋于威权化，高举马克思列宁主义、毛泽东思想的旗帜，收紧对意识形态的控制。我们应当如何看待海内外对中国政治经济形势的评价？

刘国光：“经右政左”的论调，似乎认为我国在经济领域上偏“右”，而在政治和意识形态领域偏左。好像左右双方对此都有议论，角度不同，好恶各异。姑且不论“经右政左”说法的是非，从理论上讲，这是一对矛盾的概念。按照历史唯物主义的基本原理，政治、意识形态与上层建筑是由经济基础决定的。如果上层建筑与经济基础的方向一致，就可以巩固经济基础；如果上层建筑与经济基础偏离，那么就会使经济基础发生变异，原来的上层建筑也会有坍塌之虞。

“经右政左”的风险，可能会导致社会分裂，所以这种局面难以长久持续。社会主义经济如果长期受到西方新自由主义经济思想的侵蚀，使自由化、私有化倾向不断上升，计划化、公有经济为主体的倾向不断下降，社会主义经济基础最终就要变质，变成与社会主义意识形态和上层建筑不相容的东西。而随着私有经济的发展，资产阶级力量壮大，其思想影响也扩大，迟早他们会提出分权甚至掌权的要求，那时即使在政治思想上坚持科学社会主义，恐怕终究难以为继。这是经济基础决定上层建筑所决定的，不以人的意志为转移。

改革开放以来，我们逐步建立社会主义市场经济体制。按照党的十八届三中全会的说法，政治上“必须高举中国特色社会主义伟大旗帜，以马克思列宁主义、毛泽东思想、邓小平理论、‘三个代表’重要思想、科学发展观为指导”①，在经济上“坚持社会主义市场经济改革方向”②。这就是说，政治上要高举马克思列宁主义、毛泽东思想，邓小平理论、“三个代表”重要思想、科学发展观；经济上既要“市场经济”，又要“社会主义”。政治上、经济上两边都摆正了，这就与所谓的“经右政左”的说法划清了界限。

我们必须以马克思主义的理论观点，而不能以哈耶克之流的自由主义观点来理解社会主义市场经济中市场与政府、市场与计划的关系，这样我们就能掌握好中国改革航船的舵盘，驶向实现中国梦的美好未来。

（原载于《毛泽东邓小平理论研究》2014 年第 2 期；刘国光，程恩富）

① 中共中央关于全面深化改革若干重大问题的决定. 人民日报，2013-11-16.

② 中共中央关于全面深化改革若干重大问题的决定. 人民日报，2013-11-16.

政府和市场关系的核心是资源配置问题

党的十八届三中全会通过的《中共中央关于全面深化改革若干重大问题的决定》（以下简称《决定》）指出："经济体制改革是全面深化改革的重点，核心问题是处理好政府和市场的关系，使市场在资源配置中起决定性作用和更好发挥政府作用。"[①] 政府和市场是两种基本的资源配置手段，在社会主义市场经济中两者有机结合、相辅相成。政府和市场的关系也是多种多样的，如市场管理关系、宏观调控关系、财政税收关系等，其中最核心的是资源配置问题。

一

资源是指一国或一定地区内拥有的物力、财力、人力等各种物质要素的总称。分为自然资源和社会资源两大类。前者如阳光、空气、水、土地、森林、草原、动物、矿藏等；后者包括人力资源、信息资源以及经过劳动加工创造的各种物质财富。马克思在《资本论》中说："劳动和土地，是财富两个原始的形成要素。"[②] 马克思的定义，既指出了自然资源的客观存在，又把人（包括劳动力和技术）的因素视为财富的另一不可或缺的来源。劳

---

① 中共中央关于全面深化改革若干重大问题的决定．人民日报，2013－11－16.

② 马克思恩格斯选集：第4卷．北京：人民出版社．1995.

动时间包括活劳动时间和物化劳动时间，都是资源的抽象。活劳动意味着人力资源，物化劳动意味着物质资源。可见，资源的来源及组成，不仅是自然资源，而且包括人类劳动的社会、经济、技术等因素，包括人力、人才、智力（信息、知识）等资源。据此，所谓资源指的是一切可被人类开发和利用的物质、能量和信息的总称，它广泛地存在于自然界和人类社会中，是一种自然存在物或能够给人类带来财富的财富。或者说，资源就是指自然界和人类社会中一种可以用以创造物质财富和精神财富的具有一定量的积累的客观存在形态，如土地资源、矿产资源、森林资源、海洋资源、石油资源、人力资源、信息资源等。

资源配置本来是西方经济学中的概念，认为资源配置是经济社会为达到最优或最适度的境界而对其资源（包括生产要素和产品）在各部门或个体之间或者各种用途之间的配置。许多西方经济学教科书都开宗明义地将资源配置作为其学科的研究对象，研究的目的是优化资源配置，以达到收益最大化。在西方经济学家看来，在一个特定时间，资源的数量和质量会发生变化。但它们是有限的，是具有稀缺性的。稀缺性是西方经济学中的一个重要概念。法国经济学家瓦尔拉斯把经济物品定义为一切具有稀缺性的物品，英国经济学家罗宾斯用人的多种目的和实现目的的资料和手段的稀缺来定义经济学。相对于人类社会的无穷欲望而言，经济物品或生产这些物品所需要的资源就是不足的，这就是经济物品或生产这些物品所需要的资源的稀缺性。这种稀缺的相对性存在于人类社会的一切时期，因而经济学就被认为是解决这种稀缺资源的优化配置和利用的一门科学。

在西方经济学中，资源优化配置是通过市场均衡来实现的。市场上需求和供给之间的变动都要通过价格和数量来反映，这里存在着一种通过价格反映供求变动来进行资源分配的制度——均衡价格。均衡价格理论是从供给与需求相平衡来论证价格决定，从而实现资源配置的理论。资源配置正是通过供给与需求价格的变动来实现的，供给与需求平衡，资源得到合理配置。

在西方经济学理论中，市场机制对资源配置起着主要作用，市场经济通过一系列的价格和市场活动，无意识地协调着人们的经济活动。市场机制充分发挥作用的前提是“完全竞争”的存在。市场机制只有在完全竞争的驱动下，通过价格制度才能促使资源的投入产出达到一种有效的配置。强调市场机制在资源配置中的功能与作用，是古典经济学的一条主线。即使如此，以亚当·斯密为代表的古典经济学体系中，他们还分析了“看不见的手”发挥作用所需要的社会法律制度，认为政府在构建市场经济的制度基础和弥补市场失灵方面具有不可忽视的作用①。在这里应当指出，政府的作用不能仅仅局限于此，最重要的是经济职能。政府在经济建设中担负着重要的职能，主要是进行经济调节、市场监管、社会管理和公共服务，以促进社会经济发展，提高生产力水平和人民生活水平。

马克思没有直接对资源配置做出具体的定义，但从他的著作来看，他所理解的资源配置，最基本的含义是按一定比例分配社会总劳动量。马克思在《致路·库格曼（1868 年 7 月 11 日）》中指出：“小孩子同样知道，要想得到和各种不同的需要量相适应的产品量，就要付出各种不同的和一定量的社会总劳动量。这种按一定比例分配社会劳动的必要性，决不可能被社会生产的一定形式所取消，而可能改变的只是它的表现方式，这是不言而喻的。自然规律是根本不能取消的。在不同的历史条件下能够发生变化的，只是这些规律借以实现的形式。”② 马克思在这里所说的社会总劳动，不仅指活劳动，而且还包括物化劳动，即通过活劳动加工的自然资源。马克思认为：“劳动并不是它所生产的使用价值即物质财富的唯一源泉。”③ 从马克思主义经济学的完整体系看，社会总劳动量是社会在一定时期内所能

---

① [英] 亚当·斯密．国民财富的性质与原因的研究：下册．郭大力，王亚男译．北京：商务印书馆，1999.

② 马克思恩格斯选集：第 4 卷．北京：人民出版社，1995.

③ 马克思恩格斯全集：第 23 卷．北京：人民出版社，1972.

支配的物化劳动和活劳动的总和与抽象，因而社会总劳动量的分配也包括物化劳动的分配的思想。值得注意的是，马克思所说的社会在一定时期可以用来分配的总劳动量，是暗含着“稀缺性”的，因为既然是要“按一定比例分配社会劳动”，并且依据“根本不能取消”的“自然规律”，本身就表明社会总劳动量是“稀缺”的。正因为如此，马克思多次强调“社会劳动时间可分别用在各个特殊生产领域的份额的这个数量界限”①，并且认为这个数量界限决定着社会“不仅在每个商品上只使用必要的劳动时间，而且在社会总劳动时间中，也只把必要的比例量使用在不同类的商品上”②。同时，马克思也多次论述资源“稀缺”的含义，他说：“一种东西要成为交换对象，具有交换价值，就必须是每个人不通过交换就不能得到的，必须不是以这种最初的形式即作为共同财富的形式而出现的。稀有性就这一点来说是交换价值的要素。”③ 就是说，凡是以商品形式出现在市场上的资源都是稀缺资源，资源产品化和商品化程度反映了资源的稀缺程度。西方经济学中的资源配置理论强调资源的稀缺性，资源的优化配置是通过市场均衡来实现的。但是，西方经济学理论只停留在社会生产的一般层次上，即只是从物质资料生产和社会化商品生产的层次上研究资源配置问题。而马克思主义经济学的资源配置理论则以社会生产方式变更的历史观为基础，认为按一定比例分配社会总劳动资源的必要性，不可能被社会生产的一定方式所取消，随着不同历史条件下社会生产方式的转变，而改变其借以实现的形式。这就为不同社会经济关系下的不同资源配置实现形式，奠定了理论前提，体现了资源配置方式研究和社会生产方式研究的统一。

---

① 马克思恩格斯文集：第7卷．北京：人民出版社，2009.

② 马克思恩格斯文集：第7卷．北京：人民出版社，2009.

③ 马克思恩格斯全集：第46卷：上．北京：人民出版社，1979.

二

资源配置的关键，是把有限的资源配置到社会需要的众多领域、部门、企业、产品和劳务生产上去，而且使资源得到有效配置，达到消费者、企业和社会利益的最好、最大的满足，这也是社会经济运行的核心问题。在社会化商品经济社会中，资源配置可以有两种基本手段，即市场和计划，相应地也就有两条经济规律在发挥作用。两种手段的配置，取决于所有制关系。在一般以私有制为主体的市场经济条件下，市场在资源配置中起决定性作用，实质上是以价值规律为主的各种经济规律共同作用来配置，具体通过市场机制的功能来实现。即使如此，西方学者也未完全否认政府包括资源配置在内的经济职能。他们勾画了自由放任的制度边界，指出政府要做守夜人并对市场进行必要的监管，容许财税收支对经济的调节，兴建必要的公共工程等。在以公有制为主体的社会主义市场经济条件下，除了价值规律在资源配置中发挥作用外，有计划按比例分配的规律也要发挥作用。在这种情况下，政府包括资源配置在内的经济职能的重要性更是无可置疑了。

对于价值规律，马克思指出："商品的价值规律决定社会在它所支配的全部劳动时间中能够用多少时间去生产每一种特殊商品。"① 这表明，在商品经济条件下按一定比例分配社会总劳动的"自然规律"是以价值规律为实现形式的。价值规律通过对价格运动的支配，造成了商品生产者在每一产业部门内部的竞争和在各个产业部门之间的竞争。只有通过"商品价格的波动"，商品按照"社会必要劳动时间"决定的价值进行交换才能成为现

① 马克思恩格斯文集：第5卷．北京：人民出版社，2009.

实[①]。价值规律还从两个方面对社会总劳动的配置起调节作用，一是调节着个别企业内部的资源配置方向，二是调节着整个社会内部的资源配置比例。由此可见，价值规律对社会资源配置的调节作用同时具有双重功能，即不仅决定了社会总劳动时间在各个产业部门之间的分配比例，使各产业部门用于每一类商品生产上的劳动总量不超过必要的限度，而且也规定了决定单个商品价值量的社会必要劳动时间的量的界限，是由哪一类（最好、中等或最差）的生产条件来左右[②]。价格机制是价值规律实现其作用的内在机制，价格的变动引起供给和需求、生产和消费的变动，从而引起社会资源流向发生变化，实现对资源的合理配置。

在社会主义建设初期，关于是否利用价值规律为经济建设服务的问题，是经济学界争论最大、时间最长的问题。在社会主义初级阶段，只要存在商品生产和商品交换，就不可能否定价值规律的作用。在20世纪60年代，毛泽东在《读苏联〈政治经济学教科书〉的谈话》中反复研究社会主义条件下的商品生产和价值规律的作用，对轻视和消灭商品经济的倾向进行了批评，强调“商品生产不能与资本主义混为一谈”，认为生产资料也是商品，价值法则“是一个伟大的学校，只有利用它，才有可能教会我们的几千万干部和几万万人民，才有可能建设我们的社会主义和共产主义”[③]。毛泽东强调：“现在要利用商品生产、商品交换和价值法则，作为有用的工具，为社会主义服务”。[④] 这就突破了传统意义上的认识误区。

对于有计划按比例分配的规律，可以按两个层次来说明：一是按比例分配，二是有计划分配。前面所讲马克思在提出按一定比例分配社会劳动的必要性，是就社会化生产一般来说的，而不问社会生产的形式如何。但马克思提出劳动时间的有计划分配，却是针对“共同的社会生产”即以公

① 马克思恩格斯全集：第21卷．北京：人民出版社，1975.

② 宋宁．论马克思的资源配置理论框架．经济研究参考，1993（1）.

③ 毛泽东文集：第8卷．北京：人民出版社，1999.

④ 毛泽东文集：第7卷．北京：人民出版社，1999.

有制为基础的生产方式来说的。马克思说："时间的节约，以及劳动时间在不同的生产部门之间有计划的分配，在共同生产的基础上仍然是首要的经济规律。这甚至在更加高得多的程度上成为规律。"① "按比例"与"有计划"不是一个层次。"按比例"适合于"社会生产一般"，而"有计划"则仅适合于"共同生产"即"以公有制为基础的社会生产"。如果社会生产是以私有制为基础，能够以自发的价值规律来实现按比例分配社会资源，无须也不可能有计划地分配社会劳动；如果社会生产是以公有制为基础，则有计划的分配不仅成为可能，也成为社会的必要。

现在的社会主义初级阶段是公有制和私有制两种所有制并存的历史阶段，所以两种资源配置规律（市场价值规律和有计划按比例分配规律）并存，都要发挥作用。两种规律的优缺点，都需要辩证地看待。

价值规律对资源配置发挥作用，在一定时期、一定程度上能够达到资源的优化配置，能够自发地调节社会劳动在各生产部门之间的分配，适应供求关系的变化，刺激商品生产者技术的改进和劳动生产率的提高，促使商品生产者在竞争中优胜劣汰。但是，价值规律也具有自发性、盲目性和滞后性的缺点，它对经济总量的平衡、宏观经济结构的调整、生态平衡和环境保护等的调节显得无能为力，它的自发作用容易造成经济失衡和出现盲目性从而导致资源的浪费，它还会引起贫富差距的扩大和出现两极分化等现象，从而导致经济周期性波动、经济停滞乃至经济危机。在以私有制为主体的资本主义市场经济中，资产阶级企图通过不触动所有制关系的宏观调控、生产关系的某些局部调整来减缓波动或经济危机，但没有合理运用有计划按比例分配的规律，这就不能从根本上消除经济危机。

有计划按比例分配规律，能够合理地分配社会劳动，使社会劳动分配比例适应社会对商品需求的比例；能够促进国民经济各部门、社会生产各环节、各个地区之间经济协调发展；能够与价值规律互相形成一种合力，

① 马克思恩格斯文集：第8卷．北京：人民出版社，2009.

共同对有效地节约社会资源发挥作用，促进社会劳动的有效利用和社会资源的节约；能够促进经济健康增长，增加就业，稳定物价，保持国际收支平衡。但是，如果有计划按比例分配规律运用不当，主观的计划调控行为与客观按比例要求不适应，就容易产生统得过死、瞎指挥和官僚主义，还有可能造成经济缺乏活力，降低经济运行效率等。这是过去苏联和中国实行的传统计划经济曾发生的缺陷。在以公有制为主体的社会主义市场经济中，政府必须且能够借助公有制经济通过正确运用有计划按比例分配的规律，采取强有力的宏观计划调控手段，从根本上消除经济危机，熨平、矫正价值规律调节的自发性、盲目性、滞后性，防止传统计划经济体制曾经有过的缺陷，从而保证国民经济的健康发展。这是社会主义市场经济的优越性。换句话说，凯恩斯解决不了的问题，马克思能够解决。

在社会主义市场经济体制下，这两个规律综合运用得当，能够发挥出各自的优点，避免各自的缺点，这样就能够促进国民经济持续、快速、健康发展。市场价值规律和有计划按比例分配规律之间的关系，现实上表现为市场自发运行和政府自觉调控之间的关系。

有计划按比例发展就是人们自觉安排的持续、稳定、协调发展，它不等同于传统的行政指令性的计划经济，更不是某些人士贬称的“命令经济”。“有计划”不等于行政命令，主要是通过指导性、战略性、预测性的计划，用以从宏观上引导国家资源的配置和国民经济的发展，当然，也包括某些必要的指令性指标，并不排除国家计划的问责功能。改革开放后，我们革除传统计划经济的弊病，适应初级阶段的国情，建立了社会主义市场经济体制，尊重市场价值规律，但是不能丢掉公有制下有计划按比例的经济规律。在社会主义初级阶段，社会主义经济容纳市场经济，成为社会主义的市场经济，而不是什么纯粹的市场经济，或者其他性质的市场经济。这样的社会主义市场经济就不能只受一个市场价值规律的支配，而必须在市场价值规律起作用的同时，受“有计划按比例发展规律”的支配。所以，

《决定》所说的“市场决定资源配置是市场经济的一般规律”，单就市场经济来说，是绝对正确的；下面接着说“健全社会主义市场经济体制必须遵循这条规律”，也是对的，但是说得不够完整。因为社会主义市场经济要遵守的不仅是市场价值规律，这不是社会主义市场经济唯一的规律。以公有制为基础的社会主义市场经济还要首先遵守有计划按比例发展规律。这就是为什么在社会主义市场经济中，计划和市场、政府和市场、自觉的调节和自发的调节、“看得见的手”和“看不见的手”都要在资源配置中发挥重要作用的理论根据。正如习近平所说：“使市场在资源配置中起决定性作用和更好发挥政府作用，二者是有机统一的，不是相互否定的，不能把二者割裂开来、对立起来，既不能用市场在资源配置中的决定性作用取代甚至否定政府作用，也不能用更好发挥政府作用取代甚至否定使市场在资源配置中起决定性作用。”①

三

习近平强调：“在市场作用和政府作用的问题上，要讲辩证法、两点论，‘看不见的手’和‘看得见的手’都要用好，努力形成市场作用和政府作用有机统一、相互补充、相互协调、相互促进的格局，推动经济社会持续健康发展。”② 市场作用这只看不见的手和政府作用这只看得见的手都要用好，核心的问题是在资源配置上两者都要用好。在资源配置上，市场这只手主要是通过价值规律的运行和价格机制的运作来实现的；而政府作用这只手则主要通过有计划按比例规律的运行和宏观计划调控机制的运作来实现。既然在资源配置中是双重调节作用，而不是单纯的“市场决定”，那

① 习近平在中共中央政治局第十五次集体学习时强调　正确发挥市场作用和政府作用　推动经济社会持续健康发展. 人民日报，2014－05－28.

② 习近平在中共中央政治局第十五次集体学习时强调　正确发挥市场作用和政府作用　推动经济社会持续健康发展. 人民日报，2014－05－28.

么，在资源配置的调节中，市场这只手和政府或计划这只手，怎么分工？我们认为，按照资源配置的微观层次和宏观层次，划分市场与政府或计划的功能，大体上是可以的。

在宏观层次，为保持经济总量的基本平衡，抑制通货膨胀，促进经济结构的优化，实现国民经济持续、快速、健康发展，政府应当发挥主要作用，使经济活动遵循价值规律和有计划按比例分配规律的要求，适应供求关系的变化，促进生产和需求的及时协调，从而达到资源的优化配置。政府发挥作用的主要手段是以计划为导向的宏观调控，而宏观计划调控的主要目标为经济持续稳定增长、比例协调、充分就业、价格水平基本稳定和国际收支基本平衡。离开了政府的宏观计划调控，国民经济持续、协调、健康发展的宏观目标是不可能实现的。

在微观层次，参与市场交易活动的主体，有企业、家庭（含劳动者个人）、机构（含政府、社会组织），其中最主要的是居于市场交易中心的企业。作为市场主体的企业，以独立的商品生产者和经营者的身份，面对市场，围绕市场，依托市场，调配购入各种生产要素，组织生产，供应各种产品服务，在市场竞争的“舞台”上纵横驰骋。在此场合，资源配置似应由市场起决定性作用，政府只应起辅助监管作用。但是，微观经济活动中对宏观产生重大影响（如供需总量平衡、部门地区比例、自然资源和环境保护、社会资源的公平分配以及涉及国家安全、民生福利等）的资源配置问题，政府要加强计划调控和管理，不能让市场这只“看不见的手”盲目操纵，自发“决定”。此时，政府的辅助作用便会转化为决定性作用，运用行政、法制、经济等手段进行调节，以最终实现资源的优化配置。

微观经济活动主体企业的分类，参照中共中央、国务院于 2015 年 9 月印发的《关于深化国有企业改革的指导意见》，我国企业也可以大致分为商业类和公益类两类企业①。商业类企业具有营利性质，又可分为竞争性的企

① 中共中央国务院印发《关于深化国有企业改革的指导意见》. 人民日报，2015－09－14.

业和垄断性的企业。竞争性的企业参与市场竞争，市场在这些企业的交易行为和资源配置中起决定性作用，要减少政府对其经济活动的直接干预，把政府不该管的事交给市场，让市场在所有能够发挥作用的领域都充分发挥作用，推动资源配置实现效益最大化。

在市场经济条件下，竞争必然导向垄断，而企业的垄断性行为，一般必然涉及社会公众利益甚至国家的战略利益，不能不由政府出面进行管理和调节。这里要顺便指出，我国某些学者不仅要求国有经济完全退出竞争领域，他们还要求国有经济退出关系国民经济命脉的重要行业和关键领域。他们经常把国有经济在这些领域的优势地位冠以“垄断行业”、“垄断企业”，不分青红皂白地攻击国有企业利用政府行政权力进行垄断。应当明确，在有关国家安全和经济命脉的战略性部门及自然垄断产业，问题的关键不在于有没有垄断，而在于谁来控制。一般说来，这些特殊部门和行业，由公有制企业经营要比由私有制企业经营能更好地体现国家的战略利益和社会公众利益。当然也不排除在某些场合吸收私人资本参股，实行混合经营。

公益类的企业，具有非营利性质，如水利、环境和公共设施管理业，居民服务和其他服务业，教育，卫生、社会保障和社会福利业，文化、体育和娱乐业等等，属于非营利性行业，不以营利为目的，这类企业也要实行独立的经济核算，为发展公益事业保本增殖，但有些也要依靠国家或社会补贴，不能完全按照市场竞争的原则来经营，也就不能完全依靠市场起决定作用了。这些行业和整个宏观层次的资源配置，主要依靠政府的调控，而市场起辅助作用。要发挥国家发展规划、计划、产业政策的导向作用，综合运用法律手段和经济手段，加强科学规划、政策指导和信息发布，并通过技术、环境、能耗标准及科技创新等手段规范市场准入。这就有利于解决习近平同志所说的“教育、就业、社会保障、医疗、住房、生态环境、食品药品安全、安全生产、社会治安、执法司法等关系群众切身利益的问题较多”[①] 的问题。

总的来说，资源配置有宏观、微观不同层次，还有许多不同类别企业的资源配置。在资源配置的微观层次，即多种资源在各个市场主体（企业、机构、家庭、个人）之间的配置，市场价值规律可以通过供求变动和竞争机制促进效率，发挥非常重要的作用，也可以说是“决定性”的作用。但是在资源配置的宏观层次，如供求总量的综合平衡、部门地区的比例结构、自然资源和环境的保护、社会资源（财产、收入）的公平分配等方面，以及涉及国家社会安全、民生福利（住房、教育、医疗）等公益性领域的资源配置，就不能都依靠市场来调节，更不用说“决定”了。市场机制在这些宏观层次和重要领域存在很多缺陷和不足，需要国家干预、政府管理、计划调节来矫正、约束和补充市场的行为，用“看得见的手”来弥补“看不见的手”的缺陷。

（原载于《毛泽东邓小平理论研究》2015 年第 11 期）

① 习近平．关于《中共中央关于全面深化改革若干重大问题的决定》的说明．人民日报，2013 - 11 - 16.

第二篇

社会主义初级阶段基本经济制度（所有制与分配关系）

关于社会主义初级阶段基本经济制度若干问题的思考

一、 社会主义初级阶段理论的形成和基本经济制度的提出

社会主义初级阶段理论来源于马克思主义。马克思、恩格斯将共产主义社会分为两个阶段，社会主义是共产主义的初级阶段。列宁有新经济政策过渡的实践，相当于社会主义初级阶段的试验。毛泽东把社会主义划分为“不发达阶段”和“发达阶段”①，不发达阶段就是社会主义初级阶段。具体分析一下社会主义初级阶段这个概念所包含的基本理论观点，不难看出它是对马克思主义关于未来社会发展阶段思想的深化。

社会主义初级阶段包含两个理论命题：第一，在一定条件下，经济文化较不发达国家可以不经过资本主义的充分发展而进入社会主义；第二，在任何条件下，生产力的发展阶段都是不可逾越的。可以说，这是马克思、恩格斯的一贯主张。社会主义初级阶段论的形成是对马克思主义不断革命论和革命发展阶段论的具体运用。马、恩、列、毛的有关论述，为我们党在十一届三中全会以后提出社会主义初级阶段的科学论断提供了重要的理论根据。社会主义初级阶段理论正式形成的过程，首先是1981年十一届六中全会通过的《关于建国以来党的若干历史问题的决议》，第一次提出我国

① 毛泽东文选：第8卷．北京：人民出版社，1999.

社会主义制度还处于初级的阶段。其次是1987年中共十三大，社会主义初级阶段理论确立。邓小平在十三大召开前指出："党的十三大要阐述中国社会主义是处在一个什么阶段，就是处在初级阶段，就是初级阶段的社会主义。社会主义本身是共产主义的初级阶段，而我们中国又处在社会主义的初级阶段，就是不发达的阶段。一切都要从这个实际出发，根据这个实际来制订规划。"①

到了1997年9月，党的十五大制定了党在社会主义初级阶段的基本纲领，精辟地回答了什么是社会主义初级阶段中国特色社会主义的经济、政治和文化，以及怎样建设这样的经济、政治和文化。在社会主义初级阶段，我国应该建立怎样的所有制结构，确立什么样的基本经济制度，党的认识也经过了一个逐步深化的过程。1981年7月国务院颁布的《关于城镇非农业个体经济若干政策性规定》对城镇非农业个体经济做出若干政策性规定。1982年党的十二大指出社会主义国营经济在整个国民经济中占主导地位，首次在代表大会文件中明确提出鼓励个体经济发展并且扩展到农村地区。

1987年1月，中央发布《把农村改革引向深入》文件，提出对私营经济"应当允许存在，加强管理，兴利抑弊，逐步引导"，一方面，肯定了私人企业的合法性；另一方面，也指出私人企业同公有制经济是有矛盾的，它自身也存在弊端，要加以调节和限制。1987年党的十三大报告第一次公开明确承认私营经济的合法存在和发展，认为私营经济"是公有制经济必要的和有益的补充"。1992年，党的十四大报告中讲："以公有制包括全民所有制和集体所有制经济为主体，个体经济、私营经济、外资经济为补充，多种经济成分长期共同发展。"正式提出初级阶段基本经济制度概念的是1997年的十五大报告。报告提出："公有制为主体，多种所有制共同发展，是我国社会主义初级阶段的一项基本经济制度"，同时承认"非公有制经济是我国社会主义市场经济的重要组成部分"。进一步提升非公有制经济地

① 邓小平文选：第3卷．北京：人民出版社，1993.

位，使非公有制经济由体制外进入体制内。至此，社会主义初级阶段基本经济制度正式确立。2002 年党的十六大提出了两个“毫不动摇”的方针，即“必须毫不动摇地巩固和发展公有制经济”和“必须毫不动摇地鼓励、支持和引导非公有制经济发展。”2007 年党的“十七大”再次重申“要坚持和完善以公有制为主体、多种所有制经济共同发展的基本经济制度”。2010 年党的十七届五中全会提出坚持社会主义基本经济制度，就必须既不能搞私有化，也不能搞单一公有制。这是针对残存的单一公有制传统观念，特别是主要针对近年来出现的私有化倾向而提出来的，十分重要，应该引起注意。

二、 我国实行社会主义初级阶段基本经济制度的依据

基本经济制度决定社会的性质和社会的发展方向。判断社会的性质和发展方向的唯一标准就是看生产资料归谁所有。在社会主义出现以前，人类的所有社会制度都是以生产资料私有制为核心，生产资料公有制是社会主义制度区别于以前一切人类社会制度的根本不同点。为什么我国要实行以公有制为主体、多种所有制经济共同发展的基本经济制度呢?

我国是社会主义国家，必须以公有制作为社会主义经济制度的基础。我国宪法规定：“中华人民共和国的社会主义经济制度的基础是生产资料的社会主义公有制，即全民所有制和劳动群众集体所有制。”宪法接下来又讲：“国家在社会主义初级阶段，坚持公有制为主体、多种所有制经济共同发展的基本经济制度。”① 因此，要把“社会主义经济制度”同“社会主义初级阶段的基本经济制度”这两个概念区别开来。“社会主义经济制度”是“社会主义初级阶段基本经济制度”的核心。前者不包括非公有制经济，只有公有制是其基础；而初级阶段的基本经济制度中，包括非公有制经济，

①《中华人民共和国宪法（2004 年修正）》第一章总纲第六条。

但公有制必须占主体地位。“社会主义经济制度”存在于社会主义初级阶段和以后的其他阶段，是不断成熟和发展的过程；而社会主义初级阶段的基本经济制度，只反映初级阶段的特点。可以设想，初级阶段结束，非公有制经济不会立即被公有制所取代。进入中级阶段，将是公有制经济进一步发展壮大，所占比重不断提高，而非公有制经济则逐渐减退，所占比重减少的过程。到社会主义高级阶段，社会主义经济趋于成熟，剥削制度和生产资料私有制经济将最终退出历史舞台。

社会主义初级阶段的基本经济制度中之所以包括多种所有制共同发展，允许发展非公有制经济，是由初级阶段的国情决定的。我国生产力发展水平还不高，人口众多，就业空间余地小，经济发展与发达国家的差距还很大，人民日益增长的物质文化需要同落后的社会生产是主要矛盾，解放和发展生产力是我国社会主义的根本任务。因此，只要符合“三个有利于”标准的经济成分就允许和鼓励其发展。个体、私营和外资经济，在其符合“三个有利于”的条件下，就可以成为社会主义初级阶段基本经济制度的构成部分和社会主义市场经济的重要组成部分。

我国还处于社会主义初级阶段，这是实行社会主义基本经济制度的理论和现实依据。但我们必须清楚地认识到，社会主义初级阶段也有一个时间限期的问题，不可能是无限期的。邓小平在 1992 年初视察南方时说：“社会主义初级阶段的基本路线要管一百年，动摇不得。”① 这是在当前的社会主义现代化建设过程中要遵循的重要的时间界限。从中国初步建成社会主义的 1956 年算起，到本世纪五、六十年代后，就要着手向中级阶段过渡。但随着我国生产力的发展、科学技术的进步，一百年的初级阶段的期限是有可能缩短的。提出这一点就是为了提醒：不仅要埋头赶路，而且要抬头望远，时刻不要忘记了社会主义和共产主义远景目标。在初级阶段的不同发展时期，还要针对出现的新情况、新问题，党的政策必须做出相应的调

① 邓小平文选：第 3 卷．北京：人民出版社，1993.

整和变化，防止我国偏离社会主义的道路。我们党要时刻牢记我们党奋斗的最终目标，牢记为人民服务的宗旨。

三、 坚持基本经济制度首先要巩固公有制的主体地位

社会主义公有制是社会主义制度的基础。公有制为主体也是初级阶段基本经济制度的前提和基础。坚持基本经济制度，首先要巩固公有制为主体这个前提和基础。

“公有制的主体地位主要体现在：公有资产在社会总资产中占优势。公有资产占优势，要有量的优势，更要注意质的提高。”① 现在有不少人对公有制是否还是主体有疑虑，主要是对公有制所占的比重即量的方面有疑虑。目前，根据国家统计局的数据，我国国有经济在国民经济中的比重不断下降，宏观上并不存在所谓的“国进民退”；微观上国有经济“有进有退”，但更多的是“国退民进”；个别案例中的所谓“国进民退”，多半属于资源优化重组，并非没有道理。我们党一贯强调，“公有制比重的减少也是有限制有前提的，那就是不能影响公有制的主体地位”②。解除人们疑虑的办法之一，就是用统计数字来说明，坚定人们对社会主义初级阶段基本经济制度的信心。

公有资产占优势，更重要的表现为质的优势，即关键性的涉及经济命脉、战略全局和国民经济发展方向的生产资料占优势，而不是一般的微不足道的生产资料占优势；是先进的具有导向性控制性的生产资料占优势，并且不断提高、进步、发展、壮大，而不是落后的东西占优势。这样它才能控制经济命脉，对国民经济起主导作用，有强大的控制力、决定力、示范力和促进力。

---

① 十五大以来重要文献选编：上．北京：人民出版社，2000.

② 江泽民文选：第3卷．北京：人民出版社，2006.

所以，初级阶段基本制度不但要求公有制经济占主体地位，而且要求国有经济对国民经济起主导作用，国家应控制国民经济命脉，国有经济的控制力、影响力和竞争力得到增强。在社会主义经济中，国有经济不是像在资本主义制度下那样，主要从事私有企业不愿意经营的部门，补充私人企业和市场机制的不足，而是为了实现国民经济的持续稳定协调发展，巩固和完善社会主义制度。为了实现国民经济的持续稳定协调发展，国有经济应主要集中于能源、交通、通讯、金融等基础设施和支柱产业中。这些都是关系国民经济命脉的重要行业和关键领域，在这些行业和领域中国有经济应该有“绝对的控制力”、“较强的控制力”，“国有资本要保持独资或绝对控股”或“有条件的相对控股”①。这些都是中央文件所规定和强调的。国有经济对这些部门保持控制力，是为了对国民经济有计划地调控，以利于它持续稳定协调发展。

关于国有经济控制力应包括的范围，有一种意见是值得注意和研究的。这种意见把国有经济的社会责任分为两种，一是帮助政府调控经济，一是保证社会正义和公平的经济基础。前一个作用普遍适用于社会主义国家和现代资本主义市场经济国家，而后一作用则是社会主义国家独有的。“按照西方主流经济学的观点，在一定条件下国有经济有助于政府调控经济，但是 OECD 国家的私有化证明，即使以垄断性的基础产业为主要对象进行了私有化，国有经济到了 10% 以下的比重以后，政府照样可以运用各种货币政策、财政政策、产业政策和商业手段等有效地调控经济。但是社会正义和公平，却是高度私有化的经济和以私有化为主的混合经济解决不了的老大难问题”。“在中国坚持社会主义市场经济的改革方向中，增强国有资本的控制力，发挥其主导作用，理应包括保障、实现和发展社会公平的内容和标准。对那些对于政府调控经济不重要但是对于保障社会正义和公平非常重要的竞争性领域的国有资产，也应该认为是‘重要’的国有资产，要力

---

① 十五大以来重要文献选编：下．北京：人民出版社，2003.

争搞好，防止出现国资大量流失那种改革失控，随意实行大规模‘转让’的偏向”。①

基于国有经济负有保证社会正义和公平的经济基础的社会责任，国家要保障在公益服务、基础设施、重要产业的有效投资，并不排除为解决就业问题在劳动密集领域进行多种形式的投资和运营。在保障垄断性领域国有企业健康发展的同时，还要保障在竞争性领域国有企业的发展，发挥他们在稳定和增加就业、保障社会福利和提供公共服务上的作用，增强再分配和转移支付的经济实力。有竞争力的国有企业为什么不能在竞争性领域发展，利润收入只让私企独占？其实，中央对竞争性领域的国有经济一向坚持“有进有退”，发挥其竞争力的政策，而绝不是“完全退出”竞争性领域的政策，像一些新自由主义的精英们和体制内的某些追随者喋喋不休地说教的那样。我国这样一个社会主义大国，国有经济的数量底线，不能以资本主义国家私有化的“国际经验”为依据。确定国有经济的比重，理应包括保障、实现和发展社会公平和社会稳定的内容，所以国家对国有经济控制力的范围，有进一步研究的必要。

四、 正确处理公有制经济与非公有制经济的关系

谈基本经济制度，不能不谈私有经济，私有经济是非公有制经济的一部分。其与公有制主体经济的共同发展，构成我国社会主义初级阶段的基本经济制度。非公有经济在促进我国经济发展，增加就业，增加财政收入，满足社会各方面需要方面，不仅在当前，而且在整个社会主义初级阶段的历史时期内，都有不可缺少的重要积极作用，因此我们必须鼓励、支持和引导非公有制经济发展，而不能忽视它、歧视它、排斥它。所以，党和政府对非公有制包括私有制经济非常重视，对它们的评价，从十三大、十四

① 夏小林．非国有投资减缓，后效仍需观察．中华工商时报，2007－1－31．

大的“公有制经济的补充”，到九届人大二次会议称为“社会主义市场经济的重要组成部分”，十六大党还提出了“两个毫不动摇”，足见中央充分肯定非公有制包括私有制经济的重要作用。

但我们应该把私有经济的性质与作用分开来讲。只要是私人占有生产资料，雇佣和剥削劳动者，他的性质就不是社会主义的。至于他的作用，要放到具体历史条件下考察。当它处于社会主义初级阶段，适合生产力发展的需要时，它还起积极作用，以至构成社会主义市场经济的一个重要组成部分。由于它不具有社会主义的性质，因此不能说它也是社会主义经济的组成部分。某些理论家则把非公有经济是“社会主义市场经济的重要组成部分”，偷换为“社会主义经济的重要组成部分”，认为“民营经济”（即私营经济）“已经成为”或者“应当成为”社会主义经济的主体，以取代公有制经济的主体地位。这明显地越过了宪法关于基本经济制度规定的界限。对私有经济，既不应当轻视、歧视，又不应当吹捧护短，那么应当怎样正确对待，才符合坚持基本经济制度的要求呢？毫无疑问，我们要继续毫不动摇地发展私有经济，发挥其机制灵活，有利于促进社会生产力的正面作用；同时克服其剥削性产生的不利于社会经济发展的负面作用。如有些私营企业主贿赂政府官员，偷逃税收，压低工资和劳动条件，制造假冒伪劣产品，破坏自然资源环境，借机侵害国有资产，以及其他欺诈行为，都要通过教育监督和法制，克服清除。我想广大私营企业主，本着“社会主义建设者”的职责和良心，也一定会赞成这样做，这对私有经济的发展只有好处，没有坏处。

在鼓励、支持私有经济发展的同时，还要正确引导其发展方向，规定能发展什么，不能发展什么。比如竞争性领域，要允许私有经济自由进入，尽量撤除限制其进入的藩篱。特别是允许外资进入的，也应当开放内资进入。而对关系国民经济命脉的重要部门和关键领域，就不能允许私有经济自由进入，只能有条件、有限制地进入，不能让其操纵这些部门和行业，影响国有经济的控制力。私有经济在竞争性领域有广大的投资天地，在关系国民经济命脉的一些重要部门现在也可以参股投资，分享丰厚的盈利，他们应当知足了。作为“社会主义建设者”群体和“新社会阶层”，私营企业主大概不会觊觎社会主义经济的“主体地位”。但是确有某些自由主义精英明里暗里把他们往这方面推。要教育他们不要跟着这些精英跑。

总之，我们要毫不动摇地发展包括私有经济在内的非公有经济，但这必须与毫不动摇地坚持发展公有制经济并进，并且这种并进要在坚持公有制经济为主体，国有经济为主导的前提下进行。这样做，才能够保证我国社会主义基本经济制度的巩固和发展，使之永远立于不败之地。

五、 基本经济制度决定了社会三义市场经济是有计划的

马克思主义认为，在共同的社会生产中（即以公有制为基础的社会生产中），国民经济要实行有计划按比例地发展。“有计划按比例”并不等于传统的行政指令性的计划经济。改革开放以来，我们革除传统计划经济的弊病，相应于社会主义初级阶段的基本经济制度，建立了社会主义市场经济体制。基本经济制度以公有制为主体，所以社会主义市场经济就不能丢掉有计划按比例发展规律的要求。

1992 年党的十四大提出建立社会主义市场经济体制的改革目标时，对于提法中没有包含“有计划”三个字，当时中共中央总书记有解释：“社会主义经济从一开始就是有计划的，这在人们的脑子里和认识上一直是很清楚的，不能因为提法中不出现‘有计划’三个字，就发生了是不是取消了计划性的问题。”[①] 党的十四大之所以在改革目标的表述上没有用“有计划”三个字，这与当时传统计划经济的影响还相当严重，而市场经济的概念尚未深入人心的情况有关；为了提高市场在人们心中的地位，推动市场经济

① 江泽民文选：第 1 卷．北京：人民出版社，2006.

概念为社会公众所接受，才没有加上“有计划”三个字，但加上了“社会主义”这极有分量的定语，而“社会主义从一开始就是有计划的”！这样，党的十四大改革目标内含公有制为基础和有计划的精神就很完整了。

社会主义市场经济必须有健全的宏观调控体制，这当然是正确的。但是，宏观调控下的市场经济并非社会主义国家经济体制独具的特色，而是资本主义国家也有的。那么，我们社会主义国家宏观调控下的市场经济怎样区别于资本主义国家呢？除了基本经济制度的区别外，就在于社会主义市场经济的基础——基本经济制度是以公有制为主体，因而还有计划性这个特点，还有国家计划的指导。少数市场经济国家，如日本、韩国、法国，都曾设有企划厅之类的机构，编有零星的预测性计划。英美等多数市场经济国家只有财政政策、货币政策等手段，没有采取计划手段来调控经济。但我们是以公有制经济为主体的社会主义大国，有必要也有可能在宏观调控中运用计划手段，指导国民经济有计划按比例发展。这符合马克思主义有计划按比例发展的原理，也是社会主义市场经济的优越性所在。宏观调控有几项手段，最重要的是计划、财政、货币三者，党的十四大报告特别指出“国家计划是宏观调控的重要手段”①。这里没有说到财政政策、货币政策，不是说财政政策、货币政策不重要，而是财政政策、货币政策是由国家宏观计划来导向的。所以，国家计划与宏观调控不可分，是宏观调控的主心骨。宏观调控下的市场经济也可以称为国家宏观计划调控下的市场经济，这就是社会主义市场经济不同于资本主义市场经济的地方。

“十七大”重新强调国家计划在宏观调控中的导向作用，并不是如某些人所歪曲的那样，“要回到传统计划经济模式”。因为：第一，现在的国家计划不是既管宏观又管微观、无所不包的计划，而是只管宏观，微观的事情主要由市场去管；第二，现在资源配置的基础性手段是市场，计划是弥补市场缺陷的必要手段；第三，现在的计划主要不再是行政指令性的，而

---

① 中国共产党第十四次全国代表大会文件汇编．北京：人民出版社，1992.

是指导性的、战略性的、预测性的计划，同时必须有导向作用和必要的约束、问责功能。由计划经济向市场经济过渡，再到重新强调国家计划在宏观调控中的导向作用，这合乎辩证法的正——反——合规律。这不是回到过去传统的计划经济的旧模式，而是计划与市场关系在改革新阶段更高层次上的综合。

六、 坚持基本经济制度，才能制止两极分化

改革开放30多年，我国人民生活水平普遍提高，但收入分配中贫富两极分化趋势也越来越严重。现在谈到贫富差距扩大的原因时，人们首先会想到城乡差距扩大、地区不平衡加剧、行业垄断、腐败、公共产品供应不均、再分配调节滞后等等。这些都有道理，也必须一一应对。但这不是最主要的。造成收入分配不公的最根本原因被忽略了。收入分配不公源于初次分配。初次分配中影响最大的核心问题是劳动与资本的关系。这就涉及社会的基本生产关系或财产关系问题了。按照马克思主义观点，所有制决定分配制；财产关系决定分配关系。财产占有上的差别，才是收入差别最大的影响因素。西方著名经济学者萨谬尔森也承认，“收入差别最主要的是由拥有财富多寡造成的”①。30多年来我国贫富差距的扩大和两极分化趋势的形成，除了前述原因外，所有制结构上和财产关系中的“公”降“私”升和化公为私，财富积累迅速集中于少数私人，才是最根本的。

我国社会主义初级阶段经济结构，在改革开放伊始时，还是比较清一色的公有制经济。随着让一部分人先富起来和效率优先政策取向的执行，以私有制为主的非公经济的发展必然超过公有制经济，从而形成了多种所有制经济共同发展的局面。这是有利于整个经济的发展的。但这种私有经济超前发展的势头一直延续下去，“到一定的时候问题就会出来”，“两极分

---

①［美］萨谬尔森．经济学：下卷．高鸿业，译．北京：商务印书馆，1979．

化自然出现”（邓小平语）。[①] 随着所有制结构的公降私升，在分配关系上按劳分配的比重就要缩小，按要素（主要是按资本财产）分配的比重就要增加。有人分析，我国现在国民收入分配已经由按劳分配为主转向按要素（资本）分配为主。[②] 我们从资本积累规律和市场经济发展的一般进程可以知道，这一分配方式所带来的后果，就是随着私人产权的相对扩大，资本财产的收入份额也会相对扩大，劳动的收入份额则相对缩小，从而扩大贫富差距，促进两极分化趋势。我国国民收入中劳动与资本份额变化的统计，证实了上述理论分析。

在调整收入分配关系，缩小贫富差距时，人们往往从分配领域本身着手，特别是从财政税收、转移支付等再分配领域着手，完善社会保障公共福利，改善低收入者的民生状况。这些措施是完全必要的，我们现在也开始这样做了。我们做得还远远不够，还要加大力度。但是，仅仅就分配谈分配，仅仅从分配和再分配领域着手，还是远远不够的，不能从根本上扭转贫富收入差距扩大的问题。还需要从所有制结构，从财产制度上直面这一问题，需要从基本生产关系，从基本经济制度来接触这个问题；需要从强化公有制为主体地位来解决这个问题，才能最终地阻止贫富差距扩大，实现共同富裕。因此，分配上的状况改善是以所有制上公有制经济的壮大为前提条件的。所有制发展上要扭转“公”降“私”升的趋势，阻止化公为私的所有制结构转换过程。只有这样，才能最终避免贫富的两极分化。小平同志强调，“只要我国经济中公有制占主体地位，就可以避免两极分化”[③]。

他又说，“基本生产资料归国家所有，归集体所有，就是坚持归公有”，就“不会产生新资产阶级”[④]。这是非常深刻的论断。这指明社会主义初级

---

① 邓小平年谱（1975—1997）：下．北京：中央文献出版社，2004.

② 武力，温锐．1992年以来收入分配变化刍议．中华工商时报，2006－5－26.

③ 邓小平文选：第3卷．人民出版社，1993.

④ 邓小平文选：第3卷．人民出版社，1993.

阶段容许私人产权的发展，容许非劳动要素（主要是资本）参加分配，但这一切都要以公有制为主体和按劳分配为主为前提，不能让私有制代替公有制为主体，也应该扭转按资分配代替按劳分配为主的趋势。那种让私人资本向高利行业渗透（关系国民经济命脉的重要部门和关键领域）等，只能促使收入差距和财富差距进一步扩大，都应该调整。只要保持这两个主体，贫富差距就不会恶性发展到两极分化的程度，可以控制在合理的限度以内，最终向共同富裕的目标前进。否则，两极分化、社会分裂是不可避免的。所以改革收入分配制度，扭转贫富差距扩大趋势，要放在坚持共和国根本大法的角度下考虑，采取必要的改策措施，保证公有制为主体、按劳分配为主的“两个为主”的宪法原则的真正落实。

（原载于《经济学动态》2011 年第 7 期）

社会主义初级阶段的主要矛盾问题

社会主义初级阶段的主要矛盾就是人民日益增长的物质文化需要同落后的社会生产之间的矛盾。这个主要矛盾首先还是在 1956 年党的“八大”会议上提出来的。党的十一届三中全会以来，重新确认了这个主要矛盾，后来到了党的“十三大”，引入了社会主义初级阶段这个概念，又把这个主要矛盾当作社会主义初级阶段的主要矛盾。原来是社会主义建设时期的主要矛盾，现在又把它当成社会主义初级阶段的主要矛盾。由于人民日益增长的需要大于落后的社会生产，社会生产的落后迫切要求我们聚精会神地加紧经济建设，所以作为十一届三中全会全党、全国重点工作转移决策的理论依据，转移到以抓经济建设为中心，不搞以阶级斗争为纲。因此，初级阶段主要矛盾的提法是很重要的。

一、 生产落后与产能过剩

当前有一个理论上的疑难问题——就是内需不足，产能过剩，国内生产能力大于国内的需求。这好像与初级阶段的主要矛盾不符合，是和社会生产落后于社会需求的主要矛盾有点脱节，现实跟我们的理论相脱节。所以这样的事情很需要政治经济学从理论上来解释、来说明。

人民日益增长的需求是指什么需要？这需要可以是生理上、心理上的欲望。生理上我们要吃、喝、穿，心理上我们要看书、看戏、旅游，满足精神上的需要。还有另外一种需要，即有购买能力的需求，这个有购买能力的需求不是欲望，而是有货币支付能力支持的客观需要。欲望是主观的，社会生产总是赶不上主观欲望，由此就推动我们社会的发展、人类的进步。如果需要不是指的欲望，而是指有购买能力的需求，那么社会生产和人民消费的需求的关系就要看什么社会制度了。

在资本主义社会制度之下，社会生产和有效需求的关系，受到资本主义经济的基本矛盾的制约，就是社会化的大生产同生产资料私人占有性质的矛盾。一方面私人占有生产资料，一方面社会化大生产，受这一基本矛盾的制约，所以人们的有效需求总是落后于不断扩大的社会生产的。在资本主义制度下，老百姓、劳动人民的需求，总是落后于不断扩大的生产。因此在资本主义制度下，经常发生生产过剩、周期性的经济危机。但是在社会主义制度下，公有制的经济和按劳分配的制度，再加上有计划的、按比例的调节和综合平衡，一般地说不应该发生有效需求不足和生产过剩的问题。但是在我们过去传统的计划经济体制下，因为有大锅饭，有软预算的制约，所以导致我们过去的经济是一个短缺经济。匈牙利的经济学家科尔内说过，我们社会主义过去的计划经济就是短缺的经济，社会上总是排队、凭证购买，我们过去票证多达几十种。所以这是传统的计划经济的一个缺陷，但是无论如何社会主义社会一般不应该发生有效需求不足和生产过剩，不会发生这个现象。只会是需求过大、生产不足，不会发生反过来需求不足、产能过剩这个现象。这个现象是同社会主义本质、宗旨相扭曲的现象，社会主义怎么能够允许生产浪费呢，生产过多了，东西卖不出去，这个现象社会主义是不允许的。资本主义制度下是可以的，把牛奶倒到海里面，肉烧掉总是可以的。我们社会主义是不能允许的。

现在的问题在什么地方，我们现在也发生需求不足，产能过剩，倒过来了，这个现象的问题在于，初级阶段还是不完整的社会主义。我们社会主义初级阶段除了以公有制为基础的经济成分之外，还允许私营企业、私人资本、外资企业等一些资本主义的经济形式存在和发展。因此，资本主义经济规律的作用就渗透到我们初级阶段的社会主义经济中来，就发生局部的生产过剩。我是这么解释现在的产能过剩和内需不足问题的，不知道这样解释行不行。因为有私有制的存在，引起劳资关系的变化，引起收入差别的拉开，引起大多数人购买力不足。因此，靠外需牵引着我们的增长，靠外需来支撑，不是靠内需。内需是不足的，内需为什么不足，因为有这些资本主义的因素。我是这么考虑的，大家看看是不是这么一回事。但是由此也可以得出一个结论，要避免在社会主义初级阶段人们有购买能力的需求和消费落后于社会主义生产的矛盾，我们还需要在经济发展中多发展社会主义的因素，限制资本主义的因素才能够做到，不然的话做不到。现在资本主义因素的影响，在社会主义初级阶段是允许它的存在和发展的，但允许要有个限度，这是一个问题。

这次资本主义世界的金融危机，是资本主义周期性的经济危机，在这次的经济危机过程当中，中国为什么被卷进去了，过去苏联在 20 世纪 30 年代世界经济大危机的时候没有被卷进去，我国过去好几次都没有被卷进去，就这次卷进去了，为什么呢？就是因为现在初级阶段有资本主义的因素存在，资本主义因素大量地渗透到我国经济中来了。但是中国在这次危机当中表现得比资本主义国家要好，我们先复苏了，恢复得比资本主义国家快，这又是为什么呢？这是因为同时我们还有强大的社会主义因素存在，发挥了社会主义制度的优越性。这个从道理上讲得通，我是这么考虑的。从政治经济学角度，我把这个问题提出来，让大家考虑考虑。这是一个问题。

二、 做大蛋糕和分好蛋糕

社会主义初级阶段主要矛盾就是社会需要大于社会生产，而不是内需不足的问题。这个主要矛盾决定了十一届三中全会以来我们党工作重点转移到以经济建设为中心。但是这个经济建设、经济发展要做什么事情，我们要把它说清楚，简单地说就是两件事情，一件是要把蛋糕做大，把我们的经济实力做大，国力做强。另一件是要把蛋糕分好，要做好分配。一方面要把蛋糕做大，一方面要把蛋糕分好，让大家共同享受我们的发展成果。经济建设应该包含这两个方面，我想应该是这样的。我们过去三十多年大部分时间是放在蛋糕做大上面，没有把它放在蛋糕分好上面，这是一个缺陷。当然这也有道理。因为我们国家穷，先把蛋糕做大，然后等到我们现在慢慢地把蛋糕做大了，再把蛋糕分好，这也说得过去。人们说把蛋糕做大是政府的责任，把蛋糕分好是政府的良心。那么在蛋糕没有分好的情况下，政府就没有良心吗？不能这样说。应该说这都是我们政府的责任，不是良心的问题，是个责任问题。但是政府在前一阶段不可能把这个蛋糕又做得大，又切得好。所以前一阶段我们要把这个蛋糕做大，到了一定的时候，就要两者并重，既要做大更要分好。社会主义要把分好蛋糕放在更加注重的地位，因为我们社会主义是大家共同分享，不是少数人侵吞发展的果实。同时不这样做也不行，不这样做怎么能进一步做大蛋糕。不这样做，老百姓的不满意程度多起来，大家的积极性发挥不出来，蛋糕也没办法做大。现在已经到了两者并重的时候了。所以政治经济学应该强调我们现在已经到了这个时候，到了这个时期。因为按照邓小平同志 1992 年南方谈话的精神，在上个世纪末达到小康水平的时候，就要突出地提出和解决贫富差距问题。上个世纪末他是讲基本上达到小康水平，不是全部达到小康水平，那时就要突出地提出解决贫富差距。解决贫富差距的问题不就是分好蛋糕的问题吗？那么就是说从 20 世纪、21 世纪之交即 2000 年左右开始我们就应该在做大蛋糕的同时，注意分好蛋糕，并且把后者放在经济工作的突出地位，这是邓小平同志讲的。那么现在两极分化的趋势，就是向两极分化的方向发展，远远比 2000 年的时候严重得多。我前几年写文章一直在讲现在还不好说两极分化，但现在由于种种原因我就不去讲了。但是现在比那个时候严重得多，现在的基尼系数已经到0.5左右了，所以更应该把分好蛋糕作为经济工作的重点，经济建设工作中心的重点。经济建设这个中心包括两个方面：一个是把蛋糕做大，一个是把蛋糕分好。我们现在到了这个时候。不是说现在不要再做大蛋糕了，还是要做大蛋糕，但应该把中心的重点放在扭转解决两极分化趋势问题方面。做大蛋糕和分好蛋糕，这两者都很重要。但是分好蛋糕到现在这个时候讲起来应该是更重要。所以中心的重点应该是这个问题。我今天提出来的这个问题是过去没有提出来的，不晓得大家同意还是不同意，可以讨论。不能说重要的只是做大蛋糕，这跟社会主义性质不符。资本主义也做大蛋糕，人家的蛋糕做得还比我们的大。我们社会主义分好蛋糕很重要的。更加重视社会公平既是全体人民切身关心的问题，也是符合社会主义的本质、宗旨的。邓小平说分配问题大得很，比生产问题更大，解决这个问题比解决发展起来的问题更困难。所以这个事情不是小事情，大家研究的还是不够。这就是说分好蛋糕比做大蛋糕更难，这就是邓小平同志讲话的意思。不晓得我们注意到这句话没有，所以需要我们全党高度重视，解决这个问题比解决发展的问题更难，就是分好蛋糕比做大蛋糕还要困难。所以我们要细心研究这个中心之中的重点大难题。解决这个大难题，我们政治经济学有很大的责任。这是我讲的第二个问题。

三、 主要矛盾和次要矛盾

我还要再讲一点，就是主要矛盾跟次要矛盾的问题。我们讲社会主义初级阶段的主要矛盾是社会需要大于社会生产。但是，是不是能说初级阶段阶级矛盾、阶级斗争不存在了？说是次要矛盾可以，但是不能说不存在了，在某种条件之下，阶级矛盾、阶级斗争可能激化。比如说“六四”风波，就是激化。当前很多论述，很多文章，不提阶级，不提阶级矛盾和阶级斗争，变相地宣扬阶级消亡，变相地宣扬阶级斗争熄灭的理论观点，这是不正确的。因为这不符合我们党十一届六中全会的决议，不符合邓小平的讲话精神。阶级矛盾和阶级斗争仍将在一定范围内长期存在，这是邓小平讲的，毛泽东讲的更早。在哪些范围长期存在呢？首先在政治思想领域和意识形态领域存在，这是很明显的。这个毛泽东早就指出来了，在社会主义改造完成之后当时认为剥削阶级没有了，现在看剥削阶级又有了。当时是没有了，现在不能这么说了，谁敢这么说现在剥削阶级没有了。社会主义改造成功以后剥削阶级基本消灭，那时候毛泽东就讲在政治思想领域和意识形态领域存在激烈的阶级斗争。现在我国很时髦的新自由主义思潮、民主社会主义思潮、历史虚无主义思潮、普世价值的思潮，还有“六四”风波、2006 年的新西山会议、“零八宪章”，等等，不都是阶级斗争在意识形态和政治思想领域的表现吗？大家说是不是？这么多事情，不能说没有阶级斗争。我们回到经济领域，剥削阶级存不存在，现在不仅在私有企业存在劳动和资本的矛盾，劳动人民受中外私人资本的盘剥、剥削压榨，低工资、血汗工厂，还有此起彼伏的劳资纠纷，如深圳的“富士康”等等。而且在某些所谓异化了的国有企业当中，随着工人阶级的重新被雇佣化，工人阶级不是主人了，工人被雇佣劳动，也可以看到在一些国企当中，高管阶层和普通职工的对立。政治经济学不应回避对中国新资产阶级客观存在的两面性做科学的分析，只讲他们是社会主义建设者的积极的一面。这一面是应该讲的，他们确实是社会主义的建设者，红色的私营资本家，是坚定的社会主义建设者，这个应当承认，我们应该创造条件允许他们来发展，使他们得到发展。如果只讲这一面，不讲资产阶级有剥削性的一面，甚至回避新资产阶级的名称，那还称什么科学。马克思主义政治经济学能够这样子吗？政治文件为了策略是可以这么讲的。政治经济学讲科学，是不可以这么讲的，不然这还是什么科学。所以客观地分析初级阶段的阶级矛盾和阶级斗争，这是马克思主义政治经济学这一门科学义不容辞的、责无旁贷的责任。不错，我们需要社会和谐，社会主义社会基本矛盾的性质是非对抗性的，它的解决不需要像资本主义社会那样采取激烈的阶级斗争方式，而是可以依靠社会主义制度自身的力量，在社会主义制度的自我完善、自我改革当中得到解决。但是如果根据这一点我们就淡化阶级、阶级矛盾和阶级斗争，慢慢地、变相地宣扬阶级消灭论和阶级斗争熄灭论，这种理论只能够掩盖和纵容别人明目张胆地、不断地发动他们对劳动人民的阶级斗争，并使代表劳动阶级的共产党在这种客观存在的阶级斗争面前陷于被动、不利的地位。实际情况不是这样的吗？但愿不是。

（原载于《河北经贸大学学报》2010年11月第31卷第6期）

社会主义初级阶段的矛盾和本质特征

一、 社会主义初级阶段的矛盾

按党的文件的论述，社会主义初级阶段的主要矛盾，就是人民日益增长的物质文化需要同落后的社会生产之间的矛盾。这次十八大报告再次重申，这一社会主要矛盾没有变，表明中央现在仍很重视这一矛盾。

不过，当前有一个理论上的疑难问题，就是出现了“内需不足”，“产能过剩”的现象，即国内生产能力大于国内需求，这种情况不但在经济周期上扬时期出现，而且在生产增长降温时更为突出。这好像同社会生产落后于社会需要的主要矛盾有点脱节，很需要政治经济学从理论上解释一下。

人民日益增长的“需要”，是指生理上和心理上的欲望，还是指有购买能力的需求？如果是前者，即主观欲望，那么，社会生产总是赶不上欲望的需要，由此推动社会的发展和人类的前进。那就是这一矛盾永远是推进社会生产进步的矛盾，不单纯是社会主义初级阶段的矛盾。如果“需要”是指后者，即有购买能力的需求，那么，社会生产和人民消费需求的关系，就要看是什么社会制度了。在资本主义社会制度下，社会生产与有效需求的关系受到资本主义经济基本矛盾的制约，人民有效需求总是落后于不断扩大的社会生产，因此，经常发生生产过剩并爆发周期性经济危机。在社会主义社会制度下，公有制经济和按劳分配制度，再加上有计划的调节和综合平衡，一般不应发生有效需求不足和生产过剩问题。但在过去传统计划经济下，因大锅饭、软预算体制，导致短缺经济现象，往往出现有效需求过多而生产供应不足。这是传统计划经济的一个缺陷。但这不是制度性问题，而是体制性问题。无论如何，社会主义社会一般不应发生有效需求不足和生产过剩与社会主义本质相扭曲的现象。问题在于现在初级阶段的社会主义还不是完整的社会主义。除了社会主义经济成分外，中国特色社会主义社会还允许私企外企等资本主义经济存在和发展，因此，资本主义经济规律包括劳动人民的收入消费赶不上社会生产的规律的作用就要渗透到初级阶段社会主义经济中来，发生局部的生产过剩和内需不足的问题。对于这次世界资本主义周期性经济危机过程中，中国为什么被卷进去，为什么中国在这个危机中表现得比资本主义国家好些，也要从上述道理来解释，才讲得通。我在《求是内参》2009年第14期发表的《当前世界经济危机中中国的表现与中国特色社会主义模式的关系》一文中，讲了这个问题。

初级阶段的主要矛盾，决定了十一届三中全会以来我党工作重点转移到以经济建设为中心，这是很正确的。“经济建设”或“经济发展”要做什么事情？简单地说主要是两件事情，一是把GDP（或蛋糕）做大，经济实力做强；二是把GDP（蛋糕）分好，让人民共享发展成果。从全局来看，当然要“做大”和“做好”两者并重；但在初级阶段确有先后次序，先做大蛋糕，然后分好蛋糕，也说得通；但到一定时候就要两者并重，甚至把分好蛋糕放在“更加注重”的地位，因为不这样做就难以进一步做大蛋糕。政治经济学应该强调现在我们已经到了这个时候。按照邓小平的意见，在上世纪末初步达到小康水平的时候就要突出地提出和解决贫富差距问题①，就是说，从世纪之交开始，我们就应在做大蛋糕的同时，开始注意分好蛋糕，并把后者放在经济工作的突出地位。现在，贫富差距扩大和两极分化的趋势远比2000年时严重得多，更应把这一方面的工作作为经济工作的重点，即中心的重点。当然，做大蛋糕还是很重要，现在我国经济总量已超

① 中共中央文献研究室编．邓小平年谱（1975～1997）：下．北京：中央文献出版社，2004.

过日本居世界第二，但是人均还不到日本的十分之一，所以还要继续做大蛋糕，仍然包含在经济建设这个中心里面。不过中心的重点现在应当是分好蛋糕，更加重视社会公平。这是全体人民切身关心的问题，也符合社会主义的本质、宗旨。我认为，在以“做大蛋糕”为主的阶段可以提倡“效率优先，兼顾公平”、“让一部分人先富起来”的口号，以刺激 GDP 和国家经济实力的高速增长。但在今后以“分好蛋糕”为主的阶段，“公平与效率并重更加重视公平”就应该成为合适的口号。“让一部分人先富起来”的任务已经完成，应该转向“逐步实现共同富裕”的目标。我在去年写了一篇论国富民富和先富共富的文章，建议删掉“让一部分人先富起来”，留下“逐步实现共同富裕”。十八大报告正是这样写的。报告上还有一句“必须坚持共同富裕的道路”，表明了中国共产党实现共同富裕的决心。

二、 社会主义的本质特征

“社会主义本质是指社会主义制度不同于封建主义和资本主义制度等社会制度的最根本的特征。”这个定义就生产关系来说，是正确的，但不能完整地解释邓小平 1992 年“南方谈话”提出的社会主义本质①。邓小平那次讲的社会主义本质包含生产力和生产关系两个方面。生产力方面的特征是“解放生产力、发展生产力”。生产关系方面的特征是“消灭阶级、消除两极分化，最终达到共同富裕”。生产关系方面的社会主义特征确实是不同于资本主义等社会制度的特征。而生产力方面的特征则不能这么说，因为其他社会制度在成立的初期也是“解放生产力、发展生产力”。马克思和恩格斯在《共产党宣言》中，就描述过资本主义制度初期发展生产力的巨大功绩，说：“资产阶级在它的不到一百年的阶级统治中所创造的生产力，比过

① 中共中央文献研究室编．邓小平年谱（1975～1997）：下．北京：中央文献出版社，2004.

去一切世代创造的全部生产力还要多，还要大。”①

邓小平“南方谈话”之所以把“解放生产力、发展生产力”包括在社会主义的本质特征中，是针对当时中国生产力发展还极其落后，而“四人帮”又在搞什么“贫穷的社会主义”，阻碍着中国生产力的发展，提醒人们注意中国的社会主义更需要发展生产力，以克服贫穷落后的紧迫性。这样讲是必要的。如果设想社会主义革命在生产力高度发达的资本主义国家取得胜利，就不会有把“解放和发展生产力”当作社会主义的本质特征和根本任务的说法，而只能是“消灭剥削，消除两极分化，达到共同富裕”。

邓小平讲社会主义“本质”的地方并不多，他大量讲的是社会主义的“性质”、“原则”、“两个最根本的原则”、“最重要的原则”、“两个非常重要的方面”②。概括起来，一个是公有制为主体，一个是共同富裕，不搞两极分化。他反复地讲这两点，而这两点同1992年“南方谈话”所谈社会主义本质的生产关系方面，又是完全一致的。邓小平之所以反复强调社会主义本质、性质、原则的生产关系方面的东西，就是因为不同社会制度相区别的本质特征是在生产关系方面，不是在生产力方面。马克思主义政治经济学的研究对象是，联系生产力和上层建筑，来研究生产关系；着眼于完善生产关系和上层建筑，来促进生产力的发展。所以，在社会主义本质问题的研究和阐述上，主要的功夫应该下在生产关系方面，强调社会主义区别于资本主义的本质在于消灭剥削和两极分化，它的根本原则在于公有制为主体和共同富裕。

事实上，我国经济理论界在社会主义性质问题分析上，对于发展生产力方面阐述比较周详，这当然是必要的；但对于生产关系方面的阐述偏弱，这是不足之处。为什么会有这种偏向？其原因大概是由于社会主义初级阶段的实践，实际上不能消除一切剥削，并且出现两极分化的趋向。一些就

① 马克思恩格斯选集：第1卷．北京：人民出版社，1995.

② 中共中央文献研究室编．邓小平年谱（1975～1997）：下．北京：中央文献出版社，2004.

其性质来说不是社会主义的生产关系，只要适应社会主义初级阶段的生产力水平，能够推动生产力的发展，也应该存在和发展。这是容许资本主义剥削因素存在于初级阶段社会主义的理论依据。这样，为了发展生产力，我们必须容忍剥削关系和它所带来的两极分化后果，甚至讳避谈论剥削关系和两极分化趋势的存在。但这是同社会主义本质论不相容的。社会主义本质论同社会主义初级阶段实践的矛盾，使得这个理论的阐述者只好强化它的生产力方面，弱化它的生产关系方面。这同我们主流社会理念都浸沉在“唯生产力论”、片面的“唯发展论”和埋头于闷声发财的气氛是相符的。但是，邓小平社会主义理论的重点核心，还是在生产关系方面。不然，为什么他说“如果我们的政策导致两极分化，我们就失败了”①？这个理论上的假设，也是就生产关系来说的。“失败”是指在假设的情况下，社会主义生产关系就要遭受挫折，并不是指生产力。即使在那样假设的情况下，生产力在短期内仍可能有很大的发展。我们怎样才能解决社会主义本质论和社会主义初级阶段实践之间的矛盾呢？这是需要政治经济学来研究和解答的问题。政治经济学对社会主义本质的内涵表述，应根据前述邓小平在众多场合所讲的精神，恢复其不同于其他社会制度的最根本特征，即生产关系方面的含义，而淡化他仅仅在一处“南方谈话”顺便提及的生产力方面的含义。当然发展生产力不论对于贫穷落后的中国建立社会主义来说，还是对于准备为未来共产主义社会奠定物质基础来说，都是非常非常之重要的，邓小平对这些问题有多处丰富的论述②。政治经济学就应当更加注重生产关系方面问题的阐述。

在明确了社会主义本质就是区别于资本主义的特征即“消灭剥削，消除两极分化，最终达到共同富裕”之后，就可以进一步解决本质论与初级阶段实践之间的矛盾。社会主义本质是适用于整个社会主义历史时期的，

---

① 邓小平文选：第3卷．北京：人民出版社，1993.

② 邓小平文选：第3卷．北京：人民出版社，1993.

包括初级阶段。在社会主义初级阶段，除了社会主义的主导因素包括公有制和按劳分配，还必须容许资本主义因素，如私有制和按资分配存在。因为有资本主义私有制和资本积累规律发生作用，所以必然有剥削和两极分化趋势的出现。社会主义就其本质来说是不容许这些东西存在的，但在初级阶段一时还做不到，为了发展生产力，只能兼容一些资本主义因素。社会主义就其本质来说，又是不能让剥削和两极分化过分发展的。所以，要对资本主义因素加以适当的调节和限制。如果我们细心考察我国的根本大法就会发现，宪法已经对这个事情有了规定和对策。就是对基本经济制度规定了公有制为主体，对分配制度规定了按劳分配为主。这些规定就是为了节制私有经济和按资分配的资本主义因素的过度发展，使其不致于超过公有制为主体和按劳分配为主的地位，并演变为私有化、两极分化和社会变质。问题在于是不是认真按照宪法规定的原则去做。只有认真、坚决、彻底贯彻实行宪法的这两条规定，我们才能够在社会主义初级阶段保证社会主义本质的逐步真正实现。不然的话，就会发生前述邓小平假设的前景后果，那是我们必须防止出现的。

（原载于《当代经济研究》2013 年第 2 期）

公有制是社会主义初级阶段基本经济制度的基石

中国共产党成立90周年了。90年来，党带领中国人民推翻三座大山，完成了新民主主义革命的任务，取得了社会主义革命和建设的伟大胜利。在中国实现共产主义，一直是共产党人追求的最高理想和为之奋斗的最终目标。马克思主义创始人和世界各国共产党人都对未来的社会主义经济制度和当前的实现步骤，进行了艰辛的理论和实践的探索，为我们今天建设社会主义经济制度提供了宝贵的思想财富，也为社会主义初级阶段基本经济制度奠定了理论基础。

一、社会主义初级阶段的理论渊源

社会主义初级阶段理论来源于马克思主义。马克思恩格斯将共产主义社会分为两个阶段，社会主义是共产主义的初级阶段。列宁有新经济政策过渡的实践，相当于社会主义初级阶段的试验。毛泽东把社会主义划分为“不发达阶段”和“发达阶段”，不发达阶段就是社会主义初级阶段。社会主义初级阶段包含两个理论命题：第一，在一定条件下，经济文化较不发达国家可以不经过资本主义的充分发展而进入社会主义；第二，在任何条件下，生产力的发展阶段都是不可逾越的。社会主义初级阶段论的形成是对马克思主义不断革命论和革命发展阶段论的具体运用。马、恩、列、毛的有关论述，为我们党在十一届三中全会以后提出社会主义初级阶段的科学论断提供了重要的理论根据。

新中国的前三十年，曾经进行了大规模的公有制经济的建设实践。在毛泽东时代，农村集体经济、城市国营企业在国民经济中占绝对主体地位。客观地分析，当时的公有制经济既有十分成功的，也有一些失败的。在农村，既有大寨、刘庄、华西村等这样的优秀典型，也有小岗村这样因私有观念牢固而被公有制束缚了当地生产力的典型农村。

与农村情况类似，当时的公有制经济中，石油有大庆、工业有鞍钢、国防有两弹一星，涌现了一大批以陈永贵、王进喜、钱学森等为代表的有高度觉悟的社会主义建设者，但也有相当一些国营企业管理不严、效率低下、人浮于事，影响了生产力的发展。应该说，以上这两种现象在当时都是客观存在的，用其中一种倾向去否定另一种倾向就容易犯“左”或右的错误。

毛泽东曾费尽千辛万苦想消灭中国人的私有观念和剥削阶级观念，达到“六亿神州尽舜尧”的理想境界，但最终没有成功。这充分证明，在社会主义初级阶段，由于社会主义社会机制的不成熟，旧社会遗留仍将继续存在。建立社会主义初级阶段的基本经济制度，必须考虑这一现实。

社会主义初级阶段理论正式形成的过程，首先是 1981 年十一届六中全会通过的《关于建国以来党的若干历史问题的决议》，第一次提出我国社会主义制度还处于初级的阶段。然后是 1987 年中共十三大，社会主义初级阶段理论确立。邓小平在十三大召开前指出：“党的十三大要阐述中国社会主义是处在一个什么阶段，就是处在初级阶段，就是初级阶段的社会主义。社会主义本身是共产主义的初级阶段，而我们中国又处在社会主义的初级阶段，就是不发达的阶段。一切都要从这个实际出发，根据这个实际来制定规划。”到了 1997 年 9 月，党的十五大制定了党在社会主义初级阶段的基本纲领，精辟地回答了什么是社会主义初级阶段中国特色社会主义的经济、政治和文化，以及怎样建设这样的经济、政治和文化。

我们可以看到，中国特色社会主义理论是在充分借鉴毛泽东时代历史经验和教训的基础上提出的。一方面，是坚持和继承马列主义毛泽东思想所提出的社会主义基本的政治、经济、文化原则。比如，在政治上，坚持共产党的领导地位，坚持无产阶级专政，加强党的建设，保持共产党的先进性；在经济上，以公有制经济为主体经济，抓大放小，集中力量搞好大型国有企业，加强国企领导班子的思想觉悟工作；在分配上以按劳分配为主体，抑制剥削，防止两极分化；在文化上，坚持社会主义核心价值观的主导作用。另一方面，根据生产力落后、私有制旧社会所遗留的传统思想观念难以短时期消除的现实状况，大力引导私营经济的适当发展，从而促进了生产力的大发展大提高。

二、社会主义初级阶段基本经济制度的形成

在社会主义初级阶段，我国应该建立怎样的所有制结构，确立什么样的基本经济制度，党的认识也经过了一个逐步深化的过程。1981 年 7 月国务院颁布了对城镇非农业个体经济若干政策性规定。1982 年党的十二大指出社会主义国营经济在整个国民经济中占主导地位，首次在代表大会文件中明确提出鼓励个体经济发展并且扩展到农村地区。1987 年 1 月，中央发布《把农村改革引向深入》的文件，提出对私营经济“应当允许存在，加强管理，兴利抑弊，逐步引导”。

1987 年十三大报告第一次公开明确承认私营经济的合法存在和发展。报告认为私营经济“是公有制经济必要的和有益的补充”。1992 年，党的十四大报告中讲：“以公有制包括全民所有制和集体所有制经济为主体，个体经济、私营经济、外资经济为补充，多种经济成分长期共同发展。”

正式提出初级阶段基本经济制度概念的是 1997 年的十五大报告。报告

提出："公有制为主体，多种所有制共同发展，是我国社会主义初级阶段的一项基本经济制度。"报告同时承认"非公有制经济是我国社会主义市场经济的重要组成部分"。至此，社会主义初级阶段基本经济制度正式确立。

2002 年党的十六大提出了两个"毫不动摇"的方针。2007 年党的十七大再次重申"要坚持和完善以公有制为主体、多种所有制经济共同发展的基本经济制度"。2010 年党的十七届五中全会提出坚持社会主义基本经济制度，既不能搞私有化，也不能搞单一公有制。这是针对残存的单一公有制传统观念，特别是主要针对近年来出现的私有化倾向而提出来的，十分重要，应该引起注意。

三、 非公有制经济在初级阶段要有一定历史地位

基本经济制度决定社会的性质和社会的发展方向。判断社会的性质和发展方向的唯一标准就是看生产资料归谁所有。我国之所以要实行以公有制为主体多种所有制经济共同发展的基本经济制度，是因为我国是社会主义国家，必须以公有制作为社会主义经济制度的基础。我国宪法规定："中华人民共和国的社会主义经济制度的基础是生产资料的社会主义公有制，即全民所有制和劳动群众集体所有制。"宪法接下来又讲："国家在社会主义初级阶段，坚持公有制为主体、多种所有制经济共同发展的基本经济制度。"因此，要把"社会主义经济制度"同"社会主义初级阶段的基本经济制度"这两个概念区别开来。"社会主义经济制度"是"社会主义初级阶段基本经济制度"的核心。前者不包括非公有制经济，只有公有制是其基础；而初级阶段的基本经济制度中，包括非公有制经济，但公有制必须占主体地位。"社会主义经济制度"存在于社会主义初级阶段和以后的其他阶段，是不断成熟和发展的过程；而社会主义初级阶段的基本经济制度，只反映初级阶段的特点。

可以设想，初级阶段结束，非公有制经济不会立即被公有制所取代。进入中级阶段，随着生产力的进一步发展和人们思想觉悟的进一步提高，将是公有制经济进一步发展壮大，所占比重不断提高的过程，而非公有制经济逐渐减退，所占比重减少的过程。到社会主义高级阶段，社会主义经济趋于成熟，剥削制度和生产资料私有制经济将最终退出历史舞台。

初级阶段基本经济制度中之所以允许发展非公有制经济，是由我国生产力发展水平还不高的国情决定的。解放和发展生产力是我国社会主义的根本任务。因此，只要符合“三个有利于”标准的经济成分就允许其存在和鼓励其发展。

我国还处于社会主义初级阶段，这是实行社会主义基本经济制度的理论和现实依据。但我们必须清楚地认识到，社会主义初级阶段也应当有一个时间限期。邓小平在 1992 年初视察南方时说：“社会主义初级阶段的基本路线要管一百年，动摇不得。”这是在当前的社会主义现代化建设过程中要遵循的重要的时间界限。但随着我国生产力的发展、科学技术的进步，一百年的初级阶段的期限是有可能缩短的。提出这一点就是为了提醒当代的共产党领导人，不仅要埋头赶路，而且要抬头望远，时刻不要忘记了社会主义和共产主义远景目标。

“社会主义初级阶段的基本路线要管一百年，动摇不得。”

四、 公有制的主体地位不能动摇

社会主义公有制是社会主义制度的基础。公有制为主体也是初级阶段基本经济制度的前提和基础。坚持基本经济制度，首先要巩固公有制为主体这个前提和基础。

“公有制的主体地位主要体现在：公有资产在社会总资产中占优势。公有资产占优势，要有量的优势，更要注意质的提高。”现在有不少人对公有制是否还是主体有疑虑，主要是对公有制所占的比重即量的方面有疑虑。目前，根据国家统计局的数据，我国国有经济在国民经济中的比重不断下降，宏观上并不存在所谓的“国进民退”；微观上国有经济“有进有退”，但更多的是“国退民进”；个别案例中的所谓“国进民退”，多半属于资源优化重组，并非没有道理。我们党一贯强调，“公有制比重的减少也是有限制有前提的，那就是不能影响公有制的主体地位”。解除人们疑虑的办法之一，就是用统计数字来说明，坚定人们对社会主义初级阶段基本经济制度的信心。

公有资产占优势，更重要的表现为质的优势，即关键性的涉及经济命脉、战略全局和国民经济发展方向的生产资料占优势，先进的具有导向性控制性的生产资料占优势，并且不断提高进步发展壮大。这样它才能控制经济命脉，对国民经济起主导作用，有强大的控制力、决定力、示范力和促进力。

要从“以人为本”的高度去看待“公有制占主体”、“公有资产占优势”。要重视有多大比例的工人阶级在公有制经济中劳动。如果中国大部分工人阶级（包括农民工）受私营企业主雇佣、在私有制经济中劳动，那么很难说公有制还占主体地位。这样，工人阶级必然收入低下，没有享受到社会主义的优越性，很难说他们是社会主人还是私营企业主是社会主人。而中国必然两极分化，中国也很难说是一个社会主义国家。

所以，初级阶段基本制度不但要求公有制经济占主体地位，而且要求国有经济对国民经济起主导作用。国家应控制国民经济命脉，国有经济的控制力、影响力和竞争力得到增强，要使中国共产党的执政基础——工人阶级和农民阶级都能享受到国有经济的好处。在社会主义经济中，国有经济不是像在资本主义制度下那样，主要补充私人企业和市场机制的不足，而是为了实现国民经济的持续稳定协调发展，巩固和完善社会主义制度。为了实现国民经济的持续稳定协调发展，国有经济应主要集中于能源、交通、通信、金融等基础设施和支柱产业中。这些都是关系国民经济命脉的重要行业和关键领域。在这些行业和领域，中国有经济应该有“绝对的控制力”、“较强的控制力”，“国有资本要保持独资或绝对控股”或“有条件的相对控股”。这些都是中央文件所规定和强调的。国有经济对这些部门保持控制力，是为了对国民经济有计划地调控，以利于它持续稳定协调发展。

五、社会主义初级阶段国有经济的作用远大于资本主义国家的“国有经济”

关于国有经济控制力应包括的范围，有一种意见是值得注意和研究的。这种意见把国有经济的社会责任分为两种，一是帮助政府调控经济，一是保证社会正义和公平的经济基础。前一个作用普遍适用于社会主义国家和现代资本市场经济国家，而后一个作用则是社会主义国家独有的。社会正义和公平，“是高度私有化的经济和以私有化为主的混合经济解决不了的老大难问题”。“在中国坚持社会主义市场经济的改革方向中，增强国有资本的控制力，发挥其主导作用，理应包括保障、实现和发展社会公平的内容和标准。对那些对于政府调控经济不重要但是对于保障社会正义和公平非常重要的竞争性领域的国有资产，也应该认为是‘重要’的国有资产，要力争搞好，防止出现国资大量流失那种改革失控，随意实行大规模‘转让’的偏向”。

基于国有经济负有保证社会正义和公平的经济基础的社会责任，国家要保障在公益服务、基础设施、重要产业的有效投资，并不排除为解决就业问题在劳动密集领域进行多种形式的投资和运营。在保障垄断性领域国有企业健康发展的同时，还要保障在竞争性领域国有企业的发展，发挥他们在稳定和增加就业、保障社会福利和提供公共服务上的作用，增强再分配和转移支付的经济实力。中央对竞争性领域的国有经济一向坚持“有进有退”，发挥其竞争力的政策，而绝不是“完全退出”竞争性领域的政策。我国这样一个社会主义大国，国有经济的数量底线，不能以资本主义国家私有化的“国际经验”为依据。确定国有经济的比重，理应包括保障、实现和发展社会公平和社会稳定的内容，所以国家对国有经济控制力的范围，有进一步研究的必要。

六、 正确认识私有经济的两面性

谈基本经济制度，不能不谈私有经济。私有经济是非公有制经济的一部分。非公有经济在促进我国经济发展，增加就业、增加财政收入和满足社会需要方面，不仅在当前而且在整个社会主义初级阶段的历史时期内，都有不可缺少的重要积极作用。所以，党和政府对非公有制包括私有制经济非常重视，对它们的评价，从十三大、十四大的“公有制经济的补充”，到九届人大二次会议称为“社会主义市场经济的重要组成部分”，十六大党还提出了“两个毫不动摇”，足见中央充分肯定非公有制包括私有制经济的重要作用。

但我们应该把私有经济的性质与作用分开来讲。只要是私人占有生产资料，雇佣和剥削劳动者，它的性质就不是社会主义的。至于它的作用，要放到具体历史条件下考察。当它处于社会主义初级阶段，适合生产力发展的需要时，它还起积极作用，以至构成社会主义市场经济的一个重要组成部分。但由于它不具有社会主义的性质，不能说它也是社会主义经济的组成部分。某些理论家则把非公有经济是“社会主义市场经济的重要组成部分”，偷换为“社会主义经济的重要组成部分”，认为“民营经济”（私营经济）“已经成为”或者“应当成为”社会主义经济的主体，以取代公有制经济的主体地位。这明显地越过了宪法关于基本经济制度规定的界线。

对私有经济，我们要继续毫不动摇地发展它，发挥其机制灵活，有利于促进社会生产力的正面作用，克服其剥削性产生的不利于社会经济发展的负面作用。如有些私营企业主贿赂政府官员，偷逃税收，压低工资和劳动条件，制造假冒伪劣产品，破坏自然资源环境，借机侵害国有资产，以及其他欺诈行为，都要通过教育监督和法制，克服清除。在鼓励、支持私有经济发展的同时，还要正确引导其发展方向，规定能发展什么，不能发展什么。比如竞争性领域，要允许私有经济自由进入，尽量撤除限制其进入的藩篱。特别是允许外资进入的，也应当开放内资进入。而对关系国民经济命脉的重要部门和关键领域，就不能允许私有经济自由进入，只能有条件、有限制地进入，不能让其操纵这些部门和行业，影响国有经济的控制力。私有经济在竞争性领域有广大的投资天地，在关系国民经济命脉的一些重要部门现在也可以参股投资，分享丰厚的盈利，他们应当知足了。作为“社会主义建设者”群体和“新社会阶层”，私营企业主大概不会觊觎社会主义经济的“主体地位”。但是确有某些自由主义精英明里暗里把他们往这方面推。要教育他们不要跟着这些精英跑。

七、 社会主义初级阶段的经济仍然要坚持有计划按比例发展

马克思主义认为，在以公有制为基础的社会生产中，国民经济要实行有计划按比例地发展。“有计划按比例”并不等于传统的行政指令性的计划经济。改革开放以来，我们革除传统计划经济的弊病，相应于社会主义初级阶段的基本经济制度，建立了社会主义市场经济体制。与多数资本主义市场经济国家零星的计划或完全没有计划所不同，我们社会主义国家宏观调控下的市场经济的基础基本经济制度是以公有制为主体，因而还有计划性这个特点，还有国家计划的指导。我们作为以公有制经济为主体的社会主义大国，有必要也有可能在宏观调控中运用计划手段，指导国民经济有计划按比例发展。这符合马克思主义有计划按比例发展的原理，也是社会

主义市场经济的优越性所在。宏观调控有几项手段，最重要的是计划、财政、货币三者，党的十四大报告特别指出“国家计划是宏观调控的重要手段”。这里没有说到财政政策、货币政策，不是说财政政策、货币政策不重要，而是财政政策、货币政策是由国家宏观计划来导向的。所以，国家计划与宏观调控不可分，是宏观调控的主心骨。宏观调控下的市场经济也可以称为国家宏观计划调控下的市场经济。这就是社会主义市场经济不同于资本主义市场经济的地方。十七大重新强调国家计划在宏观调控中的导向作用，并不是如某些人所歪曲的那样，“要回到传统计划经济模式”。因为：第一，现在的国家计划不是既管宏观又管微观、无所不包的计划，而是只管宏观，微观的事情主要由市场去管。第二，现在资源配置的基础性手段是市场，计划是弥补市场缺陷的必要手段。第三，现在的计划主要不再是行政指令性的，而是指导性的、战略性的、预测性的计划，同时必须有导向作用和必要的约束、问责功能。由计划经济向市场经济过渡，再到重新强调国家计划在宏观调控中的导向作用，这合乎辩证法的正—反—合规律。这不是回到过去传统的计划经济的旧模式，而是计划与市场关系在改革新阶段更高层次上的综合。

八、 防止两极分化要靠公有制经济的强大

改革开放30多年，我国人民生活水平普遍提高，但收入分配中贫富两极分化趋势也越来越严重。现在谈到贫富差距扩大的原因时，人们首先会想到城乡差距扩大、地区不平衡加剧、行业垄断、腐败、公共产品供应不均和再分配调节滞后等等。这些都有道理，也必须一一应对。但这不是最主要的。造成收入分配不公的最根本原因被忽略了。

收入分配不公源于初次分配。初次分配中影响最大的核心问题是劳动与资本的关系。这就涉及社会的基本生产关系或财产关系问题了。按照马

克思主义观点，所有制决定分配制；财产关系决定分配关系。财产占有上的差别，才是收入差别最大的影响因素。萨谬尔森也承认，“收入差别最主要的是由拥有财富多寡造成的”。30多年来，我国贫富差距的扩大和两极分化趋势的形成，除了前述原因外，所有制结构上和财产关系中的“公”降“私”升和化公为私，财富积累迅速集中于少数私人，才是最根本的。

我国社会主义初级阶段经济结构，在改革开放伊始时还是比较清一色的公有制经济。随着让一部分人先富起来和效率优先政策取向的执行，以私有制为主的非公经济的发展必然超过公有制经济，从而形成了多种所有制经济共同发展的局面。这是有利于整个经济的发展的。但这种私有经济超前发展的势头一直延续下去，“到一定的时候问题就会出来”，“两极分化自然出现”。随着所有制结构的公降私升，在分配关系上按劳分配的比重就要缩小，按要素分配的比重就要增加。有人分析，我国现在国民收入分配已经由按劳分配为主转向按要素分配为主。我们从资本积累规律和市场经济发展的一般进程可以知道，这一分配方式所带来的后果，就是随着私人产权的相对扩大，资本财产的收入份额也会相对扩大，劳动的收入份额则相对缩小，从而扩大贫富差距，促进两极分化趋势。我国国民收入中劳动与资本份额变化的统计，证实了上述理论分析。

在调整收入分配关系，缩小贫富差距时，人们往往从分配领域本身着手，特别是从财政税收、转移支付等再分配领域着手，完善社会保障公共福利，改善低收入者的民生状况。这些措施是完全必要的，我们现在也开始这样做了。我们做得还远远不够，还要加大力度。但是，仅仅就分配谈分配，仅仅从分配再分配领域着手，还是远远不够的，不能从根本上扭转贫富收入差距扩大的问题。还需要从所有制结构，从财产制度上直面这一问题，需要从基本生产关系，从基本经济制度来接触这个问题；需要从强化公有制为主体地位来解决这个问题，才能最终地阻止贫富差距扩大，实现共同富裕。因此，分配上的状况改善是以所有制上公有制经济的壮大为前提条件的。所有制发展上要扭转“公”降“私”升的趋势，阻止化公为私的所有制结构转换过程。只有这样，才能最终避免贫富的两极分化。小平同志强调：“只要我国经济中公有制占主体地位，就可以避免两极分化。”这是非常深刻的论断。这指明社会主义初级阶段容许私人产权的发展，容许非劳动要素（主要是资本）参加分配，但这一切都要以公有制为主体和按劳分配为主为前提，不能让私有制代替公有制为主体，也应该扭转按资分配代替按劳分配为主的趋势。那种让私人资本向高利行业（关系国民经济命脉的重要部门和关键领域）渗透，那种盲目地、有违社情地鼓励增加“财产性收入”之类的政策，只能促使收入差距和财富差距进一步扩大，都应该调整。

改革收入分配制度，扭转贫富差距扩大趋势，要放在坚持共和国根本大法的角度下考虑，采取必要的政策措施，保证公有制为主体、按劳分配为主的“两个为主”的宪法原则的真正落实。只要保持这两个主体，贫富差距就不会恶性发展到两极分化的程度，可以控制在合理的限度以内，最终向共同富裕的目标前进。否则，两极分化、社会分裂是不可避免的。

（原载于《国企》2011 年第 7 期）

深化对公有制经济地位和作用的认识

坚持公有制为主体、多种所有制经济共同发展的社会主义初级阶段基本经济制度，既不搞私有化，也不搞单一公有制，这是我们党从长期社会主义经济建设和改革开放实践中总结得出的重要理论成果。更好地坚持和运用这一理论成果，推进中国特色社会主义伟大事业，需要深化对公有制经济在我国社会主义初级阶段的地位和作用的认识。

一、 公有制的主体地位既体现在量上， 更体现在质上

坚持公有制为主体，是坚持社会主义初级阶段基本经济制度的前提和基础。坚持社会主义初级阶段基本经济制度，就要巩固公有制为主体这个前提和基础，反对私有化。

党的十五大报告指出，“公有制的主体地位主要体现在：公有资产在社会总资产中占优势；国有经济控制国民经济命脉，对经济发展起主导作用。”“公有资产占优势，要有量的优势，更要注重质的提高。”现在有不少人对公有制是否还是我国经济的主体有疑虑，主要是对公有制经济所占的比重即量的方面有疑虑。也有人认为近年来出现了“国进民退”现象。根据国家统计局的数据，我国国有经济在国民经济中的比重不断下降，宏观上并不存在所谓的“国进民退”；微观上国有经济“有进有退”，但更多的是“国退民进”；个别案例中的所谓“国进民退”，多半属于资源优化重组，

并非没有道理。解除人们疑虑的办法之一，就是用统计数字来说明，坚定人们对社会主义初级阶段基本经济制度的信心。

公有资产占优势，更重要的是表现为质的优势，即公有资产在关键性的涉及国民经济命脉、战略全局和发展方向的生产资料上占优势，而不是在一般的微不足道的生产资料上占优势；是在先进的具有导向性、控制性的生产资料上占优势，并且不断提高进步发展壮大，而不是在落后的生产资料上占优势。这样，公有制经济才能控制国民经济命脉，对国民经济发展起主导作用，具有强大的控制力、影响力和带动力。

所以，坚持社会主义初级阶段基本制度，不但要求公有制经济占主体地位，而且要求国有经济对国民经济起主导作用，国家应控制国民经济命脉，使国有经济的控制力、影响力、带动力和竞争力得到增强，使广大人民群众都能享受到国有经济的好处。在社会主义经济中，国有经济不能如同在资本主义经济中那样，主要存在于私有企业不愿意经营的部门，仅仅起到补充私有企业和市场机制不足的作用，而是还需要保证国民经济持续稳定协调发展，巩固和完善社会主义制度。因此，必须反对不顾我国社会主义基本国情搞私有化的错误倾向。为了实现国民经济持续稳定协调发展，国有经济应主要集中于能源、交通、通讯、金融等基础设施和支柱产业中。这些都是关系国民经济命脉的重要行业和关键领域，在这些行业和领域中国有经济应该有绝对的控制力、较强的控制力，国有资本要保持独资和绝对控股或有条件的相对控股。

二、 全面认识国有经济的作用

关于国有经济的作用，理论界有不少论述，其中有一种观点值得注意和研究。这种观点把国有经济的社会责任分为两种，一是帮助政府调控经济，一是保证社会公平的经济基础。前一个作用普遍适用于社会主义国家和现代资本主义市场经济国家，而后一个作用则是社会主义国家的国有经济所独有的。按照西方主流经济学的观点，在一定条件下国有经济有助于政府调控经济，但是一些发达国家的私有化实践证明，即使垄断性的基础产业实行了私有化，国有经济的比重下降到了10%以下，政府照样可以运用货币政策、财政政策、产业政策和商业手段等有效地调控经济。但维护和实现社会公平，则是高度私有化的经济和以私有制为主的混合经济解决不了的老大难问题。我国在坚持社会主义市场经济的改革方向中增强国有资本的控制力，发挥其主导作用，理应包括保障、实现和发展社会公平的内容和标准，需要发挥好国有经济保障社会公平的重要职能。因此，那些对于保障社会公平非常重要的竞争性领域的国有资产，也应该认为是“重要”的国有资产，要力争搞好。

基于国有经济负有为保障社会公平提供经济基础的社会责任，国家要保障在公益服务、基础设施、重要产业的有效投资，并不排斥为解决就业问题在劳动密集领域进行多种形式的投资和运营。国有经济战略性调整应坚持“有进有退”的原则，保障有竞争力的国有企业在竞争性领域健康发展，充分发挥其在稳定和增加就业、保障社会福利和提供公共服务上的作用，增强国家进行收入再分配和转移支付的经济实力。在我国这样一个社会主义大国，国有经济的数量底线，不能以资本主义国家私有化的“国际经验”为依据。确定国有经济的比重，应当考虑到保障、实现和发展社会公平的需要。

三、 发挥好国家计划在宏观调控中的作用

改革开放以来，我们革除传统计划经济的弊病，相应于社会主义初级阶段的基本经济制度，建立了社会主义市场经济体制。我国社会主义初级阶段基本经济制度以公有制为主体，所以，在社会主义市场经济条件下，

仍然要发挥好计划在宏观调控中的作用。

社会主义市场经济必须有健全的宏观调控体制，但是，实行宏观调控下的市场经济并非社会主义市场经济独有的特色，而是资本主义市场经济也有的。那么，社会主义国家宏观调控下的市场经济怎样区别于资本主义国家呢？主要就在于社会主义市场经济的基础，也就是我们的基本经济制度是以公有制为主体的，因而还有计划性这个特点，还有国家计划的指导。少数资本主义市场经济国家，如日本、韩国、法国等，曾设有经济企划厅之类的机构，编有零星的预测性计划。英、美等多数资本主义市场经济国家只有财政政策、货币政策等手段，没有采取计划手段来调控经济。但我国是以公有制为主体的社会主义大国，有必要也有可能在宏观调控中运用计划手段，这是社会主义市场经济的优越性所在。宏观调控有几项手段，最重要的是国家计划、财政政策、货币政策三者。党的十四大报告指出，“国家计划是宏观调控的重要手段之一。”所以在我国，国家计划与宏观调控是不可分的，是宏观调控的主心骨。

党的十七大报告指出，发挥国家发展规划、计划、产业政策在宏观调控中的导向作用。这里强调的计划，同传统计划经济条件下的计划有着本质不同。这是因为：第一，现在的国家计划不是既管宏观又管微观、无所不包的计划，而是只管宏观，微观的事情主要由市场去管；第二，现在资源配置的基础性手段是市场，计划是弥补市场缺陷的必要手段；第三，现在的计划主要不再是行政指令性的，而是指导性的、战略性的、预测性的计划，但同时必须具有导向作用和必要的约束、问责功能。由计划经济向社会主义市场经济过渡，再到强调国家计划在宏观调控中的导向作用，这合乎辩证法的正—反—合规律。这不是回到过去传统的计划经济模式，而是计划与市场关系在改革发展新阶段更高层次上的综合。

四、 发展公有制经济有利于防止两极分化

改革开放30多年来，我国人民生活水平普遍提高，但收入分配差距拉大趋势也越来越严重。在谈到收入差距扩大的原因时，人们一般会想到城乡差距扩大、地区发展不平衡加剧、行业垄断、腐败、公共产品供应不均、再分配调节滞后等等。这些都有道理，也必须一一应对，但不是最主要的原因。按照马克思主义观点，所有制决定分配制；财产关系决定分配关系。财产占有上的差别，才是收入分配差别最大的影响因素。西方著名经济学者萨谬尔森也承认，收入差别最主要是由拥有财富多寡造成的。

在调整收入分配关系、缩小收入差距时，人们往往从分配领域本身着手，特别是从财政税收、转移支付等再分配领域着手，通过完善社会保障、提高公共福利等手段，改善低收入者的生活。这些措施是完全必要的，需要加大力度继续做好。但是，仅仅就分配谈分配，仅仅从分配和再分配领域着手调整收入差距是远远不够的，不能从根本上扭转收入差距扩大问题。还需要从所有制结构、从财产制度上直面这一问题，需要通过强化公有制的主体地位来解决这个问题。只有这样，才能最终遏止收入差距扩大，实现共同富裕。邓小平同志强调，“只要我国经济中公有制占主体地位，就可以避免两极分化。”这是非常深刻的论断。当然，如何使全体人民更好地分享公有制经济特别是国有企业的收益，是一个亟须研究和解决的问题。

（原载于《人民日报》2011年6月21日第20版）

关于分配与所有制关系若干问题的思考

一、 邓小平关注分配问题

邓小平的社会主义改革理论中，人们注意到他对分配问题的关注。如在论述社会主义本质时，他先从生产力方面讲了社会主义是解放生产力和发展生产力，然后又从生产关系方面讲了消灭剥削，消除两极分化，最终达到共同富裕。生产关系落脚在消除两极分化，达到共同富裕，这是属于分配领域的问题，要通过社会收入和财富的分配才能体现出来的。

邓小平又多次讲过，社会主义“有两个根本原则”、“两个非常重要的方面”。一个是“公有制为主体，多种经济共同发展”，一个是“共同富裕，不搞两极分化”。第二个“重要方面”或“根本原则”讲的属于分配领域，同“本质论”所讲的“消除两极分化，达到共同富裕”完全一致。

邓小平对社会主义的本质、根本原则，作了精神一贯的许多表述。他讲的东西可以说是社会主义的构成要素，如解放生产力，发展生产力，公有制为主体，消除两极分化，等等。就是说，没有这些东西，就构成不了社会主义。但在这些要素中，他又特别强调生产关系和分配关系的要素。比如说，社会主义改革的任务当然是要发展生产力，但是如果单单是发展生产力，而不注意社会主义生产关系的建设和改进，那么社会主义改革也是难以成功的。他的非常典型的一句话，“如果我们的政策导致两极分化，我们就失败了”[1]，很鲜明地说明了这一点。GDP 哪怕增长得再多再快，也不能改变这个结论。这证明分配关系这一要素，在邓小平的社会主义改革理论中，占有何等重要的地位。

邓小平假设的“改革失败”，不是指一般改革的失败，而是讲社会主义改革的失败，或者改革的社会主义方向的失败。因为社会主义是必然要有消除两极分化、达到共同富裕的要素的。很可能生产力一时大大发展了，国家经济实力大大增强了，GDP 也相当长时期地上去了，可是生产出来的财富却集中在极少数人手里，“可以使中国百分之几的人富裕起来，但是绝对解决不了百分之九十几的人生活富裕的问题”[2]，大多数人不能分享改革发展的好处。这样一种改革的结果也可以说是一种改革的成功，可是这绝不是社会主义改革的成功，而是资本主义改革的成功。

很明显，共同富裕，消除两极分化，是社会主义最简单最明白的目的。这是社会主义区别于资本主义，社会主义改革区别于资本主义改革的最根本的东西。

“解放生产力、发展生产力”，也是社会主义的构成要素。社会主义绝不等于贫穷，决不能满足于不发达，这是常识。任何一个消除生产力发展桎梏的新的社会生产方式，包括资本主义生产方式，在一定时期，都有“解放生产力、发展生产力”的作用。但不是任何一种社会生产方式都能够解决“消除两极分化、达到共同富裕”的问题。只有社会主义生产方式才能做到这一点。中国由于生产力落后，经济不发达，在社会主义初级阶段提出解放和发展生产力也是社会主义本质要求，这是顺理成章、非常正确的，但这不是社会主义的终极目的。社会主义的终极目的是人的发展，在经济领域的目的是人们共同富裕。邓小平的社会主义“本质论”中，特别强调“共同富裕”这一要素，他说，“社会主义最大的优越性就是共同富

① 邓小平文选：第 3 卷．北京：人民出版社，1993.

② 邓小平文选：第 3 卷．北京：人民出版社，1993.

裕，这是体现社会主义本质的一个东西”[①]，就说明了这一点。所以在理解邓小平社会主义本质论的内容时，决不可以仅仅重视发展生产力这一方面，而不更加重视调整生产关系和分配关系这一方面。

邓小平重视社会主义分配问题，是他毕生为社会主义奋斗的心血结晶，越到晚年这方面的思绪越不断。他在临终前不久对弟弟邓悬说：“十二亿人口怎样实现富裕，富裕起来以后财富怎样分配，这都是大问题。题目已经出来了，解决这个问题比解决发展起来的问题还困难。分配的问题大得很。我们讲要防止两极分化，实际上两极分化自然出现。”[②] 这些有丰富内涵的警句，实在需要我们认真思考研究。

当然，邓小平不只是重视社会主义分配关系即消除两极分化问题，他更为重视与分配有关的整个社会主义生产关系，特别是所有制关系问题。在他看来，避免两极分化的前提是坚持公有制为主体，他说，“只要我国经济中公有制占主体地位，就可以避免两极分化”[③]。又说，“基本的生产资料归国家所有，归集体所有，就是说归公有”，“到国民生产总值人均几千美元的时候，我们也不会产生新资产阶级”[④]，也是这个意思。所有制关系决定分配关系。这是马克思主义政治经济学理论中极其深刻的一条原理，有着极重要的理论意义和政策意义。我们有很多同志往往没有注意这一条马克思主义的重要政治经济学原理，本文后面还要论及这条原理。我想在这里提醒一下，让我们大家都来注意这一条真理，学习这一条真理。

二、 正确评估中国贫富差距扩大的形势

改革开放以来，在分配领域，我们党遵循小平的正确思想，克服了过

---

① 邓小平文选：第 3 卷．北京：人民出版社，1993.
② 邓小平年谱：下．北京：中央文献出版社，2004.
③ 邓小平文选：第 3 卷．北京：人民出版社，1993.
④ 邓小平文选：第 3 卷．北京：人民出版社，1993.

去在实行按劳分配原则中曾经有的平均主义倾向（过去也不能说完全是平均主义，按劳的差别还是有的，但是平均主义倾向相当严重），实行让一部分人、一部分地区先富起来，带动大家共同富裕的方针。经过将近 30 年的改革实践，社会阶层分化，收入差距大大拉开，但还没有来得及实现先富带后富，实现共同富裕的目标。这对于经济的大发展，暂时是有利的；同时也带来了深刻的社会矛盾，引起公众的焦虑和学者的争论。

争论的焦点问题之一，是中国现在贫富差距是否已经扩大到“两极分化”的程度。这个问题，邓小平为了提醒、警告，曾经作为假设，一再提出过；并没有预言这种假设一定会变为现实。因为邓小平把这个假设提到突出的政治高度，所以问题就非常敏感，争论也非常激烈。往往各执一端，谁也说服不了谁。

当前中国社会贫富悬殊是否达到“两极分化”，主要有两种意见。肯定的一方忧国忧民，列举一些事实和数字，应用国际上通用的指标，如基尼系数、五等分或十等分分配比较法等，来加以论证，并用社会上一方面穷奢极欲地消费，另一方面生计困难的事实来验证说明：两极分化已被小平同志言中，希望尽快地改变这种状况。否定的一方则认为，现在虽然富者愈来愈富，但贫者并不是愈来愈穷，而是水涨船高，大家都改善了生活，否认经济理论与实践国际上通用的指标适用于中国，断言基尼系数的提高是市场经济发展的不可改变的必然趋势，认为提“两极分化”是故意炒作，反对改革。

很显然，以上两种观点代表了社会上两种不同利益集团的看法。一种是代表资本、财富和某些社会精英的看法。一种是代表工农为主体的一般群众。我不能完全免俗，完全摆脱社会不同利益集团的影响，但是我主观上力求试着超脱一些。所以，我对于中国现在是否已经“两极分化”的问题，一向持慎重态度。

四年以前（2003 年），我在《研究宏观经济形势要关注收入分配问题》

一文中指出："目前我国居民基尼系数大约在 0.45 左右。基尼系数还处于倒 U 形曲线的上升阶段，随着市场经济体制的深化，客观上还有继续上升的趋向。所以，我们不能一下子强行提出降低基尼系数，实行公平分配的主张，而只能逐步加重公平的分量，先减轻基尼系数扩大的幅度，再适度降低基尼系数本身，逐步实现从'效率优先兼顾公平'向'效率与公平并重'过渡。"①

2005 年 4 月，我在《进一步重视社会公平问题》一文中说："收入差距扩大到承受极限，很可能与达到两极分化相联系。我们现在显然不能说已经达到两极分化（这是邓小平说改革失败的标志），也不能说达到承受极限。基尼系数客观上还在上升阶段，如不采取措施则有迅速向两极分化和向承受极限接近的危险。"②

我现在基本上还是持这个谨慎态度。为什么要持这样比较中性（贫富差距还未达到不能承受程度的两极分化），又有一定的倾向性的观点（要认真及时解决否则有接近两极分化、承受极限的危险），而不采取前述两种极端的观点呢？我有以下一些考虑。

两极分化是马克思在《资本论》中阐述过的资本主义积累的一般规律所制约着的一种社会现象，即一极是财富的积累，一极是贫困的积累。财富的积累是一个无限扩大的过程，而贫困的积累则经过"绝对的贫困"到"相对的贫困"的转化。绝对贫困基于资本与劳动的分离，劳动能力是工人唯一能够出售的东西，资本天然会为了利润最大化而利用自身的优势和工人之间的竞争，拼命压低工资和劳动条件，这一过程与产业后备军、劳动人口的相对过剩相连，工人阶级的贫困同他们所受到的劳动折磨成正比，这就是"绝对的贫困"的积累。但是，随着生产率的提高，工人阶级斗争的发展，以及资产阶级政府被迫举办的福利措施，工人的绝对工资福利水

① 刘国光文集：第 10 卷．中国社会科学出版社，2006.

② 刘国光文集：第 10 卷．中国社会科学出版社，2006.

平会提高，但劳动与资本的分配比例关系，仍然继续朝着有利于资本、财富积累的方向进行，使劳动阶级由“绝对贫困”转入“相对贫困”，财富积累和贫困积累两极分化现象仍然持续下去。一项研究用大量的材料表明，“在私有化、市场化、民主化和全球化中，无论在实行议会制的发达国家，还是实行议会体制的发展中国家，两极分化加剧的现象目不暇接”[①]。

当然，中国的情况与实行议会制度的发达国家和发展中国家不一样。但类比劳动人民从绝对贫困的改善，到相对贫困的发展，则是有启发的。一些同志在论证中国已出现两极分化的现象时，没有足够地注意到1978年至2006年，中国农村绝对贫困人口数量从2.5亿下降到2148万，减少了2.28亿人，农村绝对贫困人口的发生率，由30%降到2.3%。这是我国社会生产力发展和政府扶贫政策实施的结果，对中国贫富差距扩大的缓解，起了一定的作用。当然不能由此推断中国贫富差距已经缩小，因为随着经济的发展，贫困的标准也在提高。我们的生活水平提高了，按照我们的标准计算的贫困人口是几千万，而按照世界标准计算是2个亿。所以按我们标准计算的绝对贫困人口数量虽然减少，但它并不意味着相对贫富差距不再继续扩大。有一种观点认为，经济发展中收入分配是水涨船高的关系，断言中国只有大富小富之分，没有可能出现两极分化的趋势。[②] 这种说法违背了随着生产力的发展等因素，劳动人口从绝对贫困转向（在市场经济和雇佣劳动的条件下）相对贫困的两极分化趋势依然在继续进行的客观规律。特别是中国，由于在改革过程中，诸如教改、医改、房改、国企改等政策中某些失误，以及土地征用、房屋拆迁等使居民利益受损等影响，导致了某些新的贫困阶层的出现，更加剧了“贫者愈贫，富者愈富”（审计总署署长李金华语）的程度。当然政府正在采取措施解决这些问题，这也是不能忽视的。

---

① 参看《香港传真》N2007－2.

② 经济观察报，2007－3－18.

我想再强调一下，说我国收入分配有向两极分化演进的趋势，并不意味着现在收入分配的整个格局已经是“两极分化”了。能不能拿基尼系数来判断我国是否已经达到两极分化的境地？有些人基于某种原因，说基尼系数不适用于中国，说目前谈论基尼系数意义不大。这未免同他们一贯宣扬的与国际接轨的言论不相符合。

基尼系数作为衡量贫富差距的工具，是一个中性指标，二战后世界各国都在使用。我国基尼系数由 1964 年的 0.184，1978 年的 0.2，上升到 1980 年的 0.26，1990 年越过 0.4。上升速度之快，令人惊讶，这是不能回避的。从水平上说，我国基尼系数已超过许多发达的资本主义国家，但还没有达到社会动荡比较强烈的拉丁美洲一些发展中国家的水平。这很能说明一些问题。比如说，发达的资本主义国家，大多属于前殖民帝国，现在又据有跨国公司优势，从全世界吸取剩余价值，一部分用于国内劳动阶级的福利，藉以缓解社会矛盾。这对于这些国家基尼系数的下降，甚至降到比我国还低，不能不说是一个原因。当然我们也应该反思，我们一个社会主义国家的基尼系数，怎么可以出现超过发达的资本主义国家的情况？

另一方面，我确实同意有些专家所说，影响基尼系数的结构性因素甚为复杂，不能简单地套用基尼系数的某些国际规范于我国。比如说按国际标准，0.4 是社会失衡的临界点，超过 0.4，就要进入警戒状态，这一条我看就不能随便套用。

我在 2003 年《研究宏观经济形势要关注收入分配问题》一文中说：“基尼系数 0.4 作为监控贫富差距的警戒线，是对许多国家实践经验的概括，有一定的普遍意义。但各国的情况千差万别，社会公平理念和居民承受能力不尽相同。拿我国来说，基尼系数涵盖城乡居民，而城乡之间的收入差距扩大幅度明显是大于城镇内部和农村内部差距扩大的幅度。1978 年到 2000 年城镇内部居民收入差距的基尼系数由 0.16 上升到 0.32，农村内部由 0.21 上升到 0.35，基尼系数小于国际警戒线。但城乡居民收入差距幅度甚大，基尼系数由1980年的0.341，上升到2000年的0.417，高于国际警戒线。我国城乡居民收入差距悬殊，现时为3.1∶1，若考虑城乡福利补贴等差异，则差距进一步扩大到5∶1到6∶1。由此看来，我国城乡居民是两个根本不同的收入群体和消费阶层。历史形成的我国城乡居民收入巨大差距的客观事实，使农村居民一时难以攀比城市生活，其承受能力有一定的弹性，所以我国的收入分配警戒线，不妨比国际警戒线更高一些。"①（城乡差距影响基尼系数一事，早已成为中国经济学界的共识。网上近传，某经济学家将此论作为自己的发明，申请诺贝尔奖。如果属实，真是大笑话。）

基于此类结构性因素对全国基尼系数影响的考虑，我在2005年《进一步重视社会公平问题》一文中还表达了这样的观点：我们现在显然不能说已经达到两极分化，也不能说达到承受极限，我国人民对基尼系数在客观上继续上升还有一定的承受能力。当然这不意味着我们不要重视贫富差距的扩大问题，并对其采取遏制措施。我接着说了基尼系数在迅速上升的情况下，如不采取有力措施，则有迅速向两极分化和承受极限接近的危险。所以，那种认为基尼系数上升是市场经济发展过程中的必然现象，需要长时期对付、等待才能解决的观点，也是不妥的。

按照邓小平的估计，从支持一部分人、一部分地区先富起来，转向先富带动后富以实现共富，这两个"大局"的变化，即着手解决贫富差距问题，大约是在20世纪和21世纪之交。② 这个估计可能过于乐观了一点。但是经过将近30年的改革与发展，现在我们国家的经济实力和财政力量已经成长到可以加速解决贫富差距问题的阶段。何以"让一部分人先富起来"可以很快实现，而"先富带动后富实现共富"则需要很长很长时间的等待呢？这在我们社会主义的国家更是说不过去的。这显然是对财富积累一极偏袒的言论，其后果将导致社会矛盾的激化，也是可以预见的。

---

① 刘国光文集：第7卷．北京：中国社会科学出版社，2006.

② 邓小平文选：第3卷．北京：人民出版社，1993.

除了以上的考虑以外，我之所以对两极分化问题持上述比较中性而又有一定倾向的观点，还有一个考虑，就是对领导我们进行改革开放的中国共产党政治路线的坚定信心。改革开放以来出现的收入差距扩大和贫富分化的现象，一方面是采取一部分人先富起来的正确政策的结果，但是还没有来得及解决带动大部分人共享改革成果问题，这属于正确政策的掌握经验不足问题；同时也有社会上种种错误思潮（后面再叙）干扰的影响。我们党中央始终保持改革的社会主义方向，在发展社会生产，搞活市场流通，完善宏观调控，改善人民生活等方面，取得许多成就，有目共睹。在这样的总形势下，即使分配等方面的改革出了点问题，怎么可以说小平同志的假设已经言中，改革已经失败了呢？这是不符合实际情况的，也是不公平的。我们看到党对人民负责的郑重精神，特别是十六大以来，本着对人民群众切身利益的关怀，提出以人为本的科学发展观和构建社会主义和谐社会的思想，作了“让改革成果为全体人民分享”的政治承诺。针对日益发展的社会矛盾，淡出“效率优先、兼顾公平”的原则，突出“更加重视社会公平”的方针。利用财税改革和转移支付手段，着手解决分配不公问题。采取积极措施，解决诸如医疗服务、教育收费、居民住房、土地征收、房屋拆迁等涉及群众利益的突出问题。2006 年 5 月，党中央还召开了专门会议，研究收入分配制度改革。我想，党中央这一系列重大举措，只要认真地有效地落实，将会缓解我国贫富差距扩大的倾向，扭转向两极分化接近的趋向。

分配关系的调整和社会公平的促进，千头万绪。不仅要党和政府牵头，也要各方面的配合。包括精神的、舆论的配合。所以过于强调在两极分化问题上问责，并不有利于问题的解决。但指明发展的趋向，则是研究者职责所在。我之所以在这个问题上持比较中性又积极的态度，理由在此。

三、 贫富差距扩大的最根本原因在所有制结构的变化

在本文第一部分末尾，曾论述邓小平关于分配问题的一个重要论点，就是在他看来，避免两极分化的前提，是“坚持公有制为主体”。他说，“只要我国经济中公有制占主体地位，就可以避免两极分化”。这体现了马克思主义政治经济学理论中极重要的一条原理，即生产关系（特别是所有制关系）决定分配关系。为了阐明这个道理，还得从贫富差距扩大的原因究竟在哪里，哪是最主要的原因说起。

为什么会产生贫富差距扩大的现象？有很多不同的解释。有人说，贫富差距扩大是“市场化改革”必然要付出的代价。这个说法不错。因为市场化本身就是崇尚竞争和优胜劣汰规则的过程，这一过程不断造成收入差距拉大，这有利于提高效率、发展经济，是市场经济积极的一面。随着市场经济的发展，特别是资本积累规律的作用，贫富鸿沟的出现和两极分化的形成是不可避免的，这是市场的铁的法则，除非有政府的有效干预来缓和这个趋势，这种趋势本身在市场经济条件下是谁也阻挡不了的。

又有人说，贫富差距的扩大“是由于市场化改革不到位，市场经济不成熟造成的”。这种说法就有问题了。

是不是市场经济成熟，收入差距就可以缩小呢？事实不是这样的。随着市场经济的发展，财富集中于一小部分人的趋势越来越明显。前面引文中说，在发达的市场经济国家，两极分化的现象“目不暇接”。联合国发表的《2006 年人类发展报告》说，“最新数据显示，全球贫富差别仍在扩大。无论在国与国之间还是在一个国家内部都是如此”。20 世纪 70 年代以来，市场机制与私人产权方面做得太多，造成英、美、日等重要市场经济国家财富集中度在提高，贫富差距在扩大，社会公平状况下行，20 世纪后期实行福利制度的发达市场经济国家，财富和收入分配方面也呈退步趋势。[①] 所

① 参看《香港传真》N2007－2.

有这一切，都不能说明市场经济越发达越成熟，贫富差距扩大和两极分化的问题就可以自然得到解决。所谓“市场化改革”到位，就能解决这个问题，只能是纸上谈兵而已。

很多学者比较具体地分析我国贫富差距拉大的原因，角度不同，口径不一，难以归类。下面列举一些，略加议论。城乡二元结构论；地区不平衡论；行业差别论（包括一些行业垄断）；腐败与钱权交易、不正之风论；政策不均、公共产品供应不足论；再分配环节（财政税收，社会保障福利）调节力度不够论，等等。

上面列举的造成分配不公的因素并不完全。这些因素对我国贫富差距的扩大，都有“贡献”。可以看出，各项原因之间，有互相交叉的关系。

城乡差别，是中国贫富差别的一项重要原因。如前所述，城、乡各自基尼系数是0.3到0.4左右，而包括城乡在内的总基尼系数在0.45以上。现在政府虽然通过新农村政策支农惠农，城乡差别扩大之势有所缓和，但尚未完全改变。

地区差别，在很大程度上与城乡差别有关。东部地区主要靠城市繁荣，西部地区多为广大农村。区域平衡政策也在缓和差距扩大，但地区差别扩大过程亦未停止。

行业差别，主要是某些行业凭自然垄断或以行政垄断，造成行业间收入分配不公。过去在计划经济时期，中国也有行业垄断，但垄断行业高工资和行业腐败的现象并不显著。改革开放以来，一些垄断行业受市场利益观念的侵蚀，特别是1994年税制改革后，税后利润归企业所有，使用缺乏监督，才造成一些垄断企业高工资、高奖励、高福利的现象。所以，这不是垄断本身造成的。这种情况要从垄断企业收入分配的改革，加强对企业收入分配的监督来解决。当然垄断行业个人收入过高，激起非垄断行业人们不满，亟须解决。但这个问题对分配全局影响不一定很大。有人故意转移人们对收入分配不公最主要根源（后面再说）的注意，想借人们反垄断的情绪，把国有经济对少数重要命脉部门的必要控制加以排除，实现私有化。我们要提高警惕，防止这种图谋。

腐败、钱权交易和不正之风。这是人民群众对收入分配不公的公愤集中焦点，需要在法律领域和整顿社会道德风尚中大刀阔斧地解决的问题。此项非法不合理收入在官方统计和公布的基尼系数中，难以计入。在黑色、灰色收入中的绝对个量有时达到上亿、几十亿的款额，但在国民收入中占比有限，影响也不一定很大。有人把这个问题放到收入分配中小题大做，认为是分配差距形成的又一主要原因，也是想以此转移人们对造成收入分配不公真正主要原因的漠视，这也是要加以明辨的。虽然如此，我们在研究收入分配不公时，还是要十分关切反腐败问题。

政策不均与公共产品供应不足。政策不均与前面的一些问题有交叉，会影响城乡、地区和行业的差别，是我们改进政府工作的一个重点。加强公共服务，改善公共产品供应，政府职能由经济建设型为主转到经济建设与社会服务同时并重，是我们努力以赴的政府职能改革的方向。要强调公共服务，但不能像新自由主义那样主张政府退出经济领域，不要以经济建设为中心。国家从事经济建设，最终还是有利于充分供应和公平分配公共产品的。

再分配。我们知道再分配是调节分配关系的重要环节。再分配调节的落后和不周，是分配不公的一个重要原因。过去一贯的说法，是初次分配解决效率问题，再分配解决公平问题。所以把实现社会公平问题主要放到再分配领域，特别是利用财税转移支付等再分配工具上来。但是再分配所调节的只能涉及国民收入分配中的小部分，而主要部分还在国民收入初次分配领域。许多分配不公问题产生于初次分配领域，诸如企业分配中资本所得偏高，劳动所得偏低；高管人员所得偏高，一般雇员所得偏低；垄断行业所得偏高，一般行业所得偏低；等等，都是初次分配领域发生的问题。所以初次分配领域也要重视社会公平问题，这是过去往往被人们所忽略的。

初次分配中影响收入分配最大最核心的问题，是劳动与资本的关系。这就涉及社会的基本生产关系或财产关系问题了。近几年来，有关分配问题的讨论中，已经有不少马克思主义经济学者论述了这个问题（如，丁冰：《中国两极分化的原因分析及解决出路》，2006 年 8 月 6 日在乌有之乡书社的讲演；杨承训：《从所有制关系探寻分配不公之源》，载《海派经济学》2004 年第 11 辑）。财产占有的差别，往往是收入差别的最重大的影响要素。有些人看不到这点，却津津乐道人的才能贡献有大有小，贡献大的人应该多拿，贡献小的人应该少拿，好像收入多少仅仅是由于才能、知识、贡献决定的。马克思主义不否定个人能力等因素对收入高低的影响（复杂劳动），《哥达纲领批判》在讲按劳分配时也考虑这个因素。但是即使是西方经济学的主流派人士，也承认决定收入分配的主要因素是财产关系，认为私有财产的不平等才是收入不平等的主要原因。新古典综合学派萨缪尔森说过，"收入的差别最主要是由拥有财富的多寡造成的……和财产差别相比，个人能力的差别是微不足道的"；又说，财产所有权是收入差别的第一位原因，往下依次是个人能力、教育、训练、机会和健康。①

我们认为，西方经济学大师的这个说法，是公允的、科学的。如用马克思政治经济学语言，可以说得更加透彻。根据马克思主义理论，分配决定于生产，任何消费品的分配，都是生产条件分配的后果，生产条件的分配本身，表明了生产方式、生产关系的性质，不同的生产关系决定了不同的分配关系、分配方式。与资本主义私有制的生产方式相适应的分配方式，是按要素分配（主要是按资本分配和按劳动力的市场价格分配），而与社会主义公有制生产方式相适应的分配方式则是按劳分配。

这是就两个不同的社会生产方式来说的分配关系。那么在社会主义初级阶段的分配方式又如何呢？我国宪法根据马克思主义理论和十五大报告，规定社会主义初级阶段是以公有制为主体、多种所有制经济共同发展的基

---

① 萨缪尔森．经济学：下册．高鸿业，译．北京：商务印书馆，1982.

本经济制度；分配方式是坚持按劳分配为主体，多种分配方式并存的体制。

我国社会主义初级阶段的发展，在改革开放伊始时，还是比较清一色的公有制经济，非公有制经济几乎从零开始，前期的发展速度必然是非公有制经济超过公有制经济，多种经济共同发展的局面才能形成。这是有利于整个经济的发展的。所以，有一段相当长的时间，非公有制经济要保持超前于公有制经济的速度，从而增加非公有制经济在总体经济中的比重，而公有制经济则相对减少。与此同时，在分配方式上按劳分配的比重减少，按要素分配（主要是按资本和按劳动力市场价格分配）的比重就要增加。有人分析，现在我国国民收入分配已由按劳分配为主转向按要素分配为主。① 我们从资本主义市场经济一般规律和我国市场经济发展的实际进程可以知道，这一分配方式的变化所带来的后果，就是随着私人产权的相对扩大，资本的收入份额也会相对扩大，劳动的收入份额则相对缩小，从而拉大贫富收入差距。绝对富裕和相对贫困的并行，秘密就在这里。

从分配领域本身着手，特别是从财税等再分配领域着手，来调整收入分配关系，缩小贫富差距，我们现在已经开始这样做。这是必要的，但是远远不够。还需要从基本生产关系，从基本经济制度来接触这一问题，才能最终地阻止贫富差距扩大、向两极分化推进的趋势，实现共同富裕。所以邓小平说，“只要我国经济中公有制占主体地位，就可以避免两极分化”，又说“基本生产资料归国家所有，归集体所有，就是说归公有”，就“不会产生新资产阶级”。这是非常深刻的论断，它指明社会主义初级阶段容许私人产权的发展，容许按要素（主要是资本）分配，容许贫富差别的扩大，但这一切都要以公有制为主体。只要保持公有制的主体地位，贫富差距不会恶性发展到两极分化的程度，可以控制在合理的限度以内，最终向共同富裕的目标前进。否则，两极分化是不可避免的。所以，在社会主义初级阶段的一定时期，私有经济发展速度较快于公有经济，其在国民经济中的

---

① 武力，温锐．1992 年以来收入分配变化刍议．中国经济时报，2006－5－26.

比重逐步提高，是必要的、有益的。但是任何事情都有其合理的度。正如江泽民指出的那样："当然，所谓比重减少一些，也应该有个限度、有个前提，就是不能影响公有制的主体地位和国有经济的主导作用。"① 私有经济发展到一定的程度，其增长速度和其在总体经济中的比例关系就有重新考虑的必要，以使其不妨碍公有经济为主体，国有经济为主导，公私两种经济都能达到平稳健康有序发展的和谐境地。

随着改革开放的推进，我国所有制结构已经由公有制一统天下发展为多种所有制共同发展的局面。所有制结构的公降私升是否已经达到影响公有制为主体的临界点？因为这涉及宪法中规定的基本经济制度，所以又是一个敏感的问题，在我国的经济理论界引起了不同的看法。

四、 几种对中国所有制结构变化形势的评估

"公有制为主体，多种所有制经济共同发展是我国社会主义初级阶段的一项基本经济制度"，是党的十五大报告中确定下来的。报告明确规定，公有制的主体地位，主要体现在公有资产在社会总资产中占优势，国有经济控制国民经济命脉，对经济发展起主导作用。

报告特别指出，只要坚持公有制为主体，国家控制国民经济命脉，国有经济的控制力和竞争力得到增强，在这个前提下，国有经济比重减少一些，不影响我国社会主义性质。

这里讲的"比重减少一些，不影响我国社会主义性质"，是在公有制还占量的优势，国有经济保持控制力的前提下说的。如果公有制不能保持量的优势，情况会怎样呢？

何谓量的优势？国有经济比重和公有制经济比重减少到何样的程度，才是容许的？文件中没有规定。不同的看法由此而来。

---

① 江泽民文选：第3卷．北京：人民出版社，2006.

大体上有这么几种看法：

（一）基于工商联公布2005年民营经济和外商、港澳台经济在GDP中的比重达65%，和国家统计局老专家估计2005年GDP中公私之比为39∶61，认为中国已经是私有经济起主导、主体和基础作用，公有制经济已丧失主体地位，只起补充作用。

（二）认为公有制经济比重虽然下降，但以公有制为主体的格局并没有改变，主体地位依然牢固，其依据是2004年末全部实收资本中，公有资本仍占56%；统计老专家估计2005年二三产业实收资本中公私资本比重为53∶47，公有资本仍超过半数，居优势地位。认为国有经济在关系国计民生的重要行业仍然具有绝对优势，其国家资本占比在70%以上，继续掌握较强的控制力。

（三）认为目前所有制结构处于十字路口境地。从资产比重上看，大约公私各占一半，平起平坐（据测算，公私经济在社会总资产中所占比重，由1985年的94.09∶5.91下降到2005年的48.8∶50.9）。从国有经济控制经济命脉来看，在关键领域和重要基础产业中起主导作用（2005年在垄断性强的产业和重要基础产业中实收资本，国有经济占比64%左右），但在市场化程度和利润较高、竞争性比较激烈、举足轻重的制造业中，国有经济的控制力过低；在不少省市特别是沿海经济发达省份，公有制资产占比已下降到50%以下，“公有制经济的资产优势和国有经济的控制力在如此巨大的产业和地区范围的锐减削弱，使得公有制主体地位从总体上看显现出开始动摇的迹象。”

上述对于公有制主体地位（一）已经丧失、（二）仍然巩固、（三）开始动摇的三种看法，都是建筑在非官方统计数字的基础上。令人遗憾的是，国家发展部门和统计部门近些年来没有提供我国公私经济对比的比较完整的准确数字，所以也难以准确判断我国所有制结构的现状。

有一些经济学者和科研单位，主张公有制经济的主体地位，并不体现在它在整个国民经济中占有数量上的优势，而主要体现在它的控制力上，否认国有经济控制力的前提是建筑在公有制的数量优势的基础上，因此他们不主张国家计划（规划）中列入公私经济比重的指数，国家统计部门也不必统计和公布公私经济比重的全面数字。这种看法不利于我们正确分析我国所有制结构的形势，并采取对策来保护我国社会主义基本经济制度。党中央一贯坚持公有制为主体，多种所有制经济共同发展的基本经济制度，十六大，十六届三中、五中以及涉及经济问题的中央会议，一再重申这一主张。国家各部门都应该为实现这一主张努力服务。几年以来有人提出人大应监督检查公有制为主体的社会主义基本经济制度执行情况。我认为这些建议的精神是值得考虑的。

五、干扰“公有制经济为主体”的“私有化”倾向：实践层面

人们对我国所有制结构中公有制的主体地位是否发生动摇所表达的一些看法，不仅是基于他们对经济比重及控制力的各自评估判断，也与观察中国经济改革进程中某种倾向的抬头有关。在实际经济生活中，我们确实观察到这种倾向在抬头，虽然人们一般还回避把这种倾向叫作“私有化”，但实际上回避不了。也确有人公开宣扬“私有化”而无所顾忌。

私有化倾向抬头表现在两个层面。一是实践的层面，即对我党改革政策措施加以曲解，力图往私有化方向引导，竭力推进私有化的实施。二是思想理论的层面，即利用我党解放思想的旗帜，推销私有化思潮泛滥。当然这两个层面又是互为表里、互相激荡的。

若干年来我国国有、集体企业改革工作，大多数运行健康，顺利成功，对经济发展社会进步和安定团结发挥了显著效果。但是也存在问题。党中央提出的一些改革政策措施，一些人总是千方百计地往私有化方向拧。例

如，中央提出建立社会主义市场经济体制是我国经济体制改革的目标，他们就鼓吹公有制与市场经济不相容，要搞市场经济就必须实行私有化；中央提出“产权清晰、权责明确、政企分开、管理科学”的现代企业制度，他们就说公有制产权不清晰，产权虚置，只有落实到自然人（即私有化）产权才能明晰；中央提出可以利用股份制作为公有制的一种实现形式，以扩大公有资本的支配地位，增强公有经济的主体地位，有人就通过股份制将国企化为私企；中央提出要提倡和鼓励劳动者的劳动联合和劳动者的资本联合的股份合作制，他们就竭力主张用经营者持大股，个人集中控股的办法，将股份合作制的集体性质变为私人企业；中央提出国有经济战线过长，要作战略调整，以增强国有经济的主导作用，他们就把“有进有退”的战略调整篡改为“国退民进”，“让国有经济退出竞争性领域”；中央提出“抓大放小”的方针，要求采取各种形式放开搞活国有中小企业，他们就把出卖企业当作几乎唯一的形式，实行一卖了之，掀起一股贱卖白送国企的歪风。

这股歪风刮得很不正常，因为“我们的国企改革是在没有充足理论、足够经验下进行的，带有一窝蜂性质。当高层想了解改制进行到如何时，一些地方的国企已经卖得差不多了。”“等到国有资产转让的种种规则出台之后，可能地方上的国有资产已经所剩无几。”① “有些地方把中央关于企业改制产权转让的方针政策异化得面目全非。企业领导自卖自买的有之，巧取豪夺的有之，空手套白狼的有之，从而造成国有资产大量流失，职工权益遭到剥夺。”②

当然国企改革出现的上述现象，主要是少数人侵吞国资的问题，完全是非法的，或不规范的行为。中央和有关部门不断在总结经验，推进立法，完善政策，下大力气纠正偏差，力图使改革沿着规范的轨道前进。所以，

---

① 三联生活周刊，2003－12－11.

② 新华网，2005－7－31.

有些同志把鲸吞国有资产说成是“盛宴”，如果以此概括国有企业改革的全貌，那显然是不正确的。但是这种事情在当时也不是一例两例，而是相当流行。案例本身有不少真是一场免费的盛宴，这样说也不为过。有人在“新华网”写文章问道，“全国违法违规运作的改制企业到底有多少，谁能说得清”。共和国历史将来是要说清楚这一章的，当然账是否能够算清，要靠执法者和执政者的努力和能耐了。

一方面是突然一夜冒出一批万贯家财的队伍，另一方面如某大经济学家所言，为达到改革目的必须牺牲一代人，这一代人就是3000万老工人，这样一场恶性演出，为一个香港有良知的学者所注意。其实郎咸平教授了解和揭露中国的实际情况，并不如大陆学者知道得多。但郎先生抓住了要害问题，如私有化，MBO，等等。据报导，网民给郎教授以九成的支持率①，即90%以上的网民赞成郎教授的基本观点，反对否定公有制的主体地位和私有化，这从一个方面反映了人民群众反对走资本主义道路的改革，赞成走社会主义道路的改革。

这是实践的层面，人为地激化了公私结构改变和化公为私的过程。民间和高层都在反思这一过程。民间发出了“不准再卖”的呼声，高层也在努力将过程纳入合乎法规的规范化轨道。

六、“私有化”倾向的干扰：思想理论层面

在理论层面上，几年来私有化思潮泛滥，更是五花八门。这里只能点评一下。在中国这样一个宪法规定公有制为主体的社会主义国家，居然容许有人公开打出“人间正道私有化”的旗号，在新华书店公开长期发行其著作《国企改革绕不开私有化》，宣扬国企改革的“核心在于国有制改为私有制”。可以说中国的言论出版自由已经达到空前未有的程度。

---

① 经济日报，2005-8-23.

在这种气氛下，有人公开鼓吹民（私）营经济应在国民经济中占主体地位。他说“今后中国经济的走向应该是投资以民间资本为主，经济形式以民（私）营为主”。

有一位人士不加掩饰地说，要“排除旧的意识形态的挡道”，推行私有化。他说，“民办、民营、民有、私营、非国有、非公有等，无非是为了从不同角度阐明私有化问题”。“在私有化问题上出现莫名其妙的文字游戏，是由于旧的意识形态在挡道”。同时另一位人士则宣称“公有制为主体是对社会主义的理解停留在斯大林式的传统社会主义水平”，把党章和宪法关于公有制为主体的规定视为“保留着传统社会主义观念的痕迹”，完全否定了建立公有制、消灭剥削是社会主义的本质特征和根本原则。

与这些观点略有不同的是，某些人士虽然抱着私有化的主张，并且在私下讲，私有化已成定局，可是他们在宣扬私有化主张、方案时，却遮遮掩掩，在公开场合他们对自己所主张的任何一种私有化形式都要习惯性地说一句：“这绝不是私有化”，“这是公有制经济的实现形式”。某大经济学家把私人控股的股份公司，非公有经济控股的一般公众股份公司，都说成是“‘新’公有制的实现形式”。还有人发明“间接公有制”，说什么可以利用财税再分配的办法，把“直接私有制”改成“间接公有制”，以取代“直接公有制”的地位；还说资本主义国家如美国，正在利用这一办法，“走向社会主义”。明明是私有制的资本主义，还装饰成“社会主义”，自欺欺人，也太玄乎了。

有一种议论，是以预言家的口吻出现的。这位预言家表面比较谦虚，认为现在还不好说是民（私）营经济为主体，但随着形势发展，私营经济一定会变为主体。这见于由著名经济学家领衔的、挂靠在某党校的一个刊物上的奇文，其中说：“过去我们说民营经济是国有经济的有益的补充，但现在我们逐渐发现，顺着真正市场经济的思路发展，总会有一天我们会反过来说，国有经济是民营经济的一个有益的补充”。咄咄逼人的私有化主张，口气不小，听起来像是向十三亿中国人民示威，你们终有一天守不住公有制为主体的阵地！也像说给我们的执政者听：看你怎么办！

还有一种私有化主张，打着对社会主义本质属性和社会主义模式选择理论研究的旗帜。早在十五大前夕，就有人抛出社会主义的基本特征是“社会公正加市场经济”的公式。这一个连社会民主主义和资产阶级都能接受的模糊定义，否定建立公有制、消灭剥削是社会主义本质特征和根本原则之一。有人最近说，长时期以来，人们认为社会主义特征是公有制、按劳分配是不对的，现在要以“共同富裕、社会和谐、公平正义”来认识社会主义的本质属性。当然，共同富裕，社会和谐等等非常重要，但是撇开所有制关系，撇开公有制和消灭剥削，这些美辞都是缺乏基础的，构成不了社会主义。倡导这一理论的人士在推荐“人民社会主义模式”的五个特征中，也绝口一字不提公有制为主体。有位同志在引用小平同志的社会主义本质论时，不提“消灭剥削”四个字，只讲“小平说，社会主义本质就是解放生产力，发展生产力，消除两极分化，最后达到共同富裕”。大家知道，建立公有制，是为了“消灭剥削”，所以小平同志多次把“公有制为主体”列为社会主义主要原则之一。这位同志不提“公有制”、“消灭剥削”这些重要字眼，将改后的小平论述来界定社会主义所有制，认为不管公有制还是私有制，都是社会主义所有制！他太不注重理论问题的严肃性了。

最后，还有一种反对公有制、鼓吹私有化的理论，直接打着马克思主义的旗号，那就是歪曲马克思“重建个人所有制”的提法。过去也有人不断误解马克思这一提法，也多次为正确的马克思主义解读所廓清。最近谢韬等在《炎黄春秋》（2007 年第 6 期）把马克思所说的“在生产资料共同占有的基础上重建个人所有制”，说成“是一种以个人私有为基础的均富状态”，即“自然人拥有生产资料，人人有份”，把生产资料的私有制视为马克思的主张。其实恩格斯在《反杜林论》中早就对马克思这一提法作了解释：以生产资料的社会所有制为基础的个人所有制的恢复，“对任何一个懂德语的人来说，这也就是说，社会所有制涉及土地和其他生产资料，个人所有制涉及产品，那就是涉及消费品”①。谢韬等睁眼不看这些，在理论上胡搅蛮缠，其目的是把矛头直接指向改革开放以来几代领导人努力开创的中国特色社会主义，把它诬称为以重建个人所有制为主要内容的社会民主主义道路，把“重建个人所有制”说成是“中国改革开放的总路线和总政策”，其私有化的意图昭然若揭，也无须本文细评了。

够了。我不想再浪费读者的时间。从这里可以看出来私有化思潮泛滥，已经猖狂到何种地步。我们是有思想言论自由的，提倡百家争鸣、多样化。但是不能像戈尔巴乔夫、雅可夫列夫那样，搞“多元化”、“公开化”，把老百姓的思想搞乱，把改革开放的方向引错。应该是清理一下的时候了。

七、“公有经济低效论”是个伪命题

企图把中国改革引向私有化方向的人士，有许多牵强附会的“论据”。其中最重要的是“公有经济低效论”。

“公有经济低效论”站不住脚，已经有许多文章、著作加以论述。例如，左大培《不许再卖》一书，以严密的逻辑和充分的事实，对“国有企业所有者虚置论”、“人皆自私，因此企业经营者所有才能搞好企业”，“国有企业监督成本过高”等观点作了深入细致、有理有据的驳斥，至今未见到“私有化”论者像样的反驳。后者还是一口咬定“公有经济低效”，好像这用不着证明；以此作为定论，好像也不打算同你认真辩论了。

因为分析公私经济效率，驳斥公有经济低效的论著甚多，本文不打算详论这个问题，只想点出几条，供大家思考一下，是不是这样。

1. 公有经济在宏观的社会经济效益上的表现，如经济增长、就业保障、社会福利等等方面，比私有经济的优越性，是无可置疑的。以公有经济为

---

① 马克思恩格斯选集：第3卷．北京：人民出版社，1995.

主的国家与以私有经济为主的国家相比，在经济增长速度对比上，比较长时期（虽然不是一切时期）地前者超过后者，把落后的国家建设成为奠定了工业化基础或工业化的国家，战胜了强大的法西斯侵略者，等等，都可证明。

2. 在微观经济方面，众所周知，企业规模超过一定限度，所有者与经营者就有分离的必要，企业家就要分化为老板（公司股东）和职业经理人。公营经济与私营经济一样可以用委托代理方式，解决激励与约束机制的问题。并且经验证明，公有经济不一定需要比私人股份公司多得多的资本经营层次。美国著名经济学家斯蒂格利茨通过实证研究表明，无论统计数据，还是具体事例，都不能证明政府部门效率比私营部门低。许多国家如法、意、新加坡等，至今拥有不少经营效率不低的国有企业（垄断、竞争部门都有），就是证明。我国国有企业近几年来业绩显著改进，也不乏例证。

3. 有些人把改革开放后，特别是上世纪 90 年代中后期，国有企业经营不善，亏损面不断扩大，效益大面积滑坡的事实，拿来说事，津津乐道公有经济效率低下，故意不提这一时期出现这些现象有许多特殊原因。例如，拨改贷开始埋下企业资金不足的隐患或陷入债务深坑；富余人员过多，各种社会负担沉重；税负大大超过私营和外资企业；等等。国企为保障社会经济稳定而付出了巨额的改革成本，成为一个沉重的负担。这些特殊原因造成企业效益下滑，是一个暂时的现象，经过一定的政策措施是可以解决的。这与所有制没有关系。私有化论者不提这些，而拿它们来论证“国企低效，因此要变国有为私有”更是不伦不类。

4. 更不能容忍的是，一些人把国有企业某些领导层的贪污腐化导致效益下滑，国有资产大量流失的行为，普遍化为国有企业的“特征”，说什么我国的国有企业是“官僚权贵资本主义”。南方的一家大报上甚至说，要使国有资产流失成为私人财权，才能消灭这种“权贵资本主义”。这显然是对我国整个国有经济的歪曲和污蔑。第一，不符合我国国企员工和相当一部分国企领导是尽忠职守、廉洁奉公的事实。国企内权贵阶层的出现，在我国难以忽视，但他们是钱权交易、官商勾结、市场经济黑幕的产物，决非国有经济固有的现象。第二，发出这种国企是“权贵资本主义”的声音的人，怎么不问问，过去计划经济时期，为什么腐败现象虽然也有，却很少很少，而现在多起来了呢？一个原因是过去我国国企经营管理可能比较现在严格，例如20世纪60年代我国曾总结出“鞍钢宪法”等一整套企业管理经验，80年代我国派人出国考察企管经验，发现日、美、欧洲也吸收了我国“鞍钢宪法”的经验，当时又把这个经验带回祖国[①]。另一个原因是社会上过去虽然有不正之风，但总的风气较好，人们还不完全为私利所左右，还是比较注意为公为集体，不像现在新自由主义影响下“人不为己天诛地灭”，“私利人”、“经济人”意识满天飞。所以有些国企老总经不起考验，一些国企管理层怀有“私有化预期”，把本来可以经营得很好的企业，搞得半死半活，然后迫使政府允许改制，贱价卖给自己，达到私有化的目的。还有一些党政领导人，与国企某些管理层形成联盟，双方共同从国企私有化中获取巨额利益。由于“人性自私”、“经济人假设”理论的影响，实际上存在着不少以改革为名，损害国家和人民利益的现象。例如“管理人收购”这一闹剧，就是“人性自私论”和“经济人假设”这些理论的庸俗化普及所支撑的。

5. 关于“公有制低效论”的辩论，经过两军对垒，激烈争战，现在变为两军对峙，各说各的，互不买账。这当然不是说，公说公有理，婆说婆有理，大家都有理。总有一方代表客观真理。另一方是邪说歪理。抛开这点不说，两种观点实际上也代表两种集团的利益，一种是代表资本、财富、腐败官僚、无良学者的集团利益，一种代表工农人民大众的集团利益。这两种观点因为利益不同，互相不可能说服，是理所当然的。我们的宣传部门，理论部门，执政部门，应该有一个判断，支持什么，不支持什么，这

---

① 鞍钢宪法．人民网强国论坛，2007－8－3.

才是关键。

八、论所谓“国退民进”

从战略上调整国有经济布局，通过有进有退，有所为有所不为，增强国有经济的控制力，发挥其主导作用，以巩固公有制的主体地位，这是十五大、十五届四中全会的决策。如前所说，党中央做出了“有进有退”、调整战略布局的决定后，就有人把这个主张解释为“国退民进”，国有经济从竞争性领域退出，让民营（私营）经济来代替。尽管这种观点受到舆论批评和官方的纠正，但它还是不断地出现，十分顽强。以致到了2006年3月1日，某研究机构主任还在北京的一家大报上刊登文章，宣称“这一轮国企改革对绝大多数国有企业而言，意味着必须实现战略退出，将企业改制成为非国有企业”，并断言，这种做法“不可逆转和势在必然”。经过读者投信质询，该报总编室也承认这篇文章“有的观点不妥当，编辑工作把关不严造成失误”。可是这位主任早先不止一次地宣扬“国退民进”的主张。他在中新社转述《大公报》的报导（2005年5月2日）中就认为国退民进是市场经济的必然过程，说“市场经济的发展必然伴随着国企的大面积退出”①。2005年8月7日，他在黑龙江佳木斯一次会议上说，“所谓国有企业改革就是国有企业改成为非国有企业”。

那么，国有企业从什么领域退出呢？这位主任作了非常清楚的回答，就是要从竞争性领域退出。新华网2003年1月16日透露，他强调，“国企与非国企不存在竞争关系，当遇到竞争，国企应该学会退出”。“国企无法解决比非国企更有效率的竞争力问题”，所以国企要学会退出。

国有经济应不应该从竞争性领域退出？在我国95%的工业行业都是竞争性较强的行业，在这样的市场结构下让国企退出竞争性行业，几乎等于

---

① 中新网，2005-8-2.

取消工业中的国有企业。竞争性领域中存在不少战略性国企和关系国计民生的重要国企，难道都要退光？竞争性领域中国企如果有竞争力能够盈利，为什么一定要让私营老板去赚钱？“国企竞争力不如私企”，连西方一些正直的学者也不赞成这一新自由主义的偏见。有竞争力的国企在竞争性领域中将盈利上交国家，发展生产和社会福利事业，对于社会财富分配中的公平与公正也是有利的。

国有企业、国有资本不应从竞争性领域中完全退出，不但很多学界人士这样主张，中央政策也是很明朗的。十五大报告就规定，“在其他领域（主要指竞争性领域）可以通过资产重组和结构调整，以加强重点，提高国有经济的整体素质”。十六届三中全会也讲到，在增强国有经济控制力以外的其他行业和领域（主要也是竞争性领域），国有企业通过重组和调整，在市场经济中“优胜劣汰”。并没有规定国有经济一定要退出的意思，而是说可以在竞争性领域参加市场竞争，“提高素质”，“优胜劣汰”，“加强重点”。

以上讲的是在竞争性领域，不能笼统地讲“国退”，在这些行业国有企业也有“进”的问题。那么现在转过来说“民进”。私有企业是市场竞争的天然主体，竞争性领域让私企自由进入，是理所当然的。但是关系国民经济命脉的重要行业和关键领域，十五大规定了必须由国有经济占支配地位，是否也允许私人资本“进入”呢？国务院2005年关于鼓励支持非公经济发展的文件，允许非公经济进入垄断行业和领域，包括电力、电信、铁路、民航、石油等行业，矿产资源开发、公用事业、基础设施，以及国防科技工业建设等领域。这些都为非公有经济进入关系国民经济命脉的重要行业和关键领域网开了一面。

对此，有民间人士持不同意见。认为非公经济进入控制国民经济命脉的许多领域，有违中共十五大规定“国有经济控制国民经济命脉”的方针，将会动摇、改变国有经济在国民经济中的主导地位和公有制的主体地位。

并且向有关方面提出了自己的看法，希望扭转有关规定。

我认为，关于国民经济命脉的重要行业和关键领域，如果从吸收社会资本、扩大公有资本的支配范围，壮大国有经济的控制力，促进投资主体的多元化这一角度来说，还是符合十五大精神，符合我国国企改革的方向的，因此可以有选择地允许私人资本参股进入；但不可以把这个领域让给私人资本独资开发或控股经营，影响国有经济对这些部门的控制地位，在允许非公资本参与投资经营的企事业，要加强监管。目前中国私人资本实力还不够雄厚，即使私人资本长大，国家也只能吸收而不必主要依靠私人资本来发展这些部门。特别是这些重要行业和关键领域，一般收益丰厚，多属垄断性级差租收入性质，按照中外学理，这种级差租性质的收入，理应归公。所以对进入这些行业领域的私人股份的红息，应加限制，使私人资本能够得到一般竞争性行业的盈利。这也符合民主革命先行者孙中山先生“节制资本”主张的要义。中国共产党在社会主义初级阶段参考孙先生的正确思想，对“私人资本制不能操纵国计民生”的主张，进行灵活处置，也是可以理解的。限制私人资本在关系国计民生部门取得超额垄断利润，是符合孙先生主张的精神的。

2005 年政府进一步明确了对非公有经济准入范围放开的政策以后，有些官员和经济学人又从另一方面错误地解读政策动向，要求在重要的和关键的领域内国有经济与私人资本平起平坐，否认国有经济的主导作用，有的甚至建议国有资本限期撤出公共服务领域之外的全部产业领域。这种观点在上年开始制定进一步促进非公经济发展的政策时就已经出现，而且主要集中在中央和政府的权威学校和高级研究机构的某些部门，不过在 2005 年上半年表现得更为突出，并且在一些主流媒体和论坛上一再公开表达。[①] 在这种背景下，政府高层部门负责人士先后出面明确表示：（1）垄断行业和领域今后要以国有经济为主体，这是由我国经济制度的性质决定的；（2）不

① 《香港传真》 N2005 - 37.

能把国有经济布局和结构调整理解为国有经济从一切竞争性领域退出；(3) 绝不能把国有经济布局和结构调整理解为中央“进”地方“退”，各地必须培育和发展一批有地方优势与特色、实力雄厚、竞争力强的国有企业。

即使在政府负责人一再表态的情况下，还是有声音从体制内批评在重要领域让国企“做大做强”的选择，公开主张国资从产业领域全退，甚至有文章希望科斯的中国改革六字经“共产党加产权”，成为今天中共急进的“时代壮举”[①]。因此，尽管高层决策人士表态明朗，纠正了一些人所讲垄断行业允许准入，不讲主从关系的认识，也批评了一些官员和经济学人要国有资本从产业领域全面退出的观点，但是“全面坚持十六届三中全会决议关于公有制为主体，国有制为主导，发展非公有制的问题，在认识上和工作中并没有完全解决”[②]，一些官员和经济学人要国资从产业领域退出的观点，仍然在工作层面影响国资改革，不容忽视。

比如，《中国宏观经济分析》披露了有关部门关于国资转让和减持比例的方案[③]，从这个方案的政策目标看，它通过国家持股比例下限的低设，使大量关键和非关键领域国有上市公司的国有股权被稀释。有评论认为，这个方案透露出国资要在关键性领域明显减少，竞争性领域基本退出。这种大量减持国资的主张不妥，其后续效应（即波及国有非上市公司和地方其他国有企业的效应）更需警惕[④]。还指出，近几年来国有工业状况，无论是垄断行业还是竞争性行业，持续逐步好转，在企业数量下降情况下，资产、产值，尤其是利润税收贡献都大幅上扬，表明坚持社会主义方向的所有制改革和国企改革是有希望的。在此背景下继续国资的大规模退出，是否恰当，需要考虑。当然，国资布局和国企组织，还有不少不合理之处，需要通过资产的进出流动，继续进行适当的调整。

---

①《香港传真》N2005－37.

② 股份制助民企做强做大．中华工商时报，2005－7－11.

③ 中国宏观经济分析，2005（11）．

④《香港传真》N2006－13.

九、国有经济的控制力应该包括哪些范围

2006年12月18日国资委发布《关于推进国有资本调整和国有企业重组的指导意见》，其要点之一是推动国有资本向重要行业和关键领域集中，增强国有经济的控制力，发挥主导作用。重要行业和关键领域包括：涉及国家安全的行业，重大基础设施，重要矿产资源，提供重要公共产品和服务的行业，以及支柱产业和高新技术产业中的骨干企业。对于不属于重要行业和关键领域的国有资本，按照有进有退、合理流动的原则，实行依法转让。

对于这项部署，有两个方面的评论。一个方面，认为不论是国有资本要保持绝对控股的军工等七大行业，还是国有资本要保持较强控制力的装备制造等九大行业，大都遍布非竞争性领域和竞争性领域，并不都是只有国有企业才能有资格从事的行业。它们属于竞争性行业，由国资来控制缺乏合理性。在这些行业，国企筑起垄断门槛，有违市场公平竞争原则；并称"增强国有经济的控制力没有法律依据"，说政府无权不经过代议机构的批准擅自指定自己的垄断领域。但是我们要说，加强国有经济的控制力，国有经济在关系国民经济命脉的重要行业和关键领域必须占有支配地位，在社会主义市场经济中起主导作用，这是我国的根本大法——宪法所规定了的，这是根本的法律依据。再说，在竞争性领域，允许国有企业以其竞争力取得控制地位，并不见得不符合市场竞争原则。

另一方面的评论是，对于不属于重要行业和关键领域的国资要"实行依法转让"，即退出，会引发非公有资本广泛并购和控股众多的原国企，后果堪虞。夏小林在《中华工商时报》撰文指出："国资委资料显示，2005年在约26.8万亿国企总资产中，中央企业占41.4%，而国企中还有3/4是在竞争性行业。按照某种意见，如果不考虑国资在维系社会公平方面的重要

作用，中央企业之外58.6%的国企资产和3/4在竞争性行业的国企，是不是其相当大的一部分都要在‘不属于重要行业与关键领域’标准下，‘实行依法转让’呢？如果‘转让’使中国产业的总资产中，私人资产的比重超过和压倒国有资产，中国少数私人的财富急剧暴涨，这将会形成一种什么样的财富分配状况和收入分配状况呢？”①

夏小林关于国有经济控制力包括的范围的意见是值得注意研究的。他把国有经济的社会责任分为两种，一是帮助政府调控经济，一是保证社会正义和公平的经济基础。前一个作用普遍适用于社会主义国家和现代资本市场经济国家，而后一作用则是社会主义国家独有的。他说，“按照西方主流经济学的观点，在一定条件下国有经济有助于政府调控经济，但是OECD国家的私有化证明，即使在垄断性的基础产业为主要对象进行了私有化，国有经济到了10%以下的比重以后，政府照样可以运用各种货币政策、财政政策、产业政策和商业手段等有效地调控经济。但是社会正义和公平，却是高度私有化的经济和以私有化为主的混合经济解决不了的老大难问题”。“在中国坚持社会主义市场经济的改革方向中，增强国有资本的控制力，发挥其主导作用，理应包括保障、实现和发展社会公平的内容和标准。对那些对于政府调控经济不重要但是对于保障社会正义和公平非常重要的竞争性领域的国有资产，也应该认为是‘重要’的和‘关键’的领域的国有资产，要力争搞好，防止出现国资大量流失那种改革失控，随意实行大规模‘转让’的偏向”。② 所以，在一般所说“重要”、“关键”的标准之外，根据保证社会公平的标准，可以认为，即使在竞争性领域，保留和发展有竞争力的国有及控股企业，这属于增强国有经济控制力“底线”的范围，也是“正当的选择”。

基于国有经济负有保证社会正义和公平的经济基础的社会责任，国家

---

① 夏小林．非国有投资减缓，后效仍需观察．中华工商时报，2007-1-31.

② 夏小林．非国有投资减缓，后效仍需观察．中华工商时报，2007-1-31.

要保障在公益服务、基础设施、重要产业的有效投资，并不排除为解决就业问题在劳动密集领域进行多种形式的投资和运营。在保障垄断性领域国有企业健康发展的同时，还要保障在竞争性领域国有企业的发展，发挥它们在稳定和增加就业、保障社会福利和提供公共服务上的作用，增强再分配和转移支付的经济实力。决不能像新自由主义所主张的那样，让国家退出经济。我国这样一个社会主义大国，国有经济的数量底线，不能以资本主义国家私有化的“国际经验”为依据。确定国有经济的比重，理应包括保障、实现、发展社会公平和社会稳定的内容，所以国家对国有经济控制力的范围，有进一步研究的必要。

关于如何增强国有经济控制力，综合各方面的意见，还有几点想法，简要述之。

1. 国企要收缩战线，但不是越少越好。在改革初始阶段，由于国企覆盖面过广，战线过长，收缩国企的数量，集中力量办好有素质的国企，开放民间经济的活动天地，这是必要的。但并不是说国企办得越少越好。这些年有些官员、学者，片面倾向于少办国企，主张“尽可能避免新办国有企业，让‘国家轻松一点，就是管那些少得不能再少的国有企业’，‘我们留下为数不多的国有企业将是活得非常潇洒的，不像今天这样愁眉苦脸，忧心忡忡’”。围绕所有制结构政策，体制内外频频发出声音，“或者将中国所有制结构的取向定在用15年—30年时间来让自然人产权（私有产权）成为市场经济的主体上，或者把参照系数定在欧、美市场经济中国有成分在7—10%的模式上（国资研究室主任指出西方发达国家国企仅占全民经济5%的份额），或者在叶利钦时期俄罗斯、东欧国家取消社会主义目标后的所有制模式上”。[①] 这些将国有经济比重尽量压低的欲望，大大超出了江泽民所讲的限度，就是不能影响公有制的主体地位和国有经济的主导作用。国资委从2003年成立以来，央企数量已由196家减少到157家。据透露，

①《香港传真》N2004－33.

下一轮整合方案中，央企数量将至少缩减1/3。国资委的目标是到2010年将央企调整和重组到80至100家，其中30—50家具有国际竞争力。令人不解的问题是，中国这样一个社会主义大国，这么多的人口，这么大规模的经济，到底应该掌握多少国企，其中中央应该掌握多少央企？俄罗斯已经转型为资本主义国家了，普京总统无疑也是效忠于私有制的，但他在2004年8月宣布，确定1063家俄罗斯大型国企为总统掌握的国有战略企业，政府无权对这些战略企业实行私有化。同样是中央掌握的大型国有企业，为什么私有化的俄罗斯保留的是社会主义中国的好多倍。此中除了不可比的因素外，是否反映了我国某些官员国企办得越少越好，追求“轻松潇洒一些”的倾向？还有某些个别官员不好明说的倾向？

2. 中央和地方都要掌握一批强势国企。有关部门负责人指出，不能把国有经济布局和结构调整理解为中央“进”地方“退”，各地必须保留和发展一批具有地方优势和特色、实力雄厚、竞争力强的国有大企业，使之成为本地区国民经济的支柱。中国是一个大国，许多省、直辖市的土地与人口，超过欧洲一个国家。有人建议在省市自治区一级建立一地一个或数个、或数地联合建立一个类似淡马锡模式的控股公司，来整合地方国企。这个建议是可行的。新加坡那样国土面积小、人口少的国家都能做到，为什么我们做不到。前些时候国企改制地方出的问题比较多，也可以通过新的“改制”梳理一下。

3. 国有经济改革决策要受各级人大的制衡监督。这个意见人们多次提出，并有专门的建议案。国有经济改革涉及全体人民利益，不能总在工会实际管不了，人大又不严加审议和监督，由行政机构少数人确定国有企业留多少、不留多少的情况下来进行。由他们来决策国资的买卖，极易造成决策失误和国资流失。以保护私权为主要使命的《物权法》已经通过了。而研究开始在《物权法》之前，以保护“公权”为使命的《国资法》，研究了多年，人们仍在翘首企望，希望早日出台，让各级人大能够像英国、俄罗斯、波兰、日本等类型的市场经济国家的议会那样，有权审议国有资产产权变动的方案。

4. 扩大国有产权改革的公共参与。国有资产产权改革不单纯是一个高层的理论问题，而且是关系各方面利益的公共政策问题。所以这个问题的讨论与决策，不但要有官员学者精英参加，而且要有广大公众参与。某国资研究机构有人认为，这是不应当由公众来讨论的潜规则问题，郎咸平掀起的讨论是“引爆了公众不满国资流失和社会不公的情绪，是反对改革”。讲这种话的精英，是把大众当作阿斗。对于国资产权改革，公众有知情权、发言权、监督权，少数精英把持是非常危险的。据报导，汪道涵临终与人谈话说，“我的忧虑不在国外，是在国内”，“精英，社会精英”。其背景就是他对苏共及其领导干部变质的长期观察和研究。“苏联主要是亡在他自己的党政领导干部和社会精英身上。这些干部和精英利用他们手上的权力和社会政治影响，谋取私利，成了攫取和占有社会财富的特权阶层，他们不但对完善改进社会主义制度没有积极性，而且极力地加以扭曲。公有制度改变才能使他们的既得利益合法化。这只要看看各独立共和国当权的那些干部和社会名流大约有百分之八十都是当年苏联的党政官员和社会精英，事情便清楚了。”①

十、 发展私营经济的正道

谈基本经济制度，不能不谈私有经济，私有经济是非公有制经济的一部分。其与公有制主体经济的共同发展，构成我国社会主义初级阶段的基本经济制度。非公有经济在促进我国经济发展，增加就业，增加财政收入，满足社会各方面需要方面，不仅在当前，而且在整个社会主义初级阶段很

① 信报财经新闻，2007－6－23.

长的历史时期内，都有不可缺少的重要积极作用，因此我们必须鼓励、支持和引导非公有制经济发展，而不能忽视它、歧视它、排斥它。所以，党和政府对非公有制包括私有制经济非常重视，对它们的评价，从十三大、十四大的“公有制经济的补充”，到九届人大二次会议称为“社会主义市场经济的重要组成部分”，十六大还提出了“两个毫不动摇”，足见中央充分肯定非公有制包括私有制经济的重要作用。

我国非公有制经济有两个组成部分，一部分是个体经济。个体经济占有少量生产资料，依靠个人辛勤劳动，服务社会，而不剥削他人，属于个体劳动性质的经济。这部分经济目前在我国经济中占的比重不大，将来也不可能很大，据工商局说，最近有一些年份，我国实有个体工商户还有所减少。但是现在已经恢复正增长。另一部分是私营经济和外资经济。自改革开放以来，广大私营企业主受党中央“让一部分人先富起来”号召的鼓舞，先后投身商海，奋勇创业拼搏，用心血耕耘多年，为国家经济发展、社会稳定和丰富人们的物质生活做出了重要贡献，应当受到社会公正的评价。当前私营企业主要面临的突出问题，是融资困难较大，税收尤其是非税收负担较重。此类问题亟待有关部门切实解决。

私有经济与个体经济是有区别的。私营企业主与现在所称新社会阶层中的管理技术人员、自由职业人员等等其他成分也不一样。大家都是“社会主义事业建设者”，但个体劳动者、管理技术人员、自由职业人员等等，一般是不剥削他人劳动的劳动者，而私营企业主雇佣劳工生产经营，他们与雇工之间存在剥削与被剥削的关系。因为私营企业的生产经营是为社会主义现代化建设服务，所以这种剥削关系也受到我国法律的保护。私有经济在促进生产力发展的同时，又有占有剩余价值的剥削性质，这种由剥削制度所制约的私有制本性目的所必然带来的社会矛盾，无时无刻不在政治、经济、社会、文化、思想道德上，人与人的关系上表现出来。私有制在社会主义初级阶段下表现的两重性，是客观上必然存在的，只能正视，不能回避。应该把私有经济的性质与作用分开来讲。只要是私人占有生产资料，雇佣和剥削劳动者，它的性质就不是社会主义的。至于它的作用，要放到具体历史条件下考察，当它处于社会主义初级阶段，适合生产力发展的需要时，它就起积极作用，以至构成社会主义市场经济的一个重要组成部分。由于它不具有社会主义的性质，因此不能说它也是社会主义经济的组成部分。

有人说“非公有制经济人士已不是过去的民族资产阶级”了。不错，非公有制经济中的个体劳动者，从来不属于资产阶级。但雇工剥削的私营企业主按其性质应该归属到哪一类呢？恐怕除资产阶级以外，没有地方可以归属。当然，同时，按其作用，还可以把他归入“社会主义建设者”、“新社会阶层”这些不同层次的概念。这是非常实事求是的科学分析，容不得半点虚假。

对于社会主义初级阶段的私有经济，应当从两个方面来正确对待。一方面是不应轻视，不应歧视；另一方面，不应捧抬，不应护短。现在对私营企业轻视歧视的现象的确是有，特别是前面提到的融资问题和负担问题。例如我国大银行对中小企业（主要是私营），除了“重大轻小”，“嫌贫爱富”外，还存在“重公轻私”的所有制歧视。所谓企业“三项支出”（交费、摊派、公关招待费用）负担加重，某些部门少数官员对企业勒索骚扰，成为企业不得不应付的“潜规则”；当然这里边也有企业借此减轻正规税费之苦衷。而在“吹捧”、“护短”方面，人民网 2006 年 4 月 19 日有人撰文说，不少地方党政官员将我们党的支持民营企业的政策，错误地执行成“捧一求一哄”，给私营企业主吹喇叭、抬轿子、送党票……不一而足。媒体报导，东南某省会城市，在百姓看病存在困难的情况下，拨出专项资金，选定民营企业家享受公费健康体检和疗养休假，“充分体现了党和政府对民营企业家的关爱”。有关部门高层人士为少数企业主确实存在的“原罪”行为开脱，并打不追究的保票。某些理论家则把非公有经济是“社会主义市场经济的重要组成部分”，偷换为“社会主义经济的重要组成部分”，认为“民营经济”（即私营经济）“已经成为”或者“应当成为”社会主义经济的主体，以取代公有制经济的主体地位。这明显地越过了宪法关于基本经济制度规定的界线。

对私有经济，既不应当轻视、歧视，又不应当吹捧护短，那么应当怎样正确对待，才符合坚持社会主义基本经济制度的要求呢？毫无疑问，我们要继续毫不动摇地发展私有经济，发挥其机制灵活，有利于促进社会生产力的正面作用，克服其剥削性产生的不利于社会经济发展的负面作用。如有些私营企业主偷逃税收，压低工资和劳动条件，制造假冒伪劣产品，破坏自然资源环境，借机侵害国有资产，以及其他欺诈行为，都要通过教育监督，克服清除。我想广大私营企业主，本着“社会主义建设者”的职责和良心，也一定会赞成这样做，这对私有经济的发展只有好处，没有坏处。

在鼓励、支持私有经济发展的同时，还要正确引导其发展方向，规定能发展什么，不能发展什么。比如竞争性领域，要允许私有经济自由进入，尽量撤除限制其进入的藩篱。特别是允许外资进入的，也应当开放内资进入。而对关系国民经济命脉的重要部门和关键领域，就不能允许私有经济自由进入，只能有条件、有限制的进入，不能让其操纵这些部门和行业，影响国有经济的控制力。私有经济在竞争性领域有广大的投资天地，在关系国民经济命脉的一些重要部门现在也可以参股投资，分享丰厚的盈利，应当知足了。作为“社会主义建设者”群体和“新社会阶层”，私营企业主大概不会觊觎社会主义经济的“主体地位”。但是确有某些社会精英明里暗里把他们往这方面推。要教育他们不要跟着这些精英跑。

总之，我们要毫不动摇地发展包括私有经济在内的非公有经济，但这必须与毫不动摇地坚持发展公有制经济并进，并且这种并进要在坚持公有制经济为主体，国有经济为主导的前提下进行，真正实行两个毫不动摇，而不是只实行一个毫不动摇。这样做，才能够保证我国社会主义基本经济制度的巩固发展，永远立于不败之地。

（原载于《高校理论战线》2007 年第 10 期）

重视发展集体经济

集体经济是社会主义公有制经济的重要组成部分。改革开放以来，我国城乡集体所有制经济有了很大的发展。论坛选择这个主题，笔者认为非常好，也有重要意义，所以笔者就这方面的问题谈点个人感想。

一、 邓小平同志一贯重视发展集体经济

小平同志反复强调："一个公有制占主体，一个共同富裕，这是我们所必须坚持的社会主义的根本原则。"在领导中国农村改革和农业经济建设中，他始终坚持这两条根本原则。小平多次讲到，我们的现代化前面要加上"社会主义"四个字，是社会主义现代化。并强调指出："我国农业现代化，不能照抄西方国家或苏联一类国家的办法，要走出一条在社会主义制度下合乎中国情况的道路。"①

改革开放之初，小平同志在充分肯定家庭联产承包责任制的同时，也明确指出，从长期来看，还是搞集约化，还是搞集体经济。他说："农村政策放宽以后，一些适宜搞包产到户的地方搞了包产到户，效果很好，变化很快。……有的同志担心，这样搞会不会影响集体经济。我看这种担心是不必要的。我们总的方向是发展集体经济。实行包产到户的地方，经济的

---

① 邓小平文选：第2卷．北京：人民出版社，1994.

主体现在也还是生产队。……只要生产发展了，农村的社会分工和商品经济发展了，低水平的集体化就会发展到高水平的集体化，集体经济不巩固的也会巩固起来。”①

经过长期思考，小平同志提出了著名的“两个飞跃”的思想。1990 年他指出：“中国社会主义农业的改革和发展，从长远的观点看，要有两个飞跃。第一个飞跃，是废除人民公社，实行家庭联产承包为主的责任制。这是一个很大的前进，要长期坚持不变。第二个飞跃，是适应科学种田和生产社会化的需要，发展适度规模经营，发展集体经济。这是又一个很大的前进，当然这是很长的过程。”② 当时李先念表示完全赞成这个思想，说这是一个大思想。

到了 1992 年 7 月审阅十四大报告稿时，邓小平再一次谈到了这一思想。他说：“关于农业问题，现在还是实行家庭联产承包为主的责任制。我以前提出过，在一定条件下，走集体化、集约化的道路是必要的。但是不要勉强，不要一股风。如果农民现在还没有提出这个问题，就不要着急。条件成熟了，农民自愿，也不要去阻碍。北京郊区搞适度规模经营，就是集体化、集约化。

从长远的观点看，科学技术发展了，管理能力增强了，又会产生一个飞跃。我讲过，农业的改革和发展会有两个飞跃。第一个飞跃是废除人民公社，实行家庭联产承包为主的责任制，第二个飞跃就是发展集体经济。社会主义经济以公有制为主体，农业也一样，最终要以公有制为主体。公有制不仅有国有企业那样的全民所有制，农村集体所有制也属于公有制范畴。现在公有制在农村第一产业方面也占优势，乡镇企业就是集体所有制。农村经济最终还是要实现集体化、集约化。有的地区农民已经提出集约化

---

① 邓小平文选：第 2 卷．北京：人民出版社，1994.

② 邓小平年谱（1975—1997）：下．北京：中央文献出版社，2004.

问题了。这个问题这次不提也可以，还是巩固承包制，但是以后总会提出来的。”①

农业集体化、集约化，需要随着条件的成熟并根据农民的意愿逐步推进，不能急躁冒进，重复过去人们公社化的错误。就像小平同志在1983年总结经验时所说：“根据我们的实践经验，太快不行。我们过去的失误都是由于走得太快。就拿农村政策来说，过去由初级社到高级社就是太快了点。其后，又由高级社进到人民公社，现在看来不是一个成功的试验。”② 太快了不行，但是条件具备了，就应该适时地实现。

长期以来，社会各界对于小平同志“两个飞跃”思想尤其是对“第二个飞跃”重视不够，研究宣传不广，落实也不力。我们必须要看到，小平同志关于我国农村改革和发展的“两个飞跃”思想是站在历史的高度观察农村改革与农业发展得出的结论，经过实践检验证明是符合我国农业发展规律的。因此笔者认为，我们要坚持“两个飞跃”的思想，抓住时机适时实现“第二个飞跃”。现在已经到了实现“第二个飞跃”的时候了。

二、 理直气壮地回应贬损集体经济的错误思潮

当前普遍存在着贬损农村集体经济的种种观点，有三股否定集体经济的思潮值得注意。

一是否定财产不量化到个人的集体经济的思潮。有舆论认为，像南街村、刘庄等全国有数千家农村集体经济没有搞承包制、没有把财产量化到个人的集体经济模式，只是一定历史时期的政治产物，必须彻底否定。这种思潮具有相当的普遍性，也是许多人不敢正大光明地发展集体经济和倡导“两次飞跃论”的重要原因。

---

① 邓小平年谱（1975—1997）：下．北京：中央文献出版社，2004.

② 邓小平思想年谱．北京：中央文献出版社，1998.

对于传统集体经济模式，需要历史地、辩证地看。这种模式的出现，具有一定的历史合理性，在历史上也发挥了一定的积极作用。同时，应该看到，这种集体经济模式，经过改革后，已经焕发出新的生命力了，不少农村已经充分证明了这一点。

二是土地私有化思潮。一些舆论认为，土地不私有化，农民就没有真正的财产，也无法实现抵押金融化，农民收入和一般老百姓收入就难以增长更多，普通人的财产性收入就会很少甚至没有，使中国经济难以朝消费驱动型发展。所以主张在目前土地承包的基础上，让土地真正地私有化，把20世纪50年代从农民手里集体化来的土地还给他们。这种主张是站不住脚的，也是有害的。中国和外国的历史一再证明土地私有化并不能让农民富起来，只能引起土地兼并和贫富分化。如果土地私有化，就彻底否定了农村集体经济，也与改革开放的初衷是相悖的。

三是集体经济低效论和产权不清晰论。这种看法，是一些企图把中国改革引向私有化方向的人士，大肆宣传“公有经济低效论”这个不能成立的伪命题的必然结论。集体经济产权改革成功的实践已经粉碎了这种思潮。

面对贬损集体经济的这些错误观点，理论界要敢于站在马克思主义的角度为集体经济正名，理直气壮地宣传集体经济的优越性，反对集体经济被妖魔化。

三、 发展集体经济的政策性建议

当前集体经济的发展和完善仍然存在不少困难和阻力，在体制、政策、法律和战略指导等方面面临着一系列重大问题。亟待解决。笔者以为其中核心的问题，还是江泽民同志曾经指出的以符合“三有利”原则为准，寻找能够极大地促进生产力发展的集体经济实现形式问题。当然，集体经济涉及城乡、工、农、生产、供销、金融、消费、住宅等多种领域，其表现形式可以多种多样。一切反映社会化生产规模的经营方式和组织形式都可以大胆利用。

为此，提出以下几条建议：

（1）高度重视集体经济发展

集体经济作为我国社会主义基本经济制度的重要组成部分，相对于个体、私营等非公有经济来说，集体经济可以更好地体现社会主义共同致富的原则，可以更广泛地直接吸收社会分散资金，可以较有利于缓解就业压力，可以更有效地增加社会积累和国家税收。总之，集体经济在社会主义市场经济中有着十分重要的作用，我们必须大力支持、鼓励和帮助城乡各种形式集体经济的发展。

（2）加强对集体经济改革与发展的指导和监管

建议有关部门起草发展农村集体经济的文件，核心是如何实现小平同志的第二次飞跃思想。全国成立集体经济领导小组，成员单位由中组部、农业部、中华全国手工合作总社、中华全国供销合作社等单位组成。建议国家统计局、农业部调查全国坚持集体经济发展道路的村庄的具体情况。

（3）加强集体经济理论研究

改革开放以来，鉴于国有经济的关键地位和非公有制经济在我国从计划经济向建立市场经济体制时期的开拓作用，大家的注意力向这两头关注是可以理解的。但是中间一块合作经济或集体经济，它既不是国有又不是非公有，对这一块经济的研究和讨论似乎相对不够。这与改革开放以来我国城乡各种形式的集体经济兴起并将进一步发展这一形势要求不相适应，也与人们对集体经济、合作经济在我国社会主义市场经济中的重要地位认识不足是有关的。理论界应该更加重视合作、集体经济的研究，改变过去所有制结构研究中两头大中间小的“哑铃型”状态。

（4）鼓励探索多种形式的集体经济和合作经济

鼓励各地探索多种形式的社区的和专业的集体经济和合作经济。特别是对劳动者以劳动联合和承包土地联合为主的合作制和在此基础上实行资本联合的股份合作制，尤其要提倡和鼓励。

（原载于《刘国光经济论著全集》第 17 卷，知识产权出版社 2017 年版；副标题：在中国经济社会发展智库第六届高层论坛上的致辞）

关于混合所有制改革的一些看法

十八届三中全会突出用混合所有制的办法进行国企改革，但混合所有制不是新事物，新中国成立初期我们就有公私合营，这其实就是混合所有制的一种方式。那是以公营经济渗进私有经济，逐步将私有经济改造成国有经济，是一种向社会主义过渡的所有制形式，时间很短，很快便完成改造。这次的混合所有制形式上类似以前的“公私合营”，实质上完全不同。它是倒过来，让私有经济参与国有经济的改革，那么是否意味着也倒过来，逐步把国有经济改变为私有经济，成为向资本主义过渡的一种短暂的所有制形式呢？笔者觉得不是这样的。党的方针意不在此，混合所有制经济是社会主义初级阶段基本经济制度的重要实现形式之一，不是短时间的，初级阶段要向社会主义高级阶段过渡，时间很长，所以混合所有制经济不应当是向私有制经济过渡的一种短暂的所有制形式。社会主义初级阶段的基本经济制度是以公有制为主体，多种所有制经济共同发展，公有经济和私有经济都是重要组成部分，必须坚持“两个毫不动摇”，无论在宏观国民经济层面，还是微观混合经济实体方面，我们都要公进私进，国进民进，不能只是国退民进。混合所有制要国有控股，国有经济占主导地位，要守住公有制为主体以及国有资本控股的底线。

发展混合所有制经济的目的是什么？习近平同志说国企在深化改革中不仅不能削弱，而且要加强，十八届三中全会的文件也说，“混合所有制经济要有利于放大国有资本的功能，实现国有资本的保值增值”。我们不能随着混合所有制经济的发展，使国有经济越来越萎缩，非公有经济越来越扩张，国有经济不但不能放大功能，而且混合到最后反而把国有资产都混没有了。这是国资委研究中心主任楚序平在“2013上海国资高峰论坛”上的讲话中，针对有人有这样的想法而提出的，这种想法与我国改革发展混合所有制经济的目标背道而驰。持这种把混合所有制看成是国退民进、公退私进、国有企业私有化形式的主张，的确大有人在。发改委某副主任在达沃斯世界经济会议上讲，政府大力提倡混合所有制经济，意味着地方政府可以将国有企业私有化，将国有企业卖来的资金还债，这与十八届三中全会精神风马牛不相及。

在发展混合所有制经济中，有些人只注意外资或私资进入国企的单边关系，夏小林最近写了一篇文章提到，任何企业都有独大问题，为什么只强调国有股要减持，强调要让私有资本参进控股？有民营企业的大佬甚至公开宣称，若不能取得控股权，将不参与国企改革，其对国企改革的野心昭然若揭。凡此种种，都不符合十八届三中全会关于国资、私资、外资等交叉持股、互相融合等混合所有制改革的精神。

十八届三中全会文件起草时征求意见，笔者对原稿中经济部分第六点“积极发展混合所有制经济”这一段以及“合理减持现有国有股份”内容的表述提出意见：目前国有经济在国民经济中占比已经大大缩减的情况下（已经缩减到20%），如果继续对所剩不多的大中型国企进行国有股减持和私有股参进私有股份化改制，世界银行甚至提出到2020年、2030年要把国企股份比例降低到10%，或者实行“黄金股”，那么我国公有制为主体的基本经济制度将更加难以维持，社会主义市场经济将摇摇欲坠，就会变成资本主义市场经济。

笔者又对原稿中第八点提到的“鼓励非公有制经济参与国企改革，鼓励发展非公有制经济控股混合所有制企业”的表述，提了意见：当然可以这样鼓励，反过来也可以鼓励公有制经济参与非公有制改革，公有制经济控股混合所有制企业。原稿的表述使人认为混合所有制企业似乎只能是私有控股，到底哪个控股好要看具体情况而定。还要加上一个意思，如果国有控股转变为私有控股，那么混合所有企业整体的性质也就起了变化。以上两条意见，至今仍可以研究参考。

经过二十多年的发展，我国混合所有制改革起步已经多年，不少国企的股权结构已经多元化，上市公司当然如此，在中央地方国有控股上市公司内部，已经占据压倒性的优势。据楚序平的材料统计，在这些上市公司之间，非国有股权比例已经平均超过53%。在这个基础上，进一步尽可能降低国有股权比例，将其缩减到20%以下，或者政府持有1%的“黄金股”，甚至放弃“黄金股”的极端水平，连同地方出售大批中小型企业，将涉及巨额国有资产以及相应的巨额利润重新组合到私人手中，促使中国财富结构和收入结构进一步向中外私人资本富豪大倾斜，而国家财政收入减少，社会福利保障也相应减少。国家所掌握的财富、社会福利的财富，民生、社会建设的财富减少，富豪财富增加，这就是所谓的“马太效应”，后果极其严重。夏小林在《2014年国企与改革——兼评被污名化的“国资一股独大”》一文中分析了国有股私有化带来的恶果，应当受到重视①。所以，国企改革和发展混合所有制经济，一定要坚持社会主义的方向，坚持社会主义基本经济制度的根本原则，防止财富和收入分配通过所有制结构的变化向两极分化进一步推演。笔者曾在一篇文章中也提到所有制结构与分配关系②。所以要围绕习近平同志所讲的“不仅不能削弱国企，而且要加强”改革，不能让其锐变为民营、外企进入国企的单边关系，以至于如习近平所警告一些人在“一片改革声中把国有资产变成谋取暴利的机会”，重演过去国企改革的悲剧。中央已经意识到这一点，部门和地方执行政策就很难说，有的方面思想上根本意识不到。可采取的措施很多，比如《环球时报》

① 管理学刊，2014（3）.

② 刘国光．关于分配与所有制关系若干问题的思考．中国社会科学内刊，2007（6）.

刊载昆仑岩的文章《决不能让疯狂卖国企重演》中举了一些办法，如混合经济可以合资合股，增资增股，而不是变相出卖国企，减持国股，等等，可以参考。有利于巩固社会主义基本经济制度的好的国企改革意见多得很，希望国企改革的决策和执行部门择优吸收。

（原载于《刘国光经济论著全集》第 17 卷，知识产权出版社 2017 年版）

改革开放新时期的收入分配问题

进入新世纪，随着收入差距扩大的趋势日益明显，收入分配问题受到关注。在继续做大社会财富这个“蛋糕”的基础上，如何通过合理的收入分配制度，把“蛋糕”分好，让全体人民共享改革发展的成果，成为中国面临的一个重大命题。我曾发表几篇文章，研讨收入分配问题，为“效率优先，兼顾公平”逐渐淡出，进一步重视社会公平鼓与呼。现在看来，我的观点和中央在这一问题上最终决策的精神是一致的。这里我想梳理一下改革开放新时期收入分配政策的演变，侧重谈谈对效率与公平关系的认识，并对今后改革收入分配制度提出一点思路。

一、 收入分配政策的演变

改革开放新时期的分配政策，从最初打破平均主义，为按劳分配恢复名誉，到现在继续坚持以按劳分配为主体、多种分配方式并存，经历了一个渐进的变化过程。

1956 年社会主义改造完成以后，社会主义制度建立，按劳分配成为中国最基本的收入分配制度。即使在“文化大革命”期间，1975 年宪法也规定要实行按劳分配制度。但是，十一届三中全会之前，中央一些高层领导，误读了马克思关于按劳分配中等量劳动相交换的原则仍然是资产阶级式的“平等的权利”的论述，把战争环境中实行过的带有平均主义色彩的供给制度理想化了。在“文化大革命”中，张春桥等人又把这种认识推向极端，把按劳分配视为资产阶级法权进行批判，把八级工资制等社会主义政策看成是产生新的资产阶级的基础和温床。因此，平均主义盛行。这种平均主义的分配制度是对按劳分配原则的歪曲，带来的不是普遍的富裕，而是共同的贫困，这个现在大家都很清楚。

因此，粉碎“四人帮”以后，经济学界拨乱反正，最早就是从为按劳分配正名开始的。1977—1978 年，由于光远同志倡议，先后召开了四次全国按劳分配理论研讨会。通过讨论，大多数同志认为，按劳分配不但不产生资本主义和资产阶级，而且是最终消灭资本主义和资产阶级的必由之路。我国不存在按劳分配贯彻过分的问题，而是贯彻不够。

从中央的政策来讲，当时也是强调坚持按劳分配的社会主义原则，我手头有几份材料，可以说明这个问题：一是 1977 年 8 月，党的十一大报告提出：“对于广大人民群众，在思想教育上大力提倡共产主义劳动态度，在经济政策上则要坚持实行各尽所能、按劳分配的社会主义原则，并且逐步扩大集体福利。”二是五届全国人大政府工作报告，也专门就这一问题进行了论述：“在整个社会主义历史阶段，必须坚持不劳动者不得食、各尽所能、按劳分配的原则……在分配上，既要避免高低悬殊，也要反对平均主义。实行多劳多得，少劳少得。”三是 1978 年 5 月 5 日，在邓小平鼓励和指导下，国务院政治研究室的同志撰写了《贯彻执行按劳分配的社会主义原则》一文，以“特约评论员”名义在《人民日报》发表，使按劳分配的名誉得到了正式恢复。

1978 年 12 月 13 日，邓小平在十一届三中全会前夕召开的中央工作会议上，提出了允许一部分人、一部分地区先富起来的思想：“在经济政策上，我认为要允许一部分地区、一部分企业、一部分工人、农民，由于辛勤努力成绩大而收入先多一些，生活先好起来。一部分人生活先好起来，就必然产生极大的示范力量，影响左邻右舍，带动其他地区、其他单位的人们向他们学习。这样，就会使整个国民经济不断地波浪式地向前发展，使全国各族人民都能比较快地富裕起来。”邓小平说：“这是一个大政策，一个能够影响和带动整个国民经济的政策，建议同志们认真加以考虑和研究。”

当时，很多人有顾虑，一部分人、一部分地区先富起来，会不会导致两极分化呢？1984 年十二届三中全会《关于经济体制改革的决定》里面讲了一句话：“只有允许和鼓励一部分地区、一部分企业和一部分人依靠勤奋劳动先富起来，才能对大多数人产生强烈的吸引和鼓舞作用，并带动越来越多的人一浪接一浪地走向富裕。”这句话中“依靠勤奋劳动”很重要，是避免两极分化的关键所在。邓小平也多次说，“坚持社会主义，实行按劳分配的原则，就不会产生贫富过大的差距。再过二十年、三十年，我国生产力发展起来了，也不会两极分化”。

1987 年 1 月 22 日，中共中央政治局通过《把农村改革引向深入》，这是当年的中央一号文件。该文件提出，“在社会主义社会的初级阶段，在商品经济的发展中，在一个较长时期内，个体经济和少量私人企业的存在是不可避免的”。这是在中央文件中第一次肯定了发展私营经济。到 1988 年，宪法修正案加了一条，允许私营经济存在发展。当然，个体经济的合法地位早在 1982 年宪法当中就已经得到确认了。

按照马克思主义理论，分配关系是由生产关系决定的。上述生产关系的变化，必然带来分配关系的变化。因此，1987 年党的十三大报告明确提出，“社会主义初级阶段的分配方式不可能是单一的。我们必须坚持的原则是，以按劳分配为主体，其他分配方式为补充”，“在共同富裕的目标下鼓励一部分人通过诚实劳动和合法经营先富起来”。“其他的分配方式”，十三大报告中列举了好几种，包括债券利息、股份分红、企业经营者部分风险补偿、企业主因雇佣带来的部分非劳动收入。这和以前就有了很大不同，既有“诚实劳动”带来的收入分配，又有了“合法经营”带来的收入。

1997年，党的十五大报告提出“坚持按劳分配为主体、多种分配方式并存的制度。把按劳分配和按生产要素分配结合起来”，“允许和鼓励一部分人通过诚实劳动和合法经营先富起来，允许和鼓励资本、技术等生产要素参与收益分配”。这个提法和十三大相比又有较大变化，主要是两点：一点是“多种分配方式并存”，而不再是“其他分配方式为补充”。这是在此之前，1994年十四届三中全会第一次提出来的。另一点是“允许和鼓励资本、技术等生产要素参与收益分配”。我觉得，从一定意义上讲，经营收入、技术作为生产要素参与收益分配都可以看作是一种复杂劳动收入，应当包括在按劳分配的范围内。但资本收入作为一种财产性收入，情况就与劳动收入不一样了。由此，在收入分配中，形成了一个劳动与资本相互逐利的关系，近些年来呈现国民收入分配中劳动收入份额相对缩小、资本收入份额相对扩大的趋势。收入分配政策的变化大致就是这么一个过程。

二、“效率优先，兼顾公平”口号的由来

从学理上说，公平与效率这一对概念，是一个矛盾统一体。常识告诉我们，收入分配越平均，人们的积极性越削弱，效率自然会低；适当拉开收入差距，只要分配程序、规则公正，就会有助于提高效率。从另一角度说，不提高效率，“蛋糕”做不大，难以实现更多的公平措施，解决社会增多的矛盾；但是，如果不讲公平，收入差距拉得过大，特别是分配程序、规则不公，也会导致效率的下降，甚至影响社会稳定。所以，收入分配差距过大和过小都不利于提高效率。处理好这两者的关系不容易，要辩证统一地考虑。

我国改革开放前，“大锅饭”的分配体制使效率大受影响。实行市场取向的改革后，逐渐讲求效率，拉开收入差距，“让一部分人先富起来”，从农村到城市，经济活跃起来，非常见效。于是经过十多年，就把“兼顾效

率与公平”作为经验总结，写进了1992年党的十四大决议。据我所知，这是中央文件中第一次明确提到效率与公平关系的问题。在此之前，无论是中央文件，还是学术界，都没怎么谈这个问题。

1993年，从十四届三中全会开始，在效率与公平关系问题的提法上有一个新的变化，即把以前的“兼顾效率与公平”，改为“效率优先，兼顾公平”，使这两者关系，由效率、公平处于同等重要地位，改为效率处于“优先”的第一位，公平虽然也很重要，但处于“兼顾”的次要地位。这两次会议的两个“兼顾”意义很不相同。所以说，这是一个很重要的变化。“效率优先，兼顾公平”的提法，从十四届三中全会决议开始，一直到2003年十六届三中全会，每次中央重要会议的文件都这么提。所以，在相当长的时间里，它是我国在收入分配政策领域的正式精神。在党的十六大报告中，又补充了一句，提出“初次分配注重效率……再分配注重公平”，这也是很重要的分配政策。

共产党向来主张社会公平和公正。为什么一个共产党领导的国家，在分配政策上要把公平与效率相比放在“兼顾”的次要地位呢？这与我国经济长期落后，难以迅速提高人民生活水平和解决众多社会矛盾有密切的关系；也与我国在20世纪90年代到21世纪初面临的国内外形势的深刻变化和发展趋势，及其带来巨大机遇与挑战，有密切关系。这种情势迫使我们积极进取，尽一切努力增大我国的国民财富和综合实力。所以，邓小平南方谈话要求，“思想更解放一点，改革与开放的胆子更大一点，建设的步子更快一点，千万不可丧失时机”，强调“发展是硬道理，是解决中国所有问题的关键”。这样就把增加国民财富总量和国家经济实力即“做大蛋糕”的问题突出地提了出来，效率成为第一位的问题。另一方面，制约我国提高效率的主要因素，当时仍然是过去计划经济时代遗留下来的平均主义的影响，比如奖金人人有份，奖励先进轮流坐庄，特别是脑体倒挂很严重，知识分子常常感叹“搞导弹的不如卖茶叶蛋的”。因此，为了更快提高效率，增加国民财富总量，就必须进一步“打破平均主义，合理拉开差距，坚持鼓励一部分地区一部分人通过诚实劳动和合法经营先富起来的政策”。这句话也正是十四届三中全会文件中提出“效率优先、兼顾公平”时所做的说明。

因此，十四届三中全会关于效率与公平关系的新提法，把“做大蛋糕”放在经济工作的第一位，而把“分好蛋糕”放在第二位，这是适合我国当时实际情况和发展需要的，当时是完全正确的。在这一时期，中央文件中一再强调，“先富要带动和帮助后富”，“要注意防止两极分化”，主观上并没有忽视社会公平的意思。

三、淡出“效率优先，兼顾公平”，突出社会公平

长时间以来，我研究宏观经济问题多一些，不大研究收入分配问题。但是进入新世纪以后，收入差距问题日益显露，国际公认的公平分配指标基尼系数从改革开放之初的0.2—0.3，已提高到0.4国际警戒线以上，从而引起广泛关注。这时候，我开始思考，“效率优先，兼顾公平”是不是该淡出了？

我通过研究认为，“效率优先，兼顾公平”是我国一定时期收入分配的指导方针，而不是整个市场经济历史时期不变的法则。许多同志把这一方针视为市场经济不变的法则，这是与历史事实不符的，一些成熟的市场经济国家，就没有这个提法。现代资本主义国家为了缓和社会阶级矛盾，吸收了社会主义思潮，推行了社会保障、福利的措施。现代自由主义国家既强调效率，也不得不讲公平；现代福利主义国家很强调公平，但也讲效率。他们的效率和公平，都达到相当的水平。有的资本主义国家实施社会公平、福利的一些措施，实比我们这个社会主义国家还要完备得多。当然这有历史发展的背景，不好简单地类比。

经过改革开放二十多年的发展，经济总量发展、效率问题逐步得到相对的解决，“蛋糕”是逐渐做大了，而分好“蛋糕”即社会公平的问题已逐步上升为突出的问题。不能忘记，邓小平临终前就提出了中国“富裕起来以后财富怎样分配”这个“大问题”，他在1992年就对突出解决贫富差距问题做出前瞻性的论断。他曾设想，在20世纪末达到小康水平的时候，就要突出地提出和解决这个问题。

基于上述考虑，2003年，我写了一篇题为“研究宏观经济形势要关注收入分配问题”的文章，提出“逐步淡出效率优先，兼顾公平的口号，向实行效率与公平并重的原则过渡”，并将这一意见在党的十六届三中全会文件起草组提出（当时我是起草组成员之一）。

当时我认为，我国基尼系数尚处于“倒U形”曲线的上升阶段，收入差距客观上还有继续扩大的趋势，一时掉不下来，邓小平的预言可能乐观了一点；看来要到2010年人均收入达到1500美元左右，基尼系数才有可能倒转下降，那时才有可能开始突出解决这一问题，实现“效率优先，兼顾公平”向“效率与公平并重”或“效率优化，兼顾公平”，增加公平的分量，降低基尼系数增高的速度、幅度。

应该讲，我的主张是非常缓和的，不像有些同志提出的马上采取措施把基尼系数强行降下来，比如降到0.3，很好啊！但做不到。即便如此，在十六届三中全会时，大家的认识还不一致，没有接受我的意见，还是坚持写进了“效率优先，兼顾公平”的字样。

这次会议之后，我没有停止对收入分配问题的思考。学术界也有一些同志针对我的意见，提出批评。比如有人认为不能把突出解决贫富差距和改变效率公平关系推迟到2010年以后。因为“中国人对贫富差距的承受能力已达到极限，目前改变适当其时”。也有人发表文章指出，10年前就有人惊呼我国收入差距已经过大，这不符合我国发展的实际。中国作为发展中国家，在建立市场经济体制过程中基尼系数上升是自然现象，真正解决需要长期等待，现在不要去管。

经过反复考虑，我的观点有所改变。收入差距扩大是否到达承受极限的问题，同校正效率公平的关系、进一步重视社会公平问题，不是同一层次的问题，收入差距扩大到承受极限，很可能与到达两极分化相联系。我们那时还不能说已经到达两极分化（这是邓小平说改革失败的标示），也不能说到达承受极限。但基尼系数客观上还处在上升阶段，如不采取措施，则有迅速向两极分化和向承受极限接近的危险。所以，我们必须从现时起进一步重视社会公平问题，调整效率与公平关系，加大社会公平的分量。第一步可以逐步减少收入差距扩大的幅度，以后再逐步降低基尼系数的绝对值。所以“效率优先，兼顾公平”的口号现在就可以淡出，逐渐向“公平与效率并重”或“公平与效率优化结合”过渡。

为什么现在就应加大社会公平的分量，进一步重视社会公平问题呢?

经过二十多年的改革与发展，我国经济总量、国家综合经济实力大大增强。已完成 GDP 第一个翻番和第二个翻番，正处在进行第三个翻番阶段，已有一定的物质基础和能力，逐步解决多年来累积形成的贫富差距。也就是说，突出提出和解决邓小平提出的收入分配问题的时机条件，已基本成熟。

收入差距扩大迅速，已成为影响社会和谐与社会稳定的重大问题。二十多年来基尼系数几乎倍增，速度之快，举世无双。基尼系数超过资本主义发达国家如英、美、法（基尼系数 0.3—0.4）和资本主义福利国家如挪威、瑞典（基尼系数 0.2—0.3）。国内外一些机构和专家，指出这已经超过国际警戒线。不管这些论断是否符合我国情况，都应引起警惕。尤其需要注意的是，已公布的基尼系数，难以计入引发人们不满的不合理、非规范、非法的非正常收入。如果把这些因素计算在内，则基尼系数又会加大，在原来 0.4—0.5 之间又升高 0.1 左右，即比现在公布的基尼系数增大 20% 以上。社会不公平造成许多矛盾紧张与社会不和谐现象，潜伏隐患，说不定什么时候就会爆发。

我国改革之初，各阶层人民受改革之惠，生活改善，没有分化出明显的利益集团，普遍积极支持改革。但20世纪90年代以后，不同利益人群逐渐形成，有的在改革中受益较大，有的受益较少，有的甚至受损，对改革支持的积极性也有所变化。各阶层居民对改革都有自己的诉求。比如，得益较多的利益集团中有人说：改革必须付出代价，必须牺牲一代人，这一代人就是几千万老工人。同时，也就有另一种对应的声音说：为什么就是我们，不是你们。对立的情绪可见。为了使改革获得更广泛的支持，今后要长期强调有利于社会和谐和稳定的社会公正和公平。

导致收入差距迅速拉大、社会分配问题丛生的因素十分复杂。广大干部经验不足，特别是一部分干部误解，过于强调“效率优先”，把公平放在兼顾从属地位，是重要原因之一。“效率优先”不是不可以讲，但应放到发展生产的领域去讲，非常合适，而不是放在收入分配领域。我党转变发展方式的重要方针要求把质量、效益、效率作为经济发展的最主要因素，而把投入、数量和速度放在适当重要地位。这符合正确的“发展是硬道理”的大道理。

我还考虑，初次分配里不仅仅是一个效率的问题，同样也有公平的问题。资本与劳动的收入比例关系就是在初次分配里面形成的，垄断企业和非垄断企业的收入差距也是初次分配的问题，企业的高管与一般劳动者收入悬殊仍是初次分配的问题。还有说不清道不明的许多不合理、不合法、不规范的黑色收入和灰色收入，不是初次分配中产生的？因此，收入差距问题必须要从源头、初次分配环节着手解决，光靠财税等再分配杠杆来调节，这在中国是远远不够的，是解决不了分配不公问题的。

至于有人提出，现在这样强调社会公平，会不会回到传统体制固有的平均主义的忧虑，我倒是不担心。我国改革发展到现在这一步，很少有人想回到“大锅饭”的旧体制。引发不满的是体制外的灰色收入、法制外的黑色收入，以及体制内由于法律不健全、政策不完善造成的非规范的过高收入。人们希望的无非是调整和纠正这些不公平现象，并改进运用再分配杠杆适当调剂贫富差距，而绝不是想触动那些合理合法的高收入。在目前实际生活中，平均主义的残余已限制在一些国有机构、产业部门中越来越少的部分，而且国有部门单位之间也出现了相当大的收入鸿沟。残余的平均主义要继续清理，但目前矛盾的主要方面已在分配天平的另一端，需要适当地校正。我倒有另一种忧虑。在我国这样一个法制环境和人治环境下建立的市场经济，如果忽视共同富裕的方向，建立起来的市场经济必然是人们所称的坏的市场经济、权贵市场经济、两极分化的市场经济。按照邓小平的提法，改革就失败了。我们要避免这种情况，我们一定能够避免这种情况，那就只有一个办法，要更加重视社会公平的问题。

基于上述考虑，2005 年，我发表了《进一步重视社会公平问题》一文，后来又写了一篇短文《把效率优先放到该讲的地方去》，提出“效率优先，兼顾公平”要淡出，把公平置于“兼顾”的次要地位不妥，初次分配也要注重公平。

我的文章发表以后，社会反响比较强烈。很多同志发表意见。多数同志还是赞成我的看法的。但是，也有同志很激烈地反对，批评我的主张是民粹主义，效率仍应放在第一位，社会公平放在兼顾地位。对这种批评意见，我的看法很简单，照他说的搞下去，中国的改革就要走向权贵资本主义的道路，就要失败了。当然，这是我个人的看法，可以讨论。

2005 年以后，我年纪大了，参加社会活动少了，中央文件起草工作也没再参加。我把文章的原稿呈送给了中央。中央主要负责同志很重视，批给了十六届五中全会文件起草组。但是，十六届五中全会报告征求意见稿当中又出现了“效率优先，兼顾公平”和“初次分配注重效率，再分配注重公平”的字样，遭到各方面很多同志的非议。我在中国社科院也提了反对意见。十六届五中全会文件最终定稿时，勾掉了这两个提法，同时突出了“更加重视社会公平”的鲜明主张。据我所知，这是中央文件中第一次提“更加重视社会公平”，毫无疑问，这符合改革的大势所趋和人心所向，也有利于调动大多数人的改革积极性，无疑是我们收入分配理论和政策领域的一个重大进步。

四、 实现收入分配公平的基本思路

十六届五中全会是一个重大转机。“更加重视社会公平”表明，中央从着重重视发展和效率问题转向同时关注更加重视分配公平问题。2006 年中央政治局专门召开会议研究解决贫富差距问题。十六届六中全会又强调了要更加重视社会公平。2007 年十七大报告进一步提出了“合理的收入分配制度是社会公平的重要体现”，并将初次分配也要实行社会公平这一原则写进了中央文件。

近年来，国家高层不断表达“调整收入分配结构”的政治决心，进入 2010 年，“调整收入分配”一词以前所未有的密集度出现在官方表述中。温家宝总理在与网民对话时，也承诺了政府不仅有“做大蛋糕”的“责任”，而且有“分好蛋糕”的“良知”。这些，都是基于忧患严重的收入分配不公和贫富差距拉大而表达出的深化改革的信号，深得人民群众的欢迎，希望由此得到共享改革发展的成果。

如何缩小贫富差距，实现收入分配公平，目前政府正在研究解决途径和采取适当措施。今年 2 月 4 日，在中央举办的省部级主要领导干部专题研讨班上，温家宝总理把改革分配制度、逐步扭转收入差距扩大趋势，归结为三条：一是加快调整国民收入分配格局，逐步提高居民收入在国民收入分配中的比重、劳动报酬在初次分配中的比重；二是加大税收对收入分配的调节作用；三是对城乡低收入困难群众给予更多关爱。3 月 5 日在本届人大政府工作报告中，又将改革收入分配制度，分好“蛋糕”的原则措施，概括为三个方面：一是抓紧制定调整国民收入分配格局的政策措施；二是深化垄断行业收入分配制度改革；三是进一步规范收入分配秩序。两次提法略有不同，互为补充，都是切合当前我国收入分配改革的要求，有助于遏制贫富差距扩大的趋势，迫切需要制定切实可行的具体措施，加以贯彻。

我考虑，扭转收入分配不公，由收入差距不断拉大转为差距缩小，直到合理分配的程度，涉及许多方面关系的调整，是一个非常复杂的改革过程，需要深入研究分配问题的机理，选择改革收入分配制度的思路，方能取得预期的社会共富的效果。

在调整收入分配关系，缩小贫富差距时，人们往往从分配领域本身着手，特别是从财政税收、转移支付等再分配领域着手，完善社会保障公共福利，改善低收入者的民生状况。这些措施是完全必要的，我们现在也开始这样做了，但是做得还很不够，还要加大力度，特别是个人所得税起征点和累进率的调整，财产税、遗产税、奢侈品消费税的开征，并以此为财源来增强对社会保障、公共福利、消除“新三座大山”的医改、教改、房改和改善低收入者民生状况的支付等等。但是，仅仅从分配和再分配领域着手，还是远远不够的，不能从根本上扭转贫富收入差距扩大的问题。还需要从所有制结构，从财产制度上直面这一问题，这就是邓小平所说的“只要我国经济中公有制占主体地位，就可以避免两极分化”。所以改革收入分配制度，扭转贫富差距扩大趋势，应采取必要的政策措施，保证公有制为主体、按劳分配为主的两个为主的宪法原则的真正落实。

（原载于《百年潮》2010 年第 4 期）

关于国富、民富和共同富裕问题的一些思考

2010年底到2011年初，“十二五”规划制定讨论期间，一个很热烈讨论的话题，是“国富”和“民富”的问题。有人说，过去我们长期实行的是“国富优先”而不是“民富优先”的政策导向，这造成现在我国“国富民穷”或“国富民不富”的现象。有人说，“国富优先”的政策导向，使国家生产力大大快于民众消费的增加，导致总需求不足。因此要从“十二五”起，把“国富优先”的政策导向转变为“民富优先”。

在研究制定“十二五”规划建议的时候，虽然有国家发改委个别官员讲，“十二五”规划与前面十一个五年规划的“本质差别是由追求国富转为追求民富”，但“十二五”规划好像并没有明确提出“国富转民富”的方针和字样。我认为有些学者和媒体把“国富”与“民富”并立和对立起来的提法，并不确切。就“国富”来说，经过改革开放，我国的经济实力也就是“国富”确实大大增强了，经济总量已超过日本，排到世界前二位。但是人均国民总收入仍列世界第121位[①]，所以不能说国家已经很富。就“民富”来说，也不能简单地讲现在是“民不富”或“民穷”。我国人民生活水平总体上比过去有很大提高，部分人群已经很富很富，甚至富得冒油，堪比世界富豪。有报告显示，2010年我国内地资产在百万美元以上的富人总

① 参见《中国统计年鉴2011》附录2－13。

数已达53.5万[①]；2011年我国内地资产超十亿美元的富翁有146人[②]。但是大部分国民确实富得不够，甚至很穷。所以一方面内需不足，消费率低；一方面奢侈品市场热销，居世界第二。一方面“朱门酒肉臭”，一方面在菜市场、超市旁边可以见到拣拾菜帮子过日子的群众。所以说，国民有富有穷，不能一概而论，说什么“民穷”或“民不富”。

再说消费率低和内需不足的原因。这不是什么“国富优先”、“民富滞后”的结果。而是“让一部分人先富起来”，而多数群众未能跟着走上“后富”，反而陷于相对贫困、甚至绝对贫困的结果。按照联合国标准，每日收入1美元以下为绝对贫困，2美元以下为低收入，都属穷人之列。2010年中国估计有1.5亿人口的每日收入不足1美元，属于绝对贫困。这些人群收入低，买不起东西，才是消费率低和内需不足的主要群体。而居民之中另一部分特别富裕人士，他们之中有人可以花400万元买只藏獒，再用30辆奔驰车去机场接这个宠物；有人可花数百万元买一辆宾利豪华敞篷车，或者花更多的钱置办私人飞机。看来他们不是提高消费率和扩大内需的对象。

再说政策导向。究竟我国过去有没有所谓“国富优先”的政策导向？我的印象，过去从来没有明确宣布过或者实行过什么“国富优先”的政策，倒是明确宣布过并实行了“让一部分人先富起来”的政策。如果说这也算是“民富优先”，那也只是让一部分人优先富起来的政策。这一部分人主要是私人经营者和有机遇、有能力、有办法、有手段积累财富的人群。应当说，这一政策实行得非常成功。它导致中国经济结构发生了巨大变化，宏观经济上国退民进、公退私进的结果，使得民营经济在GDP中的比重，由改革开放前的近乎零，上升到2005年的65%。民营经济的增长大大超过国有、公有经济的事实，证明了我们这些年实际上实行的，不是什么“国富优先”，而是“民富（当然是一部分‘民’）优先”的政策。在社会主义初

① 参见http：//news.cntv.cn/20110626/101326.shtml。

② 参见http：//finance.people.com.cn/money/GB/15625212.html。

级阶段，需要放开一些个体、私营经济，以促进生产力的发展。这种借助让一部分人先富起来以推动经济发展的政策，本来也可以说得过去，是可以尝试的。当初宣布实行这一政策的时候，就曾提出“先富带后富，实现共同富裕”的口号。但是多年的实践证明，“让一部分人先富”的目标虽然在很短的历史时期中迅速完成，但“先富带后富，实现共同富裕”，却迟迟不能够自动实现。在市场化的大浪淘沙下，这也不大可能实现。相反地随着市场化的发展，贫富差距越来越大，两极分化趋势“自然出现”。反映贫富差距的基尼系数向着高危方向发展，我国已成为两极分化比较严重的国家之一。

为什么我们在实行让一部分人先富起来的同时，长时间地不能解决先富带后富实现共同富裕呢？光用“先做大蛋糕后分好蛋糕要有一个时间过程”来解释，是不足以充分说明的。邓小平早就指出，先由贫富差距的扩大，再到贫富差距缩小的问题，要在21世纪之初基本达到小康的时候，就应该着手解决。中国经济发展的实际进程表明，由于中国资本原始积累过程中财富来源路径的特殊性，中国富豪积累财富时间超短。从事财富研究的胡润曾说，在国外，挣一个亿的财富要15年，把一个亿的财富变成十个亿要10年时间，而中国只要3年，比外国短了很多。在中国，成功地完成一部分人先富起来的任务所花的时间极短，而先富带后富，实现共同富裕的任务却遥遥无期。一些为财富为资本辩护的精英们常常以分配问题复杂为借口，预言需要等待很长很长的时间才能解决分配的公平问题，要大家忍耐再忍耐，这真是奇怪的逻辑。要知道这是连邓小平也不能容忍的，因为他早就多次要求适时解决贫富差距扩大的问题，并警告说两极分化趋势将导致改革失败的危险后果。

为什么社会主义的中国会发生一部分人先富起来很容易，实现社会公平克服两极分化反而非常困难？我认为主要原因之一，在于我们集中精力进行以经济建设为中心的伟大事业以来，把主要的注意力放在效率优先做大 GDP 规模上面，而把社会公平和分配好社会产品的问题放在“兼顾”的次要地位，以至于一些同志逐渐把马克思主义关于社会经济发展规律的一些基本常识也模糊淡忘了。比如说社会主义初级阶段，对于个体、私营经济是应该允许发展的，但不能忘了列宁指出的小生产时刻不断产生资本主义的规律；又比如说，私人资本是应该允许存在的，但不能忘了马克思早已指出的资本积累必然引起两极分化的规律；又比如说，私营企业主对社会经济发展的贡献是应当承认的，但不能忘了他们作为资产阶级的两面性，特别是其嗜利逐利的本性，这一本性迫使他们不断为占有更多的剩余价值而奋斗，推动社会走向两极分化。“两极分化自然产生”，这是邓小平的又一个至理名言。但我们的一部分同志却竭力回避“两极分化”的字眼。党内一部分有影响的同志淡忘了上述一系列马克思主义关于社会经济发展规律的 ABC，所以在改革开放后实行让一部分人先富起来政策的时候，对于私人资本经济往往偏于片面支持刺激鼓励其发展社会生产力的积极方面，而不注意节制和限制其剥削和导致两极分化后果的消极方面，即与社会主义本质不相容的东西。先富带后富和共同富裕长期难以实现，贫富差距的扩大和两极分化趋势的形成，根本原因就在这里。

目前我国收入分配领域最核心的问题，是贫富差距急剧扩大，两极分化趋势明显。中心的问题不是什么“国富”与“民富”的矛盾，而是一部分国民先富、暴富与大部分国民不富或贫穷的矛盾。要克服和扭转贫富差距扩大和两极分化的趋势，需要的政策转向，不是什么“国富优先”转变为“民富优先”，而是明确宣布“让一部分人先富起来”的政策已经完成任务，今后要把这一政策转变为逐步“实现共同富裕”的政策，完成“先富”向“共富”的过渡。

再说，把“国富”与“民富”对立并提，是缺乏科学依据的。“国富”和“民富”是一双相对的概念，二者之间并非完全互相排斥，而是矛盾统一的关系，在一定意义上也可以水乳交融。什么叫“国富”？严复最早翻译亚当·斯密“The Wealth of Nation”一书，中文译名为《国富论》。但斯密在这本书里不但讨论了君主或政府（相当于国家）的收入和财富问题，也讨论了工、农、商子民（相当于国民）的收入和财富问题。后来郭大力、王亚南重译此书，书名改称《国民财富的性质和原因的研究》，这样“国富”的含义就推广为“国民的财富”了。但是书里面并没有删掉政府或国家的收入和财富问题，可见“The Wealth of Nation”的含义，可以是国家的财富，也可以是国民的财富。国富和民富并不完全是非此即彼的东西。

现在我国流行语汇中的“国富”，是什么含义呢？大体上是指政府直接掌握和可分配的收入，相当于斯密书中的第五篇所说君主或国家的收入。斯密讨论了各类名目繁多的税负的利弊，其目的在于试图说明，君主（政府）的收入和国民的收入并非一直是矛盾。交给国家的收入多了，并不意味着国民的收入就减少了。因为君主和国家需要必要的费用，以保护和增加国民财富。《国富论》用大量篇幅论证了国家的三项基本职能，即保护社会、保护社会里的每一个人、建设公共事业和公共福利设施。如果我们把国家和政府所代表的统治阶级利益和官员的挥霍浪费暂时存而不论，可以说这大体上也是现代国家与国民、政府与人民之间财富与收入关系的写照。

现代国家政府可支配收入转化为居民可直接支配的收入，只是其用于民生支出中的一部分（如补贴、救济、社保等）。其用于公共福利（教育、文化、卫生等）、基础设施、经济建设、安全保卫、行政管理等费用，其效益虽然是全民共享，但不直接由居民支配而由政府支配。政府可支配收入与居民可支配收入毕竟不是一码事。有些同志把居民可支配收入占国民收入之比与政府可支配收入占比的升降，作为“国富”与“民富”对比的评价标志。这一对比有它本身的分析意义，但不能反映收入分配关系的根本问题，即贫富差距和两极分化问题。如前所述，“居民收入”是一个混合概念，居民中包括富民与贫民。从居民收入占比和政府收入占比的对比中，完全看不出贫富差距。贫富差距和两极分化，首先要在居民内部，划分为劳动报酬（劳动力要素所有者的收入）和非劳动报酬（其他非劳动要素特别是资本要素所有者的收入）的对比中表现出来。这才是当今社会分配的核心问题。

若干年来，随着所有制结构的公降私升，随着市场化大潮中“拥抱资本、疏远劳动”的风气盛行，宪法中规定的“按劳分配为主”，事实上逐渐被“按资本分配为主”所代替。因此劳动者报酬占比不断下降，而资本所得占比不断上升。由于劳动者报酬在居民收入中占最大份额，劳动者报酬在 GDP 中占比的下降，就决定了居民可支配收入在 GDP 中占比的下降。居民可支配收入占比的下降，主要是由劳动者报酬占比下降和企业利润所得占比上升造成的，主要不是由政府收入上升所造成的。所以，要扭转居民收入占比的下降趋势，核心问题在于提高劳动者报酬和中低收入者的收入，关键在于调整劳动收入与资本所得的比重，而不在于调整政府收入的比重。

政府收入在 GDP 中所占比重，或者所谓“宏观税负”问题，曾是“国富”与“民富”争议中热议的话题。目前我国宏观税负水平是不是过高，肯定的意见和否定的都有。现在以既包括纳入一般预算管理的公共财政收入，又包括政府基金收入、国有资本经营预算收入、社会保险基金收入等宽口径的政府收入来说，财政部业务部门按我国全口径财政收入计算，政府收入占 GDP 比重 2007 年为 27.6%，2008 年为 27.9%，2009 年为 30.0%。中国社会科学院财贸所也按 IMF《政府财政统计手册》标准，计算了中国全口径政府收入占 GDP 之比，2007 年为 31.5%，2008 年为 30.9%，2009 年为 32.2%，比财政部的数字稍高。按 IMF《政府财政统计年鉴》对 2007 年 53 个国家宏观税负的计算，这些国家实际宏观税负平均为 39.9%，其中 24 个工业化国家实际宏观税负平均为 45.3%，29 个发展中国家实际平均税负为 35.5%。同这些实际数字比较，我国平均宏观税负即使用社科院 2009 年 32.2% 的较高数字，也大大低于工业化发达国家的平均水平，与发展中国家相比也不过高。根据国际经验，随着生产力向发达水平发展，政府承担的社会民生、公共福利和收入再分配等任务越来越重，我国政府收入占比或所谓宏观税负水平，还有继续提升的必要和空间。

所以，目前我国宏观税负问题，主要并不在于政府收入占比高低，而在于财政收支结构是否合理，是否能够通过政府收支的运作，一方面实现“国富”与“民富”的良性交融，一方面推动“民富”中“先富”向“共富”的转化。目前我国国家财政收支结构上的主要问题，在于财政收入的负担偏重由中低收入者或劳动阶层来承担，而在财政支出的使用上，用于社会民生和公共福利方面的开支偏低。

我国现行税制的格局是以间接税为主，其在税收总额中占七成以上。间接税包括增值税、营业税等税额，隐藏在商品和服务的价格之内，最终由消费者买单。即使消费者因收入低而免于交纳所得税，他也不能摆脱生活所需的米、油、盐、服装、餐馆用餐、水电煤气等价格与付费中内含的间接税负担。由于低收入者需要将可支配收入的很大部分用于基本生活开支，因此他们承担的间接税负与其收入之比，要比高收入者为基本生活所承担的税负与其收入之比大得多。个人所得税收入结构也存在明显的不合理。个税征收对象主要是工薪阶层的劳动收入，而对股息、红利、财产租赁等资本所得征收甚少，占有大量财富的富人只负担了少量税收份额；没有被统计到城镇居民收入中的数额巨大的隐性收入，主要发生在高收入富户，这也严重影响了税负公平。在我国财政支出结构上，一方面行政管理开支过高，占国家整个财政支出的比重，远高于英、日、美等发达国家，每年公车、公款吃喝、公费出国即“三公”费用惊人；另一方面用于教育、医疗和社会保障的公共服务支出占财政总支出的比重，明显低于人均 GDP 超过 3000 美元的国家。

以上情况表明，如果像一些人士所说，我国宏观税负过高，那也只是对中低收入的劳动阶层负担偏重，而他们应当得到的补偿或该分享的社会福利却感到不足；以资本和财产所得为主的富裕阶层的财富的收入，则大都游离于国家财政税收调节的国民收入再分配过程之外。这种逆向调节的机制，只能助长贫富差距的扩大，迫切需要扭转。对此一些学者专家都有共识，主张改弦易辙。在财政收入方面，提高直接税收的比重，降低间接税收的比重；在直接税方面，提高资本财产与非劳动所得的税负，考虑家庭负担，降低中低收入者的所得税负；开征遗产税、赠与税等财产税种。在财政支出方面，厉行节约，大力减少行政费用占比，增大社会民生、公共福利、再分配转移支付占比，等等。这些主张集中起来就是要国家财政重回“调节收入分配、促进社会公平”这方面的职责，问题在于决策决心和实施步骤，需要抓紧进行。

应当指出，缩小贫富差距，扭转两极分化趋势，不能单纯靠国家财政调节手段。贫富差距扩大的原因甚多，如城乡差距、地区不平衡、行业垄断、腐败、公共产品供应不均、再分配调节滞后等等，必须一一应对。但这不是最主要的，按照马克思主义观点，所有制决定分配制，财产关系决定分配关系。财产占有上的差别，才是收入差别最大的影响因素。30多年来我国贫富差距的扩大和两极分化趋势的形成，除了前述原因外，所有制结构上和财产关系中的“公”降“私”升和化公为私，财富积累迅速集中于少数私人，才是最根本的。

我国社会主义初级阶段的经济结构，随着让一部分人先富起来和效率优先政策的执行，非公有经济的增长必然超过公有经济和国有经济，从而形成了多种所有制经济共同发展的局面。这是有利于整个经济发展的。但这种非公有经济超前发展和公降私升、“国”降“民”升的势头一直延续下去，“到一定的时候问题就会出来”，“两极分化自然出现”（邓小平语）。[①] 随着私人产权的相对扩大，资本财产的收入份额会相对扩大，劳动的收入份额则相对缩小，从而扩大贫富差距，促成两极分化趋势。

在调整收入分配关系，缩小贫富差距时，人们往往从分配领域本身着

① 邓小平年谱（1975—1997）：下．北京：中央文献出版社，2004.

手，特别是从财政税收、转移支付等再分配领域着手，完善社会保障公共福利，改善低收入者的民生状况。这些措施是完全必要的，我们现在也开始这样做了，还要加大力度。但是，仅仅就分配谈分配，仅仅从分配和再分配领域着手，还是远远不够的，不能从根本上扭转贫富差距扩大的问题。还需要从所有制结构上直面这一问题，需要从强化公有经济为主体，国有经济为主导着手，扭转生产资料所有制“公”降“私”升和“国”退“民”进的趋势，阻止化公为私的所有制结构转换过程。这也是调整“国富”同“民富”关系的一个重要方面。小平同志强调：“只要我国经济中公有制占主体地位，就可以避免两极分化。”[①] 又说，“基本生产资料归国家所有，归集体所有，就是坚持归公有”，就“不会产生新资产阶级”。[②] 这是非常深刻的论断。这表明，社会主义初级阶段容许私人产权的发展，容许非劳动要素（主要是资本）参加分配，但这一切都要以以公有制为主体和以按劳分配为主为前提。那种让私人资本向高利行业（关系国民经济命脉的重要部门和关键领域）渗透，那种盲目地鼓励增加“财产性收入”之类的政策，只能促使收入差距和财富差距进一步扩大，都应该调整。只要保持公有制和按劳分配为主体，贫富差距就不会恶性发展到两极分化的程度，可以控制在合理的限度以内，最终向共同富裕的目标前进。否则，两极分化、社会分裂是不可避免的。

（原载于《经济研究》2011 年第 10 期）

---

① 邓小平文选：第 3 卷．北京：人民出版社，1993.

② 邓小平文选：第 3 卷．北京：人民出版社，1993.

第四篇

改革方向的争论与探讨

试用马克思主义哲学方法
总结改革开放三十年

一个不会反思的民族，不可能成为伟大的民族。一个民族的伟大，与其百折不挠的民族精神息息相关。改革开放历时30年，对于这样一场关系全国人民福祉的伟大运动，我们更应该进行全方位的反思。反思就是总结历史的经验教训。然而，总结经验会有不同的立场、观点和方法。马克思主义者从来不掩饰自己的立场、观点、方法。从马克思主义哲学方法论的角度来分析问题，是我们共产党人的一贯做法和宝贵传统。既然改革开放是用马克思主义普遍原理指导中国具体实践的结果，既然是马克思主义普遍原理与中国改革开放具体实践相结合产生了中国特色社会主义理论体系，那么，总结改革开放30年的经验，当然可以用马克思主义的哲学方法。我用其中的一些观点方法，对改革开放30年作一个总体性的思考。

一、 辩证地看待改革开放三十年

对立统一规律，就是说一切事物、现象、过程都可分为两个互相对立和互相统一的部分。

一分为二是毛泽东对唯物辩证法对立统一规律的科学简明的表述。他说："一分为二，这是个普遍的现象，这就是辩证法。"① 对于改革，也要一

① 毛泽东选集：第5卷．北京：人民出版社，1977.

分为二地分析。

中华人民共和国成立后近60年的历程极不平凡。前30年坎坷曲折，走了许多弯路，但有问题并不能掩盖所取得的伟大成就，更不能像某些人那样将历史成就一笔抹杀。改革开放以后的30年，取得了更大的成就，这是有目共睹的事实：经济保持平稳快速发展，经济总量迅速扩大，财政收入连年显著增长，国家经济实力大幅提升。到1999年，我国经济总量排名世界第七，此后一路赶超意大利、法国、英国，目前已超过德国，照此速度发展下去，五年内有望赶上日本。

如果以购买力平价衡量，现在就已经是仅次于美国的世界第二大经济体。进出口贸易增速、占世界贸易的比重都在稳步提高，成为世界贸易不可忽视的重要力量，在世界贸易中的位次从2001年的第6位提高到了第3位，超过了英国、法国和日本。在迅速发展过程中，城乡居民收入显著增加，人民生活福利整体上有了巨大改善，改革开放和全面建设小康社会取得重大进展。

与过去相比，经济体制变活了。在国家的宏观调控下，市场起到配置资源的基础性作用，大大消除了传统僵化体制的消极影响，初步确立了社会主义市场经济体制。通过转换企业经营机制，大力推进传统产业的技术进步，增强了企业按照市场需求组织生产经营活动的能力，加快推进经济增长方式由粗放向集约的转变，经济增长的质量和效益都有了明显的提高。

总之，我们对这30年所取得的成就，无比欢欣鼓舞，成绩应当充分肯定。但同时，也要看到问题和潜在的风险。这就是一分为二。

30年来，特别是最近一段时期，社会经济面临深刻变化，深层次矛盾逐渐显露，遇到了过去少有的问题；过去即便有，也是很小的问题，不是主要问题，现在则成了主要问题。这里列举几个：1. 贫富差距扩大。尽管基尼系数不足以说明问题，但是，近年来基尼系数上升速度很快，改革初期低于0.3，现在却接近0.5，达到了全世界少有的水平。社会阶层贫富差距悬殊，在世界上也是很突出的。2. 腐败盛行，经济案件愈来愈多，愈来愈重。3. 社会道德沦丧，重利轻义，世风渐衰。4. 环境破坏严重，资源越来越紧张。

对于这种发展态势，大家感到担忧，认为如果任其发展下去，后果不堪设想。生产力发展了，国家经济实力增强了，但是，如果生产出来的财富越来越集中在极少数人的手里，这样的改革，不是社会主义的成功，而是资本主义的成功。如果对于改革掌控不好，此种前景也不是没有可能的，不能完全排除。

但是，是不是像一些人说的那样，邓小平同志反复告诫的那些话①已经变成了现实呢？我在《关于分配与所有制关系若干问题的思考》② 一文中有个论证：虽然贫富分化的趋势已经相当严重，但还没有达到两极分化而社会无法承受的程度。我这里想强调的是，我们党和政府正在以百倍的努力和高度负责的精神，解决收入差距扩大和其他种种社会民生问题。

总之，辩证地一分为二地看，改革总体上是成功的，有问题并不能掩盖已经取得的伟大成就，不能说社会主义改革已经失败，不能倒退，改革不容否定。

二、 否定之否定——改革在更高层次上的综合

否定之否定规律也是辩证法的普遍规律。简单地说，就是正、反、合。事物是矛盾的，事物矛盾的斗争，从量变到质变，是一重否定；由新的量变再到质变，又是一重否定。矛盾发展，否定了前一个阶段的事物，然后再发展，又否定了上一个阶段的事物。否定之否定，并不是回到过去，而是在更高层次上的综合，由此推动事物向更高阶段发展。

---

① 如果我们的政策导致两极分化，我们就失败了。（邓小平文选：第 3 卷．北京：人民出版社，1993.）

② 刘国光．关于分配与所有制关系若干问题的思考．开放导报，2007（5）.

对于中国的改革进程，也要辩证地看。如果说改革开放之前是“正”，改革开放之后的一段时期就是“反”，这是一个否定。这里的“反”是纯粹从方法论上、从逻辑上讲的正反，而不是价值判断，不是要否定改革开放。

改革开放以前和改革开放以后的正、反很清楚地表现在社会经济生活的各个层面、各个方面，主要有：1. 经济运行机制，由社会主义计划经济体制转向社会主义市场经济体制，由计划为主转向市场为主，市场起基础性调节作用。2. 所有制结构，过去是单一的公有制，越大越公越纯越好，一切向国有制看齐，改革后是多种所有制共同发展，个体经济、私营经济、外资经济以及其他各种混合所有制经济都出现了，这是以前没有的新现象。3. 分配制度，过去名义上是按劳分配，实际上是“大锅饭”，即偏于平均主义的“大锅饭”。平均主义遏制了大多数人的勤奋努力，改革后变成了让一部分地区、一部分人先富起来，如邓小平所讲的“先富、后富”已经出现了，收入差距拉开了，这是好现象，对社会进步、经济发展有很大的激励作用。

30 年来，一正一反，才形成现在的局面，也积累了不少新矛盾。经过 30 年，当前正进入一个新的阶段，要对一些新矛盾进行一些新的反正，从而在更高层次上转向新的综合。

三、关于经济运行机制，在继续坚持市场改革的同时，要重新强调国家宏观计划调控的作用

改革后，经济运行机制逐步由计划经济转向市场经济，市场逐渐取代了计划，向广度和深度进军，占领阵地，推动中国经济生动活泼地向前发展。在全部商品流通总额中，市场调节部分目前已占到 90% 以上。几年前有人估计，市场经济在中国整体上完成程度已达到 70% 左右。现在看，社会主义市场经济已经初步建立。

目前，社会主义市场经济还不够充分、不够完善，市场经济还有一些不到位的地方，如资源要素市场、资本金融市场等，都还需要进一步发展到位。也有因为经验不足、犯了市场幼稚病，从而导致过度市场化的地方，如在教育、医疗、住宅等领域不该市场化的部分也搞市场化，以至于发展到对市场迷信的地步，带来一系列不良后果。

市场经济初步建立之后，市场的积极方面和消极方面都充分展现出来。市场经济在发挥激励竞争、优化资源配置等优越性的同时，它本身固有的缺陷，经过30年的演变，也逐步显露出来。特别是在总量综合平衡、环境资源保护以及社会公平分配上引发的问题，在中国不是市场经济本身能够解决的。因此，改革开放30年的结果，一方面，经济发展取得很大成绩，另一方面，社会经济出现新的矛盾，资源环境、分配民生等矛盾越积越多。这与国家宏观计划调控跟不上市场化的进程，有一定的关系。

本来，我们所要建立的市场经济，就是国家宏观调控下的市场经济，这一根本点在1992年就明确地写入了党的十四大文件①。这些年来，国家对经济的宏观调控在不断加强，我们在短期经济波动的控制上，先后取得了治理通货膨胀和治理通货紧缩两方面的成功经验。但是，国家计划对短期和长期宏观经济发展的导向作用明显减弱，计划本身多是政策汇编性的，很少有约束性问责的任务，计划的要求与执行的实际效果相差很大，国家计划控制不了地方的盲目扩张行为。总之国家计划失之软弱，变成可有可无的东西。这影响到宏观调控的实效，造成国民经济发展许多方面失衡。

现在是到了在继续坚持市场取向改革的同时，强调加强国家计划在宏观调控中的指导作用的时候了。正是针对国家宏观计划调控跟不上市场经济发展的现状，党的十七大提出要“发挥国家发展规划、计划、产业政策在宏观调控中的导向作用，综合运用财政、货币政策，提高宏观调控水

① 中国共产党第十四次全国代表大会文件汇编．北京：人民出版社，1992.

平"①。十七大重新强调多年未提的发挥国家计划的导向作用，这有十分重要的意义。

众所周知，宏观调控有以下几种主要手段：财政政策、货币政策和计划手段。至于产业政策，则属于计划手段。规划也是一种计划。所以主要就是上述三种手段。尽管只有少数市场经济国家设有计划机构，并编有预测性计划，一般不用计划手段，但中国作为社会主义国家，有必要在宏观调控中利用计划手段。十四大报告明确指出："国家计划是宏观调控的重要手段之一。"② 在财政、货币、计划三者的关系中，计划应是财政、货币政策的指针，财政、货币政策要有计划的指导。国家计划与宏观调控不可分，计划是宏观调控的主心骨。国家计划有年度计划，还编制五年、十年的中长期发展规划。年度计划包含经济增长速度、投资总额、财政预算、信贷总额、外汇收支、失业率、物价上涨率和人口增长率等指标，每年都由国务院提出、经全国人民代表大会批准，应当是有法律和行政效力的。这些中长期规划和年度计划，都应该在宏观调控中起导向作用，具有约束力，关键之处还应问责和追究法律责任，这样的国家计划才能对宏观调控起到导向作用。

在市场经济初步建立之后，市场的积极作用和消极作用都充分展现出来。然而，目前在"市场化改革"的口号下，迷信市场成风，计划大有成为禁区的趋向。在这种氛围下，重新强调社会主义市场经济要加强国家计划在宏观调控中的作用，看来是十分必要的。

这次十七大重新强调了国家计划在宏观调控中的导向作用，并不是如某些人所歪曲的那样，"要回到传统计划经济模式"。重新强调国家计划在宏观调控中的导向作用，不同于过去的"传统计划经济"，而是计划与市场在更高层次上的新的结合，这主要表现在：1. 现在的计划不是既管宏观又

---

① 中国共产党第十七次全国代表大会文件汇编. 北京：人民出版社，2007.

② 中国共产党第十四次全国代表大会文件汇编. 北京：人民出版社，1992.

管微观的无所不包的计划，而是只管宏观，微观的事情主要由市场调节。2. 现在资源配置的基础性手段是市场，计划只是弥补市场缺陷与不足的必要手段。3. 现在的计划主要不再是行政指令性的，而是指导性、战略性、预测性的计划，同时要有必要的约束和问责功能。

国家计划导向下的宏观调控，是中国特色社会主义市场经济的应有之义，不能把“计划性”排除在社会主义市场经济含义之外。1992 年 5 月 9 日，中共中央总书记在中央党校讲话中提到十四大将选择社会主义市场经济体制的时候，强调指出“社会主义市场经济就是有计划的”①，讲得很明确。我们要在此精神的指导下，努力改进国家计划工作和宏观调控工作，使计划名副其实地起导向作用，指导社会主义市场经济的发展，实现市场与计划的更高层次的结合。

四、关于所有制结构，在坚持多种所有制共同发展的同时，要重新强调“公有制为主体”

关于所有制改革，现在也到了否定之否定的合的阶段。改革前，是单一公有制形式，越大、越公、越纯，就越好，脱离了生产力而不断改变生产关系。改革后，是多种所有制形式共同发展。这是一个否定。这个正反变化的一般规律是公私比例关系“公”降“私”升。改革以前，中国的私有经济几乎为零，公有制占有绝对主体地位，因此，在相当一段时期中，非公有制经济保持超过公有制经济的发展速度，从而增加非公有制经济在总体经济中的比重，公有制比例下降、私有制比例上升，是合理的变化过程。这个正反变化过程已经持续了 30 年。

现在是不是到了一个新的时期，“公”降“私”升是不是到了一个关头，到了一个关键阶段，需要重新考虑一下，来一个新的否定、新的综合？

① 江泽民．论社会主义市场经济．北京：中央文献出版社，2006.

关于公有制是否还占据主体地位，现在社会上有三种意见（这三种意见都是有文字可查的）。第一种意见认为，现在还是以公有制为主体。不过，这种计算方法有问题，它将自然资源、行政性资产等都计算在内。几年以前，有同志曾试图解答这一问题，把资源性资产都算作国有资产，那公有制资产当然可观，土地就是一大笔财富，其结论自然会是以公有制为主体。这个回答是远远不够的。我们这里讲的国有资产，应该是指经营性资产，不包括资源性资产。

第二种意见认为，公有制地位已经动摇，在一些地区、一些部门，公有制已不占主体地位。第三种意见认为，公有制优势已经丧失，私有制占据主体地位已经是既成事实了。

持第三种意见的有两种人。一种人是担心这种情况出现会导致严重后果，认为不能这样。现在公有制丧失主体地位，国家应该想办法挽回。另一种人的意见是赞成私有化，认为在中国不宜再提姓“公”姓“私”的问题，既然已经不是公有制为主体，私有化目的已经达到，干吗还要再提？理论界就有人提出，经济改革已经成功，现在应进行政治改革了。这些人所讲的经济改革成功，就是指公有制变成私有制已经基本完成。上述两种人的观点都认为公有制经济在中国已经不占主体地位，只是态度和倾向不同。

以上几种看法，都是各人根据自己的估计得出的。在国家综合部门、统计部门尚未拿出公私结构的正式的全面数据以前，难以准确判断我国的所有制结构现状。

但是，从十四大、十五大、十六大一直到现在，党的文件一贯坚持公有制为主体、多种所有制经济共同发展的基本经济制度，没有一个文件不要公有制为主体。十七大重申了党的这一主张，确认要“坚持和完善公有制为主体，多种所有制经济共同发展的基本经济制度”[①]。这当然不是停留

① 中国共产党第十七次全国代表大会文件汇编．北京：人民出版社，2007.

在字面上的空话，而是要坚决贯彻落实的经济方针。我国的所有制结构和各种所有制比例现在已经变成什么样，公有制是否还占据主体地位，社会上对此有很多议论，已经有人将这一意见提交到全国人民代表大会，要求我们国家的统计机构和有关部门公布这方面的材料，并希望人大监督这个事情。

现在到了需要进行新的综合的时候，要坚持“两个毫不动摇”，即毫不动摇地坚持公有制为主体，毫不动摇地发展多种所有制形式，不能只强调发展非公有制经济，不能只强调一个毫不动摇。首先要毫不动摇地坚持公有制的主体地位，同时要毫不动摇地发展非公有制经济。

有人攻击公有制效率低，是官僚经济，是权贵经济；不是国家的财富，而是少数人的财富。

我在一篇文章中谈到这个问题[①]。公有制并非注定效率低，六十年代我国的“鞍钢宪法”有很好的经验，日、美、欧企业管理都吸收了它的经验，这是众所周知的事情。资本主义国家的国有企业也有管理得很好的，并不是一概效率低。改革后，公有制的低效率，是与私有化预期联系在一起的；而且效率愈来愈低，也是与前几年经济调整、伴随“国退民进”发生的现象，国有企业经营不善，国有资产流失，巧取豪夺、改头换面通过各种渠道流失，一夜之间从地底下冒出千百万家财万贯的财富精英，与刮起来的这股私有化之风有着千丝万缕的内在联系。

国有经济的内部管理也存在问题。某些企业管理不善，变国有资产为少数企业高管人员的私有财产；就算没有 MBO，一些国有企业的领导层也在腐化变质，领取几百万年薪的高工资，而普通职工的月薪只有几百、几千元。这些违背了社会主义公有制固有的属性。人家攻击我们的国有经济已经不是公有制，并非完全虚指，也指出了一些问题。

国有企业本身应进一步改革，既不能变回到过去“大锅饭”的旧体制，

---

① 开放导报，2007（5）.

也不能维持现在被扭曲的形象，而是要在社会主义条件下解决目前存在的垄断和腐败问题，解决企业内部的激励机制问题；要使得国有企业真正体现社会公平，同时又有激励机制。这种探索，西方国家不是没有先例。西方国家也有国有企业，也有国家公务员，看看二者的收入比例，差距不会像我们现在拉得那么大。国有企业的领导与国家机关工作人员一样，都是国家的公职人员，不能完全按照私有经济的法则办事。所以，国有企业管理层的腐败一定要治理。

农村所有制的“否定之否定”，集中体现在邓小平同志所讲的“两个飞跃”上。第一个飞跃是废除了人民公社，实行家庭联产承包责任制，这是改革开始时的一个否定。家庭联产承包责任制促进了农村经济的大发展，经过了30年的发展，农村发生了翻天覆地的变化。现在应当着手实现第二个飞跃，即发展新的集体经济。集体经济也是公有制的实现方式。邓小平同志讲“两个飞跃”时就说，“公有制为主体，农村不能例外”①。这是又一个否定。但是，这是新阶段的新综合，不是回到过去吃“大锅饭”的人民公社制度和生产队体制，而是要充分考虑保障农民和农户的财产权益，在此基础上鼓励新的集体合作经济，包括专业合作和社区合作。

新型集体合作经济已经在中国大地上萌生起步，茁壮成长。如江苏的华西村，河南的南街村，山西的皇城村，山东的南山村等等，还有苏南、浙江、广东一些农村最近兴起的社区股份合作企业，这些集体合作组织带动农民走共同富裕的道路，为加快建设社会主义新农村做出了贡献。对这些新型的集体合作经济，现在社会舆论、宣传部门的重视程度还不够，某些媒体还在找茬挑剔，冷嘲热讽。如果社会舆论和政府决策能给予更多的关心和支持，它们是可以为我国农村走社会主义道路开辟宽广前程的。

---

① 1992年7月，邓小平同志在审阅中共十四大报告稿时说：“我讲过，农业的改革和发展会有两个飞跃，第一个飞跃是废除人民公社，实行家庭联产承包为主的责任制，第二个飞跃就是发展集体经济。社会主义经济以公有制为主体，农业也一样，最终要以公有制为主体。”（邓小平年谱：下卷．北京：中央文献出版社，2004.）

五、关于分配关系，要从“让一部分人先富起来”转向“更加重视社会公平”

从分配上的平均主义到拉开收入差距，允许一部分人通过诚实劳动先富起来，是完全正确的，是改革后一次最成功的否定。但是，如果收入差距拉得太大，以至于贫富分化造成难以逾越的鸿沟，出现两极分化，就不对了，那就需要来一个新的否定，让先富带后富，缩小贫富差距，走向共同富裕的道路，实现分配领域的更高的综合。

在改革开放后的一段时期内，强调效率优先、兼顾公平，有其正面的积极作用，可以促进效率，促进生产，促进经济发展。但是，过了这个阶段，贫富差距扩大，不能实现先富带动后富，不能实现共同富裕，不能实现公平的目标，这个时候，就必须强调效率与公平二者同时并重，而且更加重视和强调社会公平。我在 2003 年《研究宏观经济形势要关注收入分配问题》① 一文中提出“逐步淡出效率优先、兼顾公平的口号，向实行效率与公平并重的原则过渡”。十六届四中全会文件未出现“效率优先、兼顾公平”的提法。2005 年我在《进一步重视社会公平问题》② 一文中，再次阐明了这一主张，还写了《要把效率优先放到该讲的地方去》③。这篇短文除了指出把公平置于“兼顾”的次要位置欠妥外，还认为初次分配也要注重公平。2005 年十六届五中全会报告征求意见稿中还有“效率优先兼顾公平”和“初次分配注重效率，再分配注重公平”的字样，受到一些同志的非议；但是，五中全会文件最终定稿时，消除了这两种提法，同时突出了“更加重视社会公平”的鲜明主张。十七大还将初次分配也要重视社会公平这一原则写入了中央文件④。我上述的这些观点主张，与党中央的最终决策精神

① 刘国光文集：第 10 卷．北京：中国社会科学出版社，2006.

② 刘国光文集：第 10 卷．北京：中国社会科学出版社，2006.

③ 刘国光文集：第 10 卷．北京：中国社会科学出版社，2006.

④ 中国共产党第十七次全国代表大会文件汇编．北京：人民出版社，2007.

是一致的。

淡化“优先、兼顾”提法，强调“更加重视社会公平”，不是要回到过去，不是回到过去的“大锅饭”，不是回到过去的平均主义，而是在更高层次上的综合与提高。从平均主义到拉开收入差距、先富带动后富，“效率优先、兼顾公平”，然后再转回到“同时注重公平与效率、更加重视公平”，“初次分配和再分配都要重视公平”，这也是明显的正反合的例子。

总之，无论是运行机制、所有制结构还是分配制度，都有正反合三个发展阶段。还有其他很多例子，也都经历了这样三个发展阶段，也都可以运用这个方法总结。

改革过程中否定之否定的“合”的阶段正在开始，能不能坚持正确的发展观，把这个更高层次的综合做好，到了非常关键的时刻。综合得好，社会主义能够坚持，中国经济能够继续发展；综合得不好，经济不能发展，社会主义也不能坚持到底。有人说经济可以照样发展，但是，我可以肯定地说，如果中国社会主义不能坚持，社会不可能稳定，经济就不能持续健康发展。

改革开放由正到反，进一步从反到合，走向更高阶段的过程，向着中国特色社会主义前进，这样的综合，绝不是倒退。倒退没有出路，也不会有回头路。不坚持市场取向的改革，中国没有出路；市场化走过了头，也没有出路。完全市场化，不要国家宏观计划调控；完全私有化，不要公有制为主体；完全的两极分化，不要社会公平，不是我们社会主义的本质要求。这是邓小平同志讲的。不走中国特色社会主义道路，改革开放就会失败，走中国特色社会主义道路，改革开放的前途就灿烂光明。

以上是用一分为二、否定之否定规律，用唯物辩证法的要领和方法来回顾总结这 30 年。辩证唯物主义中的质量互变规律，也有丰富的内容，在改革开放过程中的例子也非常之多。因为篇幅所限，这里就不做专门论述。以下将用历史唯物主义的概念方法来看这 30 年的一些问题。

六、 关于生产力与生产关系之间的矛盾

生产力与生产关系这一对矛盾是任何社会发展的根本矛盾，生产力和生产关系的总和构成一个社会的生产方式。改革开放过程也充斥着生产力和生产关系的矛盾。比如“社会主义市场经济体制”，就包含生产力和生产关系两个方面，一方面是“社会主义”，另一方面是“市场经济”，二者是矛盾的，也是统一的。

“市场经济”主要着眼于发展生产力。发展生产力，必须发挥市场在资源配置中的基础性作用，不然很难有效率。这是被实践证明了的正确的结论。“社会主义”主要着眼于强调生产关系，社会主义不同于其他社会的特殊性就在于公有制、共同富裕这些体现社会主义生产关系的主要特征。离开了这些本质特征，就不是社会主义。

第一，邓小平同志讲社会主义的本质是发展生产力，这是专门针对“四人帮”搞“贫穷的社会主义”来说的，不是对社会主义泛指的定义。发展生产力，是一切社会形态都具有的一般特征，是共性的东西，任何一个社会都要发展生产力。

第二，社会主义的目的是要全国人民共同富裕，不是两极分化。单讲发展生产力，不讲生产关系，不讲社会公平，让少数人占有财富，而大部分人不能分享财富和技术进步，产生了两极分化，产生了新的资产阶级，邓小平同志说这是改革的失败①。所谓改革的失败，不是指发展生产力的失败，而是指生产关系的失败，生产力可能上去了，或在一个短暂的时期里上去了，而社会主义生产关系没有了。按资本主义的观点看，则是资本主义生产关系的胜利，是资本主义“改革”的成功。为此，对“社会主义”

---

①“如果我们的政策导致两极分化，我们就失败了；如果产生了什么新的资产阶级，那我们就真是走了邪路了。”（邓小平文选：第3卷．北京：人民出版社，1993.）

和“市场经济”一定要统一地看，不可偏废。这是很重要的原则，不然就会变成资本主义市场经济。

第三，不能什么都讲姓“社”姓“资”，生产力就不能讲姓“社”姓“资”，生产关系中一些共性的东西，也不必去问姓“社”姓“资”。要造大飞机，要信息化、高科技、管理现代化，就不能讲姓“社”姓“资”。但是，生产关系中非共性的东西，就不能不讲姓“社”姓“资”。资本主义有益于我们经济发展的东西，如“三资企业”等，也应当拿来“为我所用”，而不是“为资所化”。但是，资本主义腐朽没落的、与人类文明背道而驰的那些东西，必须予以批判。

所以，对于姓“社”姓“资”，一定要具体分析，这也是马克思主义的A. B. C.。

有些人打着邓小平的旗号，反对讲姓“社”姓“资”，说什么思想解放就是要从姓“社”姓“资”的思想束缚中解放出来，这是根本错误的，而且歪曲了邓小平讲话的精神。邓小平不是不讲姓“社”姓“资”，而是在提出计划市场问题时，在讲“三个有利于”原则时讲到不要讲姓“社”姓“资”问题。他说：“计划多一点还是市场多一点，不是社会主义与资本主义的本质区别。计划经济不等于社会主义，资本主义也有计划；市场经济不等于资本主义，社会主义也有市场。计划和市场都是经济手段。”① 仅此而已，不是说一般地讲不要姓“社”姓“资”。邓小平同志讲“三个有利于”的时候，特别指出“发展社会主义社会的生产力”和“增强社会主义国家的综合国力”。在这些原则问题上，邓小平同志分明是讲姓“社”姓“资”的。邓小平同志还说自己反对资产阶级自由化最积极，一再强调要坚持社会主义的根本原则，即公有制为主体和共同富裕。说邓小平同志一般地反对区别姓“社”姓“资”是断章取义、恣意歪曲邓小平同志的根本主张。

---

① 邓小平文选：第3卷．北京：人民出版社，1993.

七、关于经济基础与上层建筑之间的矛盾

经济基础与上层建筑是又一对矛盾。

就改革开放来说，经济基础与上层建筑的矛盾主要表现为经济改革与政治改革的矛盾。政治改革属于上层建筑。经济改革与政治改革的矛盾，是30年来尖锐的问题。特别是最近几年，有一种议论，说经济改革已经成功了，问题在政治改革，上层建筑不适应经济基础。其意思是说所有制已经基本完成了私有制为主体的变革，但是，政权不适应这种经济基础，政权还要进一步适应私有化，即整个政权的资产阶级化、西方化。境内外都有一些别有用心的势力主张这种“政治体制改革”，实际上是要我们放弃中国共产党的领导，放弃社会主义制度。

改革开放初期，党的工作重心从阶级斗争转移到经济建设上来，更多地强调经济改革，这是必要的，也是应该的。与此同时，党一贯地强调政治改革。十三大提出政企分开、党政分开。

1989年以后有所缓进，这是由于“六四”风波以后国际国内环境有所变化。党政分开、政企分开有所缓步，但是，选举制度、基层民主、行政体制等改革还是稳步推进，民主法制建设逐步改善。

这些方面不是没有进展、没有改革，而是不断进步。十六大以后，中央又不断强调政治体制改革，十七大报告提出要坚定不移地发展社会主义民主政治①。

当然，政治领域的改革，相对于经济改革来说是滞后了一些。有些方面大家感觉进展慢了些，要求加快改革。比如权力制衡问题。权力缺乏监督，主要领导干部个人说了算，“人治”代替“法治”的弊端还很严重。我们不提倡西方式的“三权分立”的“普世”模式，但权力制衡总得要有的。

---

① 中国共产党第十七次全国代表大会文件汇编．北京：人民出版社，1992.

没有制衡的权力、缺乏约束的权力一定要腐败。十七大提出建立健全决策权、执行权、监督权既相互制约又相互协调的权力结构和运行机制①，就是分权制衡原则的运用，这方面我们需要加大改革的力度。

又比如领导人选举制度改革。列宁所说的领导人从群众中产生，对群众负责，这一点还要逐步逐层推广。目前，差额选举、基层选举放开了许多，淘汰制、竞选制、普选制有些进展，但效果不尽理想。“选举民主”和“协商民主”如何更好地结合，如何在人大和政协的框架内，在社会主义的原则下，在中国共产党的领导下，积极推进这些民主程序，确实需要更大的努力。与上述正确的改革思路背道而驰的错误思潮，是新自由主义和民主社会主义，两股思潮都反对“四项基本原则”，反对中国特色社会主义，其核心是反对共产党领导，主张多党轮流执政。

反对资产阶级自由化，邓小平同志最积极。邓小平同志说：“在实现四个现代化的整个过程中，至少在本世纪剩下的十几年，再加上下个世纪的头五十年，都存在反对资产阶级自由化的问题。”② 邓小平强调坚持社会主义基本原则，以公有制为主体，不能出现两极分化，他只提出从政治上解决资产阶级自由化，那时只解决到这一步，没有从经济上解决资产阶级自由化，还没有发展到这一步。但是，不能说经济领域没有自由化，没有资产阶级化倾向。资产阶级自由化，不但政治领域有，经济领域也有。私有化的观点、完全市场化的观点、政府守夜人的观点等等，这一系列观点都是经济领域里资产阶级自由化的表现。防止经济领域资产阶级自由化，就是防止经济领域变质，经济领域如果变质，政治领域会跟着变质。这是马克思主义的基本常识。把住这一关口非常重要。有人提出经济（所有制）改革已经“成功”，现在要随势而发，搞与“普世价值”接轨的“宪政改革”，就是这方面的强烈信号。因此，那种认为经济领域没有意识形态问题

---

① 中国共产党第十七次全国代表大会文件汇编. 北京：人民出版社，1992.

② 邓小平年谱：下卷. 北京：中央文献出版社，2004.

的观点，是大错特错了。

邓小平同志提出反“左”防右。“左”是带引号的，是极“左”，那是要反的，特别是我国在民主革命时期和社会主义革命时期，都受到极“左”路线的干扰，损失很大，痛定思痛，不能不反。但是不带引号的左，邓小平同志是从来都不反对的。马克思主义、科学社会主义在世界思想潮流中就是左派理论，共产党是左派政党，邓小平也是左派，不能说邓小平是右派、中派。如果不带引号的左也要反，那还有什么马克思主义？那还有什么共产党的领导？见左就避之唯恐不及，是极不正常的现象。共产党要明确自己就是左派政党，态度要鲜明。共产党事实上执行的是中左路线，团结中右，反对极右，防止极“左”。共产党不明确自己是左派的政党，就会迷失方向。

起码在社会主义初级阶段的一百年内，还要坚持中国共产党的领导，坚持“四项基本原则”。只要党的工人阶级先锋队性质不变，坚持科学社会主义方向不变，没有变成像社会民主党那一类的政党，那么，我们仍然会坚持社会主义初级阶段的基本路线，坚持中国特色社会主义道路。坚持社会主义初级阶段的基本路线，没有中国共产党的领导，这条道路是走不通的。换了其他什么政党，都不会有社会主义初级阶段。至于一百年之后，即在社会主义初级阶段以后，会是什么样的政治状况，要根据那时的情况而定。但是，在社会主义初级阶段，在可预见的时期内，必须坚持中国共产党的领导，不能实行多党轮流执政。坚持“四项基本原则”还是我们的基本主张。多党轮流执政，社会主义初级阶段就完结了。换了政权，整个路线就全变了，就不能保证我们向社会主义高级阶段过渡。

八、 关于生产力内部的矛盾

生产力的内部矛盾也很多，其中对经济发展全局最重要的一个矛盾，就是外延与内涵、粗放与集约之间的矛盾。到底是注重速度、数量，还是结构、资源、环境、质量，这是我国生产力发展中的一个突出问题。

由粗放发展方式转向集约发展方式，这是“双重模式转换”中的一重。“双重模式转换”包含体制模式的转换和发展模式的转换。发展模式转换指的就是生产力内部的矛盾。这是非常概括性的内容，也是很重要的实质性问题。过去讲求速度、数量，轻视结构、资源、环境、质量，现在仍然没有完全克服这种倾向，片面追求产值速度的现象还很严重，特别是一些地方还存在 GDP 崇拜，牺牲后代利益加速眼前的发展，这种发展实际上是不可持续的。这是改革开放 30 年来很大的一个问题，积重难返。现在正在大力扭转。特别是按照科学发展观的要求，提出促进经济增长由主要依靠投资、出口推动向依靠消费、投资、出口协调推动转变，由主要依靠第二产业带动向依靠第一、第二、第三产业协同带动转变，由主要依靠增加物质资源消耗向主要依靠科技进步、劳动者素质提高、管理创新转变。这是促使我们的经济发展由片面追求速度向全面协调持续发展转变的正确途径。

“双重模式转换”是 20 世纪 80 年代中期由理论界提出来的，“九五”以后，党的文件正式肯定为“两个根本性转变”的方针，十六大以后更是非常强调这个方针。十七大报告将“增长方式”重新改回到“发展方式”①。

生产力的内部矛盾和生产关系、上层建筑是有联系的。30 年的经验证明，发展方式转变会受到生产关系和上层建筑中一系列关系的制约。地方上片面追求 GDP，与财政体制、考核制度等有关。如有的省份颁布县级领导考核指标，按 GDP 增幅给予奖金，还有些地方层层分解招商引资任务，这样的地方怎么会不片面追求 GDP 呢？资源环境问题，跟价格机制、竞争状况都有关系。这些都需要从体制上解决。

---

① 中国共产党第十七次全国代表大会文件汇编．北京：人民出版社，2007.

九、 关于生产关系内部的矛盾

生产关系内部的矛盾，也是千头万绪。这里只讲所有制和分配关系。这是我们改革过程中的一个重要问题。

所有制和分配制都是生产关系。按照马克思主义观点，所有制决定分配制。但是，人们常常忽略这个观点。在分析我国贫富差距扩大的原因时，人们举了很多缘由，如城乡差别扩大、地区不平衡、行业垄断、腐败、公共产品供应不均、再分配调节落后等，不一而足。这些缘由都能成立，但不是最主要的。造成收入分配不公的最根本原因被忽略了。财产占有上的差别，是收入差别最大的影响因素。连西方资产阶级经济学家萨缪尔逊都承认，“收入差别最主要的是拥有财富多寡造成的，和财产差别相比，个人能力的差别是微不足道的”。他又说，“财产所有权是收入差别的第一位原因，往下依次是个人能力、教育、培训、机会和健康”。[①] 改革开放30年来我国贫富差距的扩大，除了以上列举的一系列原因外，跟所有制结构的变化，跟“公”降“私”升和化公为私的过程有紧密的联系。这种关系，被某些学者在分析收入差距原因时，故意忽略掉了。

在调整收入分配差距关系、缩小贫富差距时，人们往往从分配关系入手，特别是从财政税收、转移支付等再分配领域入手，完善社会保障，改善低收入者的民生状况。这些措施都是完全必要的，我们现在也开始这样做了。但是，仅从分配和再分配领域着手是远远不够的，不能从根本上扭转贫富差距扩大的问题。还需要从所有制结构，从财产制度上直面这一问题，从根本上阻止贫富差距扩大向两极分化推进的趋势。这就是邓小平所说的“只要我国经济中公有制占主体地位，就可以避免两极分化”[②]。本文

① 萨缪尔逊·经济学：下卷．高鸿业，译．北京：商务印书馆，1979.

② 邓小平文选：第3卷．北京：人民出版社，1993.

前面所讲的分配上的新综合，是以所有制上的新综合为前提条件的。所有制发展上要坚持“两个毫不动摇”，要坚持公有制为主体，毫不动摇地发展公私两种经济，不能只片面强调一个毫不动摇；要延缓“公”降“私”升的速度和程度，阻止化公为私的所有制结构转换过程。

十、 社会意识形态与社会存在的关系

意识形态与社会存在的关系，也是历史唯物主义的一个重要问题。社会存在决定社会意识，反过来，社会意识又反作用于社会存在。先进的社会意识推动社会进步，落后腐朽的社会意识阻碍社会进步。30 年来，我们在这方面经历了不少风雨，最重要的莫过于解放思想和改革开放的关系了。

邓小平同志很好地解决了解放思想和改革开放二者的关系。“解放思想，实事求是”思想路线的重新确立，与邓小平同志改革开放的思想紧密相关。邓小平同志指出：“只有思想解放了，我们才能正确地以马列主义、毛泽东思想为指导，解决过去遗留的问题，解决新出现的一系列问题，正确地改革同生产力迅速发展不相适应的生产关系和上层建筑，根据我国的实际情况，确定实现四个现代化的具体道路、方针、方法和措施。”[①] 他所说的思想解放，是要正确地以马列主义、毛泽东思想为指导，解决我们前进中遇到的一系列问题。思想解放不能离开了这个根本。我不厌其烦地引用邓小平同志的原话，是因为现在某些人的思想解放早已离开了这一根本，却还在“高举”邓小平的旗帜，高调提倡“进一步思想解放”。他们称当前“新的思想解放”或“第三次思想解放”，是从冲破姓“社”姓“资”，到冲破姓“公”姓“私”，概括起来就是冲破“所有制崇拜”。那就是不要公有制为主体，不要社会主义基本经济制度。所谓“新的思想解放”的实质就在这里，他们的思想解放就是要结束社会主义基本经济制度，从而结束

① 邓小平文选：第 2 卷．北京：人民出版社，1993.

社会主义。某些观点的精神实质，就是要把中央在十七大提出的解放思想说成是“新”的思想解放，特别强调30年改革开放的伟大历史进程在意识形态领域始终贯穿着姓“社”姓“资”、姓“公”姓“私”的争论，而每次改革开放的突破都是以解放思想为先导的。他们讲的“新”的思想解放，其“新”在何处呢？用他们自己的话来说就是，新在从姓“社”姓“资”的束缚中解放出来，不要用社会主义的观念阻碍向资本主义前进。不要提姓“社”姓“资”，那就意味着不要再提社会主义制度与资本主义制度的区别。这些人完全曲解了邓小平同志的原意。邓小平同志明确地把坚持社会主义作为改革开放的前提。他说：“我们实行改革开放，是怎样搞社会主义的问题，作为制度来说，没有社会主义这个前提，改革开放就会走向资本主义，比如说两极分化。”① 因此，所谓的“思想解放”也分两种情况。一种是以马克思主义、科学社会主义为指导的思想解放，这是促进我们的改革开放向社会主义自我完善的方向前进的；另一种是以新自由主义、民主社会主义为指导的思想解放，这将把我们的改革开放推到一个不是我们党所规划的方向。

所以，不能天真地认为凡是思想解放都能正确引导和推动我们的改革开放，要警惕有人想利用思想解放来误导改革开放。

当然，在社会存在、社会利益多元化以后，多种社会思潮的出现，非马克思主义、反社会主义思潮的出现，是不可避免的。历史经验证明，对于多种多样的社会思潮，放任自流不行，简单堵塞也不行。包容并蓄似乎是和谐社会应有之义。但一切事情都要有一个度，不能让一些非常错误的思潮把人们的思想搞得乱七八糟、六神无主，不能让这些错误思潮像戈尔巴乔夫和雅可夫列夫导致灾难后果的“多元化”、“公开性”那样，把我国的改革和发展的方向引入歧途。

所以，在实行多样化、包容一些非马克思主义、反社会主义思潮存在

① 邓小平年谱：下卷．北京：中央文献出版社，2004.

的同时，一定要强调“主旋律”，强调切实地而不是形式主义地宣传马克思主义，强调宣传科学社会主义，强调宣传坚持四项基本原则和改革开放的中国特色社会主义。用“主旋律”来教育人民，统一思想，筑牢社会团结进步的思想基础。要给宣传正确思想、批判错误思想以更多的话语权。批判与反批判从来就是追求科学真理的必由之路，各种思潮的和平共处并不有利于和谐社会的建构，这一点并不是像某些天真的同志所幻想的那样。当然，我们也要防止利用争鸣来制造社会不和谐的杂音。

30 年过去了，我们仍然要继续解放思想，要与时俱进，但要坚持邓小平同志所倡导的以正确的马列主义毛泽东思想为指导，就是要以马克思主义与当代中国实践相结合的中国特色社会主义理论为指导，解决过去积累以及新出现的问题，正确改革与生产力不相适应的生产关系和上层建筑。传统社会主义思想当中不适应社会主义自我完善的东西，如社会主义与商品市场经济不相容，所有制结构只能是“一大二公”不允许非公有制经济存在等教条，必须加以破除，建立符合社会主义初级阶段、建立社会主义市场经济体制的新观念。今后还要进一步扫除妨碍社会主义制度自我完善的意识形态，树立促进社会进步的新思想新观念。但是，思想解放是有底线的，不是无边无际地胡思乱想，这个底线就是发展了的马克思主义和科学社会主义。忽视了社会主义的底线、突破了社会主义初级阶段的思想解放不是我们所需要的，也不是我们所希望看到的。

（原载于《中国社会科学》2008 年第 6 期）

坚持正确的改革方向

最近读到胡锦涛主席参加全国人大上海代表团会议时的讲话，强调“要深化改革，毫不动摇地坚持改革方向”，感到十分振奋。同时想到，现在人们讲坚持改革方向，其实各有不同的含义。锦涛同志的含义是什么呢？我体会，他讲的“坚持改革方向”，毫无疑问，是邓小平开拓的社会主义自我完善的改革方向，是坚持四项基本原则的改革方向。这个改革方向，能够保证我们国家走向繁荣富强，人民走向共同富裕，因而能够获得广大人民群众的拥护和支持。所以，邓小平曾说：“改革不是一个派，是全民赞成改革，全党赞成改革，如果说是一个派，那就是百分之九十以上人的派。保守的人是有，但作为一个派别，中国没有。中国有一些人有这样那样对改革的某些问题、内容、步骤持有不同意见，但这些人中他们大多数也是赞成改革与开放，有意见也是正常的。”

邓小平赞誉全国人民和全党支持改革，讲得多好呀！怎么最近某些同志却说：现在出现了“一股反对改革，否定改革的浪潮”，据说“民间和上层都有”。什么人反对改革呢？他们说“贫困群体”和“既得利益集团”都有份，他们“结成联盟”来反对改革。这个估计与邓小平热情对待中国人民拥护改革的态度，何其相反。他们把一大批拥护改革但对改革有这样那样不同意见的群众和学者，统统推向反对改革、否定改革的阵营，打成反改革派或保守派，这种做法同当前要团结动员人民群众一道进一步搞好改革，是背道而驰的。胡锦涛同志这次讲话强调要“使改革兼顾各方面利益，照顾各方面关切，真正得到广大人民群众的拥护和支持”，这才是我们应该做的。

一些人士讲现在出现了“一股否定改革、反对改革的浪潮”，其实不过是在改革取得巨大成功的同时，遇到了一些问题。人们在反思改革时，对改革的某些问题、内容、步骤有不同意见，这本来是很正常的。反思改革无非是总结改革的经验教训，小平同志一再强调对改革开放要认真总结经验，因为“我们的全面改革是一种试验，中间一定会有曲折，甚至大大小小的错误，那不要紧，有了错就纠正”。“对的要坚持，错的要纠正，不足的要加点劲。”小平同志说的话，多么充满辩证法的精神，多么符合世情事理。最近那些大嚷出现反对改革浪潮的人士，迫于陷入不符合事实的窘境，不得不追赶形势，也讲起“反思改革”来了。但他们讲“反思改革”的时候，首先把矛头对着与他们意见不同的同志，说后者的反思改革是“想恢复计划经济，把人们引向反市场化改革的方向上去”，还是“借反思改革来反对改革”那一套，真是武断霸道到了极点。

改革开放已经28年了。因为年头不少，成就多多，积累的矛盾问题也就不少。因此，现在反思改革的人群范围和反思改革对象所涉及的范围，都比过去大大地扩展了。就反思改革的规模而言，确实是前所未有。这是随着改革的广度、深度向前推进的结果，没有什么令人惊诧的地方。那么现在倒要认真地探讨一下，为什么改革会从过去“全民赞成，全党赞成”，变成今天有那么多的反思和疑问，以至某些人士惊呼要警惕出现所谓“反对改革的浪潮”。

究其原因，我认为，不外乎以下两点。第一点是改革中利益关系起了变化，第二是改革中意识形态关系发生了变化。

关于改革的利益关系的问题，邓小平说过：“虽然明确表示反对改革的人不多，但一遇到实际问题，就会触及一些人的利益，赞成改革的人也会变成反对改革的人。”大家都不否认，改革初期，人们普遍受到改革之惠，所以出现“全民赞成，全党赞成”的局面。但是20世纪90年代以来，随着改革进程的深化、曲折化和复杂化，中国社会的利益关系格局起了变化。一些人富起来了，少数人暴富，许多人收入、生活有了改善，相当一部分人则改善不多，相当一部分人的利益受到损害，一部分人沦为贫困弱势群体。这种利益格局的变化，不能不反映到人们对改革问题的态度上来，不反映倒是很奇怪的。生活水平和社会地位相对下降或者绝对下降的人群，不满意导致他们利益受损、引发贫富差距过分扩大的改革举措，希望得到克服改进，他们并不是反对改革本身。这些人群包括弱势贫困群体，多是我们工农基本群众，是共产党建党立党的社会基础。他们会成为反对党的改革开放政策的力量，这真是难以想象的事情。把他们同“既得利益集团”一起划到“结成反市场改革的联盟”中去，如同一位我们尊敬的著名经济学家所声称的那样，这实在是一种不负责任的信口开河。

至于说到改革中受益人群对改革的态度，那也需要具体分析。受益群体中包括日益成长的知识层、技术层、管理层的中产阶层，包括对我们经济建设做出重要贡献的勤劳合法经营的私营企业家，他们都是社会主义建设的参加者，毫无疑问也都是改革开放的拥护者，尽管他们对改革中妨碍他们利益的一些事情有一些意见。受益群体中还包括“既得利益集团”。如果“既得利益集团”是指以非法手段、用潜规则来获得财富的少数暴富分子，他们利用改革的缺陷，利用市场的扭曲和种种伪改革行为来发财致富。他们未必反对这种令他们迅速富起来的“改革”氛围，而毋宁是顶礼膜拜欢迎这种“改革”。只是当改革深化到以人为本、以促进和谐社会为目的的阶段，当改革进一步强化市场经济的社会主义方向的时候，他们眼见财路来源可能中断，甚至要绳之以法，他们才反对真正的改革，所以简单地说“既得利益集团反对改革”，只能掩盖他们在需要利用的时候拥护“改革”，不过此改革与彼“改革”的性质含义完全不同罢了。而且在他们反对真正的改革时，由于他们是实力集团，他们构成为改革的真正阻力，需要我们认真对付。一些搞官商勾结、权钱交易、权力资本化的人，也都属此类。而其他改革中的不同利益群体的人们，尽管他们对改革有这样那样不同的意见，都属于人民内部矛盾，都是我们坚持的改革要团结的对象。只要按照胡锦涛同志“增强改革措施的协调性，使改革兼顾到各方面利益，照顾到各方面的关切”，就能“真正得到广大人民群众的拥护和支持”。对于这一点，我是深信不疑的。

另一点是改革中意识形态关系的变化。就是两种改革观的较量。这是一个意识形态问题，事实上回避不了的。邓小平的改革观是社会主义的改革观，是我们要坚持的。但是确确实实还有一种非社会主义的或者资产阶级自由化的改革观，则是我们必须反对的。邓小平指出“有些人打着拥护改革开放的旗帜，想把中国引导到搞资本主义，这种倾向不是真正的拥护改革政策，它是要改变我们社会的性质”。我们实行对外开放，当然要借鉴吸收一切外国先进的东西，包括反映社会化生产和市场经济一般规律的思想、知识、经验，结合我们的实际，为我国经济发展和经济改革所用。我们对西方先进的东西求之若渴。但在西方先进的东西引进来的同时，糟粕也进来了。那些想“引导中国搞资本主义，改变我们社会性质”的意识形态，就是这样的糟粕。

资产阶级自由化思想一旦在中国出现，就要假借中国改革开放的旗帜，同中国正确的改革观，即邓小平的改革观进行较量，同马克思主义进行较量。20 世纪 80 年代，已经有过几次交锋，错误的改革观被正确的改革观所击退。但是 90 年代以来，由于种种原因，主要是小平同志所说的“政治思想教育一手弱”的原因，以新自由主义为主要内容的资产阶级自由化思潮逐渐滋长蔓延。什么追逐私利的经济人假设的人性论，什么唯一符合市场经济要求的私有制永恒论，什么泛市场化的市场教旨主义，什么政府只能执行守夜人职责的政府职能最小化论，等等，不一而足。这些新自由主义思潮，虽然没有能够达到他们臆想的主导中国经济运转的能耐，但是它正在向我国社会经济文化各个领域渗透，对我国经济发展与改革的实践施加影响，则是一个不争的事实。只要看看国企改革中出现的问题，看看教改、医改、房改、城改等领域出现的问题，即可窥见一斑。一股将中国改革引向资本主义私有化的暗流，已经呼之欲出。理论突破的阵地在意识形态领域、在经济学的教学和研究部门。西方资产阶级经济学在我国的阵地逐渐扩张，马克思主义逐渐边缘化。某些市场化了的媒体也成了新自由主义的营盘，拒绝传播马克思主义和维护四项基本原则的声音。这是一个重要的危险信号。这种情况，加上对中国经济在大好形势下出现的令人忧虑的一些现象的观察，激发中国许多学人和学者，首先是马克思主义者对新自由主义和资产阶级自由化改革观的义愤，在不同领域广泛地自发地发动了对新自由主义的反击。这样我们就看到如此规模的对改革的反思和对新自由主义的质疑了。

有人说，批判新自由主义就是“反对改革”。不错，中国人民要反对的正是这种导向资本主义方向的“改革”，要坚持的正是邓小平的以社会主义自我完善为方向的改革。胡锦涛同志此次在上海代表团就改革开放发表了全面完整的重要意见，强调指出要毫不动摇地坚持改革方向，表明了党中央的原则态度，受到全国人民的热烈欢迎。锦涛同志话音刚落，就有某方面的代表人物出来，继续散布有人否定改革，宣称要把“改革以来的第三次大争论进行到底”等蛊惑性言论。这也好，挑战书已经抛出，真理不怕争论。试看今日之域中，竟是谁家的天下！

（原载于《马克思主义文摘》2006 年第 6 期；副标题：读胡锦涛同志3 月7 日讲话有感）

略论“市场化改革”

近期，对于中国改革问题的讨论日趋热烈，有人说是改革开放以来第三次大讨论。前两次讨论是什么时候，说法也不一样。且不论怎么划分三次争论，单就这一次来说，争论激烈的程度不亚于前两次。这次有一个奇怪的现象，就是争论的一方的意见，可以在主流媒体上发表，而另一方的意见，主流媒体上基本看不到，倒是在互联网上广为流传。目前还有一个现象，就是争论的一方一面抛出自己的论点主张来攻击对方，一面又拼命叫不争论，就是不准别人争论、别人回应；而争论的另一方却不买这个账，说真理不怕争论。实际上前一方是想只让自己讲话，而不让人家讲话。改革开放到了今天，互联网又这么发达。堵人开口的企图大概是办不到了。主流媒体基本上只刊登一方的言论，也值得我们玩味、深思。想一想为什么会出现这种偏颇的情况？当然这种偏颇，因为有互联网这个东西，给校正了一点。

关于这次大争论的性质，大家的认识也是有尖锐分歧的。有些人说，这次争论是反对改革同坚持改革不动摇的争论。这种说法遭到驳斥。你不能把那么多反思改革的群众、学者，推到“反改革”的阵营中去，说成是“一股反对改革、否定改革的浪潮”。这不符合胡锦涛同志最近讲的要“使改革真正得到广大人民群众拥护和支持”的要求和精神。

那么，这次争论的实质是什么呢？许多群众、学者都认为，这次争论的核心问题不是坚持不坚持改革的问题，而是坚持什么样的改革方向的问题，是坚持邓小平开创的社会主义自我完善的改革方向，还是假借“拥护改革开放的旗帜，把中国引导到搞资本主义”的改革方向？是坚持社会主义基本经济制度，即公有制为主体、多种所有制共同发展的改革方向，还是采取资本主义私有化的改革方向？是坚持社会主义市场经济为目标，还是以资本主义市场经济为目标或名曰“市场化改革”的改革方向？

“又是姓‘资’姓‘社’的争论”，“又是意识形态的争论”，但这是回避不了的。想回避是天真。人家用资产阶级的意识形态来攻你，又用“非意识形态化”来麻痹你，叫你回避社会主义的意识形态，可以吗？在关系国家人民命运的大问题上，提倡“非意识形态化”“非政治化”，只能骗骗没有马克思主义常识的人。

我现在要讲讲为什么争论的一方要把争论的另一方栽赖为反对改革、否定改革，而把自己打扮成“坚持改革”的角色。其实道理很简单，第一，在今天实行改革开放的中国，“反改革”是罪大恶极的帽子，类似“文化大革命”时讲你“反文革”就可以置你于死地。今天至少是把你放在被动挨打的地位。第二，这样做是为了掩盖某些人借拥护改革开放的旗子把中国导向完全私有化、完全市场化和两极分化的资本主义的意图。如最近“新西山会议”一些人讲的，现在“不好明说”“说不得”“亮不出来”，只能“遮遮掩掩”“躲躲闪闪”“畏畏缩缩”地说出来。其实“新西山会议”某些人暴露的野心比这更大，不止经济领域，还有政治领域，是要颠覆共产党的政权，这里不能详细讲了。

有人问我，为什么现在出现这么多人反思改革？是不是因为改革搞不下去了？我说不是，改革还是一往直前地在进行，但是受到一些干扰，出了一些问题。有一位官员说，现在改革中出现这样那样的问题，但不是改革方向出了问题，所有问题都与改革方向无关。这些话也对也不对，总体上党中央是坚持改革的社会主义方向的，总体上没有背离社会主义方向。但具体地讲，改革方向在许多重要方面受到干扰，如在所有制问题上，公有制为主体问题受到干扰；如在分配问题上，社会公平问题受到干扰；等等。中央提出科学发展观与建设和谐社会方针，力求扭正这些干扰，但是还没有完全扭正过来。这种对改革的正确方向即社会主义方向的干扰，是客观存在的，群众和学者对此进行反思，提出改进的建议，实属正常，完全必要，不能动不动就说这是反对改革。

再说20世纪90年代以来，随着改革过程的深化和复杂化，中国社会利益关系格局起了变化。一部分人群的生活水平和社会地位相对下降或者绝对下降，这些人群对导致他们利益受损、引发贫富差距过分扩大的社会现象不满，对背离社会主义方向的现象不满，希望得到克服，他们并不是反对改革本身。这些人群包括弱势贫困群体，他们多是工农基本群众，不能把他们推向反改革阵营，即使他们当中有一些过激情绪和片面言论，也是我们教育帮助的对象，要团结他们一致拥护和支持改革。怎么能够把他们划到“反市场改革的联盟”中去？如同我们一位尊敬的著名经济学家所讲的那样，这实在是一种不负责任的信口开河。

一些人把中国改革叫“市场化改革”，如果说“市场化”是作为改革的“简称”，这勉强可以接受，但要注意这种提法有很大的毛病。如果不是作为简称，而是把它作为中国改革的全称，把中国改革定义为“市场化改革”，那是绝对错误的。

我们改革的目标，是邓小平说的社会主义制度的自我完善，包括建立社会主义市场经济体制。中国的改革，包括政治改革、经济改革、社会改革、文化改革、政府改革等，不能都叫作“市场化改革”，而是社会主义制度在各领域的自我完善。这应该是明确的。国家机构改革，也只能说要适应建立社会主义市场经济的要求来进行，而不能按“市场化改革”的原则来进行。就是在经济领域，也不完全是“市场化改革”，而是“建立社会主义市场经济体制”，是在国家宏观调控下让市场起资源配置的基础性作用，并不是简单的“市场化改革”所能概括的。这里在“市场经济”的前面，有一个前置词，还有一个前提条件。前置词是“社会主义”，前提条件是“在国家宏观调控下”。这是党的十四届三中全会文件中白纸黑字定下来的，不是一句空话，有它的实质内容。

先说“社会主义”前置词。有些人鼓吹“市场化改革”的口号时，故意不提前置词——“社会主义”。有些人为了打扮自己，掩盖真实面貌，假装提一下“社会主义”，但把“社会主义”置于可有可无的地位，或给予任意歪曲的解释。我说“社会主义”不能当成一句空话，它有准确的内涵。邓小平说过社会主义有两条根本原则：第一条是公有制为主体、多种经济共同发展；第二条是共同富裕、不搞两极分化。一些人在鼓吹“市场化改革”道路的时候，故意把这两条去掉、抽掉、扼杀掉。特别是最根本的涉及社会主义基本经济制度即所有制的一条——“公有制为主体”，故意根本不提。倒是民营经济（即私有经济）已经成为“国民经济的基础”或“主体”的字样，越来越充斥于某些媒体、某些会议。这大概就是“深化市场化改革”的真实含义（私营经济是要在公有制经济为主体的前提下与公有制共同发展的，但中央没有“民营为主体”一说）。

还有一个前提条件——“在国家宏观调控下”。之所以要这一条，非常重要的一条，就是因为市场经济虽然在资源配置上有重要的作用，特别是在竞争性的资源配置上，有很大的优越性，但市场经济在宏观经济综合平衡上，在竞争垄断的关系上，在资源和环境保护上，在社会分配公平上，以及在其他方面，也有很多的缺陷和不足（关于市场经济的优点和缺点，我过去说得很多，教科书上也不乏叙述，我不再重复了；“市场化改革派”只睁眼看到市场经济好的一面，却闭眼不看市场经济不好的一面，我也不去说了），不能不要国家的干预、管理、宏观调控来加以纠正、约束和补充，所谓用“看得见的手”补充“看不见的手”。特别是加上我国还是一个社会主义国家，社会主义国家的性质，社会主义公有制经济为主体的地位，以及社会主义社会实行统一计划的客观可能性与集中资源、力量办大事的优越性，等等，决定了要更加加强国家的宏观调控和政府调节。市场在资源配置中起基础性作用，是在国家宏观调控的前提下起这个作用的；而且在资源配置中起基础性作用，也不是一切资源都完全由市场来配置，有些关键性资源还要由国家来配置，这也是很明白的。总之，我们要尊重市场，但不可迷信市场。我们不迷信计划，但也不能把计划这个同样是人类发明的调节手段弃而不用。在“市场化改革”的口号下迷信市场成风，计划大有成为禁区的态势下，强调一下社会主义市场经济也要加强国家对经济干预管理和计划调节的作用，怎么就会成为“想回到计划经济旧体制”？“市场化改革”鼓吹者硬要加人家这一顶帽子，想堵人家开口，恐怕不能成功。

我再补充几点，国家的宏观调控主要包括这几项：计划调控、财税调控、金融调控等内容，最近在我国还加上土地调控，其实土地调控也属于计划调控。这些调控都应是自觉性的、集中决策的事先调节，都是有计划性的。这与市场调节不同，市场调节是自发性的、分散决策的事后调节，这种盲目的滞后调节所带来的种种消极后果，必须要用自觉的、集中决策的、事先的宏观调控和计划调节来校正，要由政府行为来校正。所以邓小平说计划和市场都是手段，资本主义和社会主义都可以用。为什么社会主义市场经济就不能用自觉的、集中决策的、事先的计划手段来校正市场经济的种种缺陷和不足？有人想把经济生活的一切交给市场去管，都“市场化”，把社会生活、文化生活、国家政治生活也都推向“市场化”，把计划排除在社会主义市场经济之外，排除在经济社会一切领域之外，把它视为禁区，加以摒弃，我说这不仅是迷信市场的幼稚，而且是别有用心。

当然，过去早已指出，社会主义市场经济下的计划调节，主要不是指令性计划，而是指导性、战略性计划。“十一五”计划改叫规划，但规划也是计划，是指导性、战略性的计划。市场经济下计划的指导性和战略性，过去早已明确讲过。现在“计划”改“规划”，一字之差就大加炒作，真是“市场化改革”过程中的产物和笑话。还要指出，社会主义市场经济下的计划，虽然主要是指导性、战略性计划，但它必须有导向的作用、有指导的作用。如果不去导向、不去指导，放在那里做摆设，我国每五年花那么大力气编制、讨论、审查、通过五年计划，还有什么意义？所以一定要强调计划、规划的导向作用和指导作用。这样的计划，除了政策导向的规定外，还要有必要的指标、项目和必须完成的指令性的任务，如中长期规划中的巨大工程的规划、尖端科技突破的规划、环境治理规划等，短期计划里的反周期的投资计划、熨平周期的各种调控措施（很多财政、税收、金融、货币等政策措施属此类）都必须带有指令性或约束性。所以，指令性计划也不能完全排除。现在计划工作中有把计划、规划写成一本政策汇编的苗头，很少规定必须完成的和可以严格检查问责的指标和任务，很多东西可以执行也可以不执行。这样的计划工作，有改进的必要。

总之，中国的社会主义自我完善的改革，是以建立社会主义市场经济体制为目标的改革，绝对不是简单的“市场化改革”。查一查中央文件，查一查宪法、党章，哪里说过我国要实行“市场化改革”？文件中讲到改革开放，总是同坚持四项基本原则联系起来；在“市场经济”前面，总是加上“社会主义”的前置词；“社会主义”一词的内容，总是强调“公有制为主体”。而那些鼓吹“市场化改革”口号的人，几乎无一例外地不提这些关键词。有些政府官员偶尔讲过“市场化改革”，我理解那是简称，不是全意。但这些话会误导改革方向，被“市场化改革”的鼓吹者所利用。所以我认为，今后党政领导不要再受人蒙骗，不要再用这个提法。

（原载于《马克思主义文摘》2006年第7期；副标题：我国改革的正确方向是什么？不是什么？）

“市场化”不应是中国改革的全称

我们改革的目标是社会主义制度的自我完善，包括建立社会主义市场经济体制。中国的改革有政治改革、经济改革、社会改革、文化改革等，改革的目标都是社会主义的自我完善，这么多领域的改革不能都叫作“市场化改革”，不能都按市场化的原则来进行。即使是经济领域也不能完全市场化。经济领域的改革是建立社会主义市场经济体制，是在国家宏观调控下，让市场起资源配置的基础性作用。这不是简单的“市场化改革”五个字能概括的。

我们认为，尽管目前争论颇多，但改革仍是社会的基本共识。改革是一个客观存在，也是一种历史的自觉。

十一届三中全会以来的历史证明：“实行改革开放是社会主义中国的强国之路，是决定当代中国命运的历史性决策。改革开放，是新时期中国最鲜明的特征。没有改革开放，就没有中国特色社会主义。”而把社会主义同市场经济结合起来，则是一个伟大创举。“这就需要积极探索，大胆试验，尊重群众的首创精神；需要深化改革，解决体制转变中的深层次矛盾和关键问题；需要扩大开放。吸收和借鉴世界各国包括资本主义发达国家的先进技术和管理经验。”不改革，很多问题的解决就没有出路。“继续推进改革，难度会更大，工作会更复杂。我们必须拿出一往无前的勇气，在体制创新方面取得重大进展，绝不能有畏难情绪。在社会主义社会的各个历史阶段，都需要根据经济社会发展的要求，适时地通过改革不断推进社会主义制度自我完善和发展，这样才能使社会主义制度充满生机和活力。”

上述这些已经载入中国共产党新时期重要文献的论述，也是中华民族在探索伟大复兴之路上的宝贵经验。可以说，这就是一种历史的自觉。

改革是一个自我完善的过程，“各个历史阶段”都有新的、符合时代特征的命题，所以要不断深化改革。正如胡锦涛总书记强调的，充分发挥市场在资源配置中的基础性作用，同时努力加强和改善宏观调控，保证经济社会又快又好发展；要不失时机地推进改革，切实加大改革力度，同时注重提高改革决策的科学性。增强改革措施的协调性，使改革兼顾到各方面利益、照顾到各方面关切。这里面蕴含的辩证思维，对于实现更好的改革，具有十分深刻的意义。

在此次改革争论中，著名经济学家刘国光教授是一个无法回避的名字。近期，在接受本报记者采访时，刘教授对自己的观点作了一些新的充实和阐述，但主旨基本上贯彻如一。

哲学家罗素说过：“不要害怕思考，因为思考总能让人有所补益。”对建构在说理、负责基础上的争论，哪怕是激烈的争论，亦应作如是观。

《第一财经日报》：这一轮关于改革的争论已经持续了两年多，有人说这是改革开放以来的第三次大讨论，您觉得与以往相比，这次争论有什么特点？

刘国光：从讨论的激烈程度上来看，这次并不亚于前几次。但这次有个奇怪的现象，争论一方的意见可以在主流媒体上发表而另一方的意见在主流媒体上基本上看不到，但却在互联网上广为传播并产生很大的影响。

《第一财经日报》：您觉得这次争论的核心是什么？

刘国光：关于这次争论的性质，大家的认识有尖锐的分歧。有些人说，这次争论是反对改革和坚持改革不动摇的争论，但这种说法遭到驳斥，因为任何人都不能把那么多反思改革的群众、学者推到反对改革的阵营中去，把他们说成是一股反对改革和否定改革的潮流。

许多群众和学者都认为，现在争论的核心问题不是坚持改革和不坚持改革的问题，而是坚持什么样的改革方向的问题：是坚持社会主义自我完善的改革方向，坚持以公有制为主体、多种所有制共同发展的改革方向，还是坚持私有化的改革方向？是坚持社会主义市场经济为目标的改革，还是简单的“市场化改革”？

《第一财经日报》：您不久前撰文指出，两种改革观的较量无法避免，而且明确表示，意识形态的问题无法回避。这和邓小平同志的“猫论”，以及不要管姓社姓资的论断，似乎有点矛盾，您怎么看？

刘国光：首先，应该澄清一点，邓小平同志不管姓社姓资的论断是针对计划和市场的关系来说的。计划与市场这两种手段，社会主义和资本主义都可以用，它们不是两种社会制度的区别。邓小平同志并不是说改革的所有方面都不要讲社会主义和资本主义的差别。如果真是这样，他为什么还要多次强调坚持四项基本原则，还要多次提坚持社会主义的方向，坚持公有制为主体，而且还在三个“有利于”的前面加上“社会主义”的字样？我们要全面理解邓小平同志的观点。

其次，我认为无法回避的是，争论的另一方实际上是在“去意识形态化”的背后，用“私有化”“完全市场化”等资本主义的意识形态来取代社会主义的意识形态。这当然是不可以的，在关系国家社会前途的重大问题上，提倡“非意识形态化”，提倡“非政治化”，只能骗骗那些没有马克思主义常识的人。

《第一财经日报》：从您的学术经历中可以看出，您是中国比较早推动市场经济的经济学家之一。现在有人把您看作是反对“市场化改革”的代表，有人认为您是主张要回到计划经济时代。为什么会对您有这种看法？

刘国光：现在争论的一方把另一方说成是反对改革而将自己当作坚持改革的角色，其实道理很简单。

第一，今天我们实行改革开放的政策，“反改革”是罪大恶极的帽子，类似于“文化大革命”时讲你“反文革”就可以置你于死地，今天至少把你放在被动挨打的地位。第二，这样的做法是为了掩盖某些人假借拥护改革开放的旗帜，将中国导向完全的私有化、完全的市场化和两极分化。

《第一财经日报》：如今您已经年过八旬，是什么原因吸引您加入这场争论，关心这场争论呢？

刘国光：我实在是不愿意卷入。最近几年我主要是研究宏观经济，比较偏重于关注经济运行和发展问题。2005 年 3 月中国经济学杰出贡献奖颁奖会上，我的一篇简短的答辞引起了一些争端，加上 2005 年 7 月非常偶然的机会我谈了当前经济学教学中的几个问题，网络转载后引起了很大的反响，这样就被卷入了争论中。开始的时候我也是被动的，后来我越来越感到改革方向的问题也确实是一个大问题。

《第一财经日报》：为什么近来会出现这么多对改革的反思？是不是像有人说的，当前的改革问题太多，搞不下去了？

刘国光：我认为不是改革搞不下去，改革还是在一往直前地进行。但改革过程受到了干扰，出现了一些问题，比如国企改革，国有资产流失变成某些人暴富的源泉，还有“三座大山”即教育、医疗、住房中的问题，等等。

有人说，现在改革中出现这样那样的问题，不是改革方向出了问题，言下之意，当前出现的所有问题与改革方向无关。我觉得这种判断也对也不对。总体上，我们坚持改革的社会主义方向。但在具体执行上，改革的社会主义方向在许多方面受到了干扰。比如在所有制问题上，公有制为主体的思想受到干扰，很明显，地方上的国有企业已经差不多都卖完了，相当一部分是低价或是白送。现在中央企业也要卖，甚至一些关系国家命脉的企业也有人呼吁要卖。目前，公有制经济的比例到底占多少没有人说清楚，全国政协、人大开会的时候，有委员、代表提出要有关部门公布这个数据，但没有得到答复。

又比如分配问题，收入差距越来越大，人们在忧虑，是不是出现了两极分化的趋势？这些都说明，改革正在受到干扰，如果有人认为出现的这些问题和“市场化”一点儿关系都没有，那是胡说八道。

中央现在提出科学发展观，提出建设和谐社会，我认为就是要力求排除这些干扰，使改革沿着更加正确的道路前进。但干扰还没有完全扭正过来，对改革的正确方向即社会主义方向的干扰是客观存在的。因此，说一点儿方向问题没有什么不对的。

《第一财经日报》：您认为，当前改革中所出现的问题是由于这些干扰所导致的？

刘国光：当然，改革的有些方面还没有完全到位，改革还不尽完善，都是原因。但不能否认对社会主义正确改革方向的干扰所起的影响。人们对改革中的问题进行反思，群众反思的无非就是腐败问题、社会问题、国企改制中出现的许多问题等，并对这些提出了改进的意见。这是大家的权利，不应该动不动就说人家反对改革。这是大众反思改革的第一个原因。

第二个原因是，20 世纪 90 年代以来，随着改革过程的深化和复杂化，中国社会利益关系的格局起了变化，一部分人富起来，一部分人暴富了，许多人生活有了改善，但相当一部分人改善不多，有一部分人利益受损，还有一部分人沦为贫穷、困难、弱势的群体。生活水平和社会地位相对下降或者绝对下降的一部分人群，对导致他们利益受损、引发贫富差距过大的社会现象不满是很正常的，对背离社会主义方向的现象表示不满，这也是很正常的。他们希望得到克服，他们是对改革的某些问题、步骤有意见，而不是反对改革本身。

这些人群包括贫困弱势群体，他们都是工农基本群众，不能把他们推向反改革的阵营。即使他们当中有一些过激情绪和片面言论，也是我们教育帮助的对象，要团结他们一致拥护和支持改革，怎么能把他们划入“反市场改革的联盟”中去呢？如同一位我们尊敬的著名经济学家所讲的那样，这实在是一种不负责任的信口开河。

《第一财经日报》：一些人认为改革过程中出现诸多问题是因为“市场化改革”不够，要加大“市场化改革”的力度，您如何看待市场化改革？

刘国光：有些人把中国的改革叫作“市场化改革”，如果“市场化”这三个字作为中国改革的简称，还勉强可以接受，但这种提法有很大的毛病和局限性；如果“市场化改革”不是简称，而是全称，将中国的改革定义为“市场化改革”那就是绝对错误。

我们改革的目标是社会主义制度的自我完善，包括建立社会主义市场经济体制。中国的改革有政治改革、经济改革、社会改革、文化改革等，改革的目标都是社会主义的自我完善。这么多领域的改革不能都叫作“市场化改革”，不能都按市场化的原则来进行。

即使是经济领域也不能完全市场化，经济领域的改革是建立社会主义市场经济体制，是在国家宏观调控下，让市场起资源配置的基础性作用。这不是简单的“市场化改革”五个字能概括的。在市场经济的前面，有一个前置词——社会主义，还有个前提条件——在国家的宏观调控下，这是党的十四届三中全会决议白纸黑字写明白的，不是一句空话，它有实质的内容。

《第一财经日报》：在一年之前您获得中国经济学杰出贡献奖的答辞中提出，这些年来，我们强调市场经济相对多了一点，强调社会主义相对少了一点；在说到社会主义市场经济时，则强调它发展生产力的本质即效率优先方面相对多了一些，而强调它的共同富裕的本质即重视社会公平方面相对少了一点。您是否早就意识到了这个问题？应该如何认识社会主义市场经济的含义？

刘国光：“社会主义市场经济”是一个完整的概念，是不容割裂的有机统一体。有人讲“市场化改革”时故意不提“社会主义”，或者将之放在可有可无的地位。但我认为，“社会主义”不是一句空话，因为邓小平多次强调过社会主义有两条根本原则：一是公有制为主体；二是共同富裕，不搞两极分化。

有些人在鼓吹市场化道路时故意将这两条忘掉、抽掉、扼杀掉，在不知不觉中叫人接受这样的“市场化改革”，特别是最根本的一条——公有制为主体，根本不提。倒是民营经济（即私有经济）已经成为国民经济的“基础”或“主体”字样越来越充斥于一些媒体、一些会议。这大概就是深化“市场化改革”的真实含义。当然，我们是要发展民营经济的。但要在坚持公有制为主体的条件下发展。党中央从来没有提过要以民营经济为主体。

“在国家的宏观调控下”是社会主义市场经济的前提条件。之所以要这条是因为，市场经济虽然在资源配置上有重要作用，特别是在竞争性资源配置上，市场确实具有优越性，在价格波动时，经济当事人自主判断、自主权利这些方面都是很好的。但市场经济在许多方面也有问题，如在宏观综合平衡上，在垄断和竞争的关系上，在资源和环境的保护上，在社会分配公平上，等等，存在很多缺陷和不足。

在这样的情况下，我们不能没有国家的干预、政府的管理。要用宏观调控来加以纠正、约束和补充市场行为，用“看得见的手”来补充“看不见的手”。

特别是中国这样一个社会主义性质的国家，社会主义公有制的地位客观上具有实现统一计划的可能性、集中力量办大事的优越性，这些都决定了我们更要加强国家的宏观调控和政府干预。市场在资源配置中起基础性作用是在国家宏观调控下发挥作用的。而且在资源配置中起基础性作用并不是一切资源都由市场来配置，有些重要资源还要由国家来配置。这也是很明白的。

总之，我们要尊重市场但却不可迷信市场，我们也不要迷信计划，但是不能把计划这个同样是人类发明的调节手段弃而不用。现在“在市场化改革”口号下，迷信市场成风，计划大有成为禁区的态势。我强调一下社会主义市场经济也要加强国家对经济的干预管理和计划调节的作用，怎么就成为想回到计划经济旧体制去了呢？“市场化改革”的鼓吹者硬要加人家这一顶帽子，只怕不能成功。

国家的宏观调控，包括计划调控、财政税收调控、金融货币的调控等，现在又加上土地调控。其实土地调控也属计划调控，现在投资调控没有土地调控不行。这些调控都是自觉性的、有意识的，是国家的集中决策，是事先的调节，都具有计划性。而市场调节完全是自发的，分散决策，而且是事后的。这种自发的事后的分散调节必然会带来消极后果，所以必须用宏观调控和计划调节来矫正，就是要由政府行为来矫正。

有人想把经济生活中的一切都交给市场，将政治、文化生活，一切都推向市场。他们将计划排除在社会主义市场经济之外，把计划排除在社会生活的一切领域之外，将计划看作禁区加以摒弃。这不仅仅是幼稚。

中国社会主义制度的自我完善的改革，以建立社会主义市场经济为目标的改革，绝对不是简单的“市场化改革”。查一查宪法、党章，查一查中央文件，我国要实行“市场化改革”？文件中讲到改革开放，总是同坚持“社会主义”在一起，总是强调公有制为主体。鼓吹“市场化”的人，几乎无一例外地不提这些关键词。有些政府官员偶尔讲过“市场化改革”，我理解那是简称。不是全意，但这会误导改革方向，被“市场化”鼓吹者所利用。

《第一财经日报》：“十一五”规划和以前最大的不同是将计划改为了规划，有人认为这是一大进步，是市场化改革的产物，您对此的看法是什么？

刘国光：“十一五”将计划改为规划，但规划也是计划，规划是指导性计划、战略性计划。我早已指出，社会主义市场经济下的计划调节主要不是指令性计划，而是指导性、战略性计划。现在计划改规划，一字之差就大加炒作，根本就没有必要，规划、计划就是一回事，英文都是 plan。这是我们搞“市场化改革”的笑话。

《第一财经日报》：最近您对十个五年计划进行了系统的研究，您觉得社会主义市场经济的计划应该有什么特点?

刘国光：社会主义市场经济下的计划虽然主要是战略性的计划，但是它必须有导向的作用。如果我们定的计划不去导向、不去指导，而是作为一个摆设，国家每五年花那么多钱，付出很多成本，去编制、讨论、审查、通过五年计划有什么意义?

所以我们一定要强调计划和规划的指导作用，这样的计划除了政策导向的规定之外，还必须有必要的指标、必要的项目和必须完成的指令性任务，如中长期计划里的重大工程规划、尖端科技攻关规划、环境治理规划，等等。在短期计划中，反周期的投资计划熨平经济周期，财政、税收、金融、货币等种种措施都必须带有指令性或约束性。所以，指令性计划也不能排除。

现在我们的计划工作中，有把计划、规划写成一本政策汇编的趋势，很少规定必须完成、能够严格检查问责的指标和任务，很多东西可执行也可不执行，这种计划工作有改进的必要。

（原载于《刘国光经济论著全集》第 16 卷，知识产权出版社 2017 年版；副标题：访著名经济学家刘国光）

共和国六十周年感言四则

感言之一：前30年和后30年

今年是共和国成立60周年。60年来，我国人民在中国共产党的领导下，对建设社会主义进行了艰辛的探索，包括前30年和后30年，都取得了辉煌的成就。后30年是在前30年的基础上进行的，取得的成就更大一些，是理所当然的。同时，前30年和后30年也都走过曲折的道路，都有各自的失误。这些经验都值得我们总结，作为今后继续前进时，需要思考的宝贵财富。

去年庆祝十一届三中全会召开30周年。我们当时着重强调30年来改革开放的成就，这是很必要的。由于要突出后30年，对前30年的评价，就有不同的看法，这也是不奇怪的。可是值得注意的是，某些别有用心的人，利用庆祝和总结后30年，乘机否定前30年，歪曲和抹黑党的历史，攻击和丑化党的领袖。说什么要“抹掉1949年以后”，要“进行历史性清算”，“架上历史的审判台”，一股仇视社会主义共和国的乌烟瘴气。一些无良学者，假借探索历史分期学术研究的幌子，提出中国自1840年鸦片战争以来，只有两个划时代的标志性历史事件：1911年的辛亥革命和1978年的改革开放；不承认中华人民共和国的成立为标志，其否定前30年的险恶用心，十分明显。另有一些同志，虽然认可共和国成立是中国从半封建半殖民地社会转为社会主义社会的断代性标志事件，但同时也把十一届三中全会的召开与之并列，说它同样开辟了一个历史时代。这种看法表面上抬高了十一届三中全会的地位，实际上无形抹杀共和国成立在中国近现代史上标志社会制度根本转变的划时代意义。十一届三中全会确实开启了共和国历史的一个新的阶段（改革开放阶段），也具有十分重要的意义，但它毕竟是中国社会主义发展总的历史进程中的一个阶段，而不是一个划分历史时代的断代标志。

以 1978 年作为断代标志来画线，对比共和国的前后 30 年，往往会误导人们的判断。去年共和国成立 59 周年前夕，就有一位同志问道："30 年前的中国是个什么样子?" 回答是："整个国家处于封闭半封闭的落后状况，国民经济走到了崩溃的边缘。" 这一问一答，就勾销了前 30 年中国进行社会主义革命和建设的伟大成就，这显然与 1981 年中共十一届六中全会决议中对新中国成立以来的判断是不同的。决议中说，"三十二年来我们取得的成就还是主要的"，即使遇到了"文化大革命"的冲击。文件中还说："我国国民经济虽然遇到巨大损失，仍然取得了进展。粮食生产保持了比较稳定的增长。工业交通、基本建设和科学技术方面取得了一批重要成就，其中包括一些新铁路和南京长江大桥的建成，一些技术先进的大型企业的投产，氢弹试验和人造卫星发射回收的成功，籼型杂交水稻的育成和推广，等等。"①

至于中国在对外关系上，前 30 年是"封闭半封闭"一说，谷牧同志在一篇文章②中指出这不符合历史事实。过去毛泽东同志主张对外要"做生意"，要"实行友好合作"，要"学习对我们有用的东西"，在实践中也做了很多努力。新中国成立后 20 多年，我国与西方世界经济联系松散，这不能归因于我国政策的失误，主要是由于西方帝国主义的封锁。

历史难免曲折。前 30 年的中国确实走过一些弯路，犯过这样那样的错

---

① 中共中央文献研究室．改革开放三十年重要文献选编：上．北京：中央文献出版社，2008.

② 谷牧．新中国前 30 年不开放是因毛泽东的失误的看法不符合历史的真实．北京日报，2009－11－11.

误，主要是经济发展和社会改造有些过急造成的失误。如“大跃进”的急于求成，阶级斗争扩大化，包括“文化大革命”时期过“左”过乱的错误。但是这些缺点错误，盖不过共和国前30年的伟大成就，包括在半封建半殖民地极端落后的基础上建立崭新的社会主义制度，建立比较完整的工业体系和国民经济体系，能够独立自主地站在世界民族之林。前30年的缺点和错误是第二位的，成绩和成就是第一位的。

同样，后30年的中国，在取得经济发展的飞速跃进，人民生活的总体提高，进入世界经济和政治重要一极的巨大成就的同时，在社会关系上发生某些倒退，如三大差距拉开，贫富鸿沟扩大，道德水平滑坡，等等；以及在社会与自然关系上，发生资源破坏、生态、环境恶化等问题。这些社会和自然问题，党和政府正在努力解决。这些缺陷同样盖不过后30年改革开放取得的巨大成就。后30年的缺点和失误是第二位的，后30年的伟大成就才是第一位的。

在共和国成立60周年之际，我们对前30年和后30年的辉煌成就和曲折失误，都应抱着客观的分析态度，绝不能只用后30年的成就来对照前30年的缺失，更不能扬后30年而贬前30年。这是不公正的。共和国的60年，统一于社会主义。共和国给我国人民最宝贵的东西，也是社会主义。60年前，新中国如日东升，跨入了社会主义时代。60年共和国经历了前后30年的两个阶段。前30年新中国社会主义制度的确立，奠定了社会主义建设的基本方向；十一届三中全会以后的后30年，对社会主义建设事业的继承与发展，也是建立在前30年建成的社会主义的基础上的。这两个阶段的辉煌成就和曲折道路，无不与社会主义血肉相连。60年后的共和国，以中国特色社会主义的名义，仍然屹立于世界东方。社会主义中国没有改旗易帜，人民也绝不会让她改旗易帜，这是值得我们共和国的亿万子民欣慰和兴奋的。让我们欢呼：社会主义共和国万岁！

感言之二： 从新民主主义到中国特色社会主义

共和国60年，是怎么走过来的？前30年，从新民主主义走起，走向建设社会主义。“改革开放”后，又从中国原有的社会主义，走向“中国特色社会主义”。

（一）从新民主主义走向社会主义

根据毛泽东的新民主主义理论，原来新民主主义革命胜利后，要建立新民主主义国家，在一个较长时间实行新民主主义社会的建设。等到条件成熟时，再由新民主主义社会转向社会主义社会。

在毛泽东的新民主主义理论中，又有“两个革命阶段必须衔接”，新民主主义革命与社会主义革命之间不容横插上某某一个阶段的论述。这可以理解为新民主主义革命一结束，社会主义革命就要开始。

实际情况的演变是：新民主主义革命在全国取得胜利，土地改革完成后，由于农村阶级分化的出现，城市资产阶级与工人阶级矛盾的发展，经过三年恢复时期，就提出了从新中国成立开始向社会主义过渡的总路线。到1956年，基本完成社会主义改造，宣布进入社会主义社会。这是“中国历史上最深刻最伟大的社会变革，是我国今后一切进步和发展的基础”①。

社会主义改造基本完成后，从1957年到1978年，继续进行社会主义建设，在曲折摸索发展中，取得了辉煌的成就。同时因为在生产关系和生产力两方面要求过急，也办了许多超越阶段的错事。主要表现是追求过高过纯的所有制结构和过分集中的计划经济，忽视了生产力不够发达的条件下，非公经济和市场经济存在的必要性。换言之，没有意识到我国社会主义还处在“初级阶段”的特点。

---

① 中共中央文献研究室．改革开放三十年重要文献选编：上．北京：中央文献出版社，2008.

（二）社会主义初级阶段和中国特色社会主义

关于社会主义初级阶段，过去，毛泽东在《读苏联〈政治经济学教科书〉的谈话》等处曾经涉及。他说“社会主义分为两个阶段，不发达的社会主义和发达的社会主义”；又说，“中国的人口多，底子薄，经济落后，要使生产力很大的发展起来，赶上和超过世界上先进的资本主义国家，没有一百多年时间，我看是不行的”。①我们党的正式文件中第一次提出“初级阶段”，是在1981年十一届六中全会关于历史问题的决议中。决议说，“我们的社会主义制度还是处于初级阶段”②，就是从毛泽东上述论断中发展起来的。这以后，在1982年党的十二大上，邓小平进一步根据中国国情，继续毛泽东把马克思主义与中国实际结合起来的传统，第一次宣布“走自己的路，建设有中国特色的社会主义”③，把我国社会主义建设推向新阶段。党的第十三次代表大会的政治报告，系统地阐明了“初级阶段”的内涵，和由此决定的“建设有中国特色社会主义基本路线”，即以经济建设为中心，坚持四项原则，坚持改革开放，把一个中心和两个基本点统一于建设中国特色社会主义的实践④。社会主义初级阶段的特征和中国特色社会主义基本路线，在1997年党的十五大政治报告中，又得到全面的阐述，提出了建设中国特色社会主义的经济、政治、文化的基本目标和基本政策。报告明确指出，公有制为主体，多种经济成分共同发展是我国社会主义初级阶段的一个基本经济制度；建设中国特色社会主义的经济，就是在社会主义条件下发展市场经济⑤。这样，就把社会主义初级阶段和中国特色社会主义的轮廓、框架和内涵，勾画得非常清晰。

---

① 毛泽东文集：第8卷．北京：人民出版社，1999.

② 中共中央文献研究室．改革开放三十年重要文献选编：上．北京：中央文献出版社，2008.

③ 中共中央文献研究室．改革开放三十年重要文献选编：上．北京：中央文献出版社，2008.

④ 中共中央文献研究室．改革开放三十年重要文献选编：上．北京：中央文献出版社，2008.

⑤ 中共中央文献研究室．改革开放三十年重要文献选编：上．北京：中央文献出版社，2008.

在我们党一系列文件中已经明确指出并阐述了建设中国特色社会主义道路，并在这一条道路上已经取得非凡成就后多年，我国意识形态界直到现在还有人把“什么是社会主义，怎样建设社会主义”当作尚未解决的问题来讨论。一些人在提出花样百出的“社会主义”概念和口号，诸如“民主社会主义”“人民社会主义”“宪政社会主义”“市场社会主义”等。这些“社会主义”还使劲儿地往我们党领导的“中国特色社会主义”里面钻。例如说什么“我们这几年实行的中国特色社会主义正是民主社会主义”，“中国特色社会主义就是人民社会主义”。这些所谓的“社会主义”，不提四项基本原则，无视公有制为主体的社会主义基本经济制度，完全是与中国特色社会主义格格不入的东西。这些“主义”竟堂而皇之地在我们的公开媒体上喧闹，说明我们党对“自由言论”的宽容，实在是够大度的了。

（三）中国特色社会主义是否是新民主主义的回归

在中国发展道路问题上，近来又出现“中国特色社会主义”，就是“回归到新民主主义”一说。认为“1949 年夺取政权前，实行新民主主义成功了。夺取政权后，抛弃了新民主主义，急急忙忙搞社会主义，失败得很惨。1978 年以后重新回到新民主主义的建设思路，成功得举世瞩目”。又说“这可以用来总结共和国 60 年的经历”。[①] 作者丝毫不懂得新民主主义是向社会主义过渡的实质，全盘否定前 30 年社会主义革命和建设的成就，故意抬高后 30 年的成功，将其归因于新民主主义的复归。这些说法漏洞太多，这里不拟详析。但要注意他说的一段话：“中国特色社会主义是从社会主义初级阶段演变而来，而‘社会主义初级阶段’实际上是新民主主义的回归和发展。”[②] 这一段话有似是而非、混淆视听的作用，需要明辨。

应该说，拨乱反正后，十一届六中全会决议提出“社会主义初级阶段”

① 炎黄春秋，2009（1）.

② 炎黄春秋，2009（1）.

的用意，在于纠正过去社会主义革命和建设中要求过急，犯了某些超越历史发展阶段的失误，如在所有制结构上要求“一大二公三纯”等。改革开放后用初级阶段的名义，将这些不适合于生产力发展的做法逐渐纠正过来。初级阶段理论的核心或基础，就是公有制为主体下多种所有制并存与发展，其中允许私人资本经营的存在和发展，又是关键的关键。就这一条来说，“社会主义初级阶段”确与“新民主主义社会”的政策是相通的。

1949 年七届二中全会和新中国成立前制定的“共同纲领”都规定了革命胜利后建立的“新民主主义社会”，是包括私人资本主义在内的五种经济成分并存的社会经济形态，并指出在一个相当长时期内尽可能利用城乡资本主义的积极性，以利于发展社会生产力。社会主义改造当时是势所必然，但是由于过急过头，造成私人资本经营从 20 世纪 50 年代后期完全消失，直到 80 年代初期政策松动以后，才逐渐恢复发展，现在又构成中国特色社会主义经济结构的组成部分。社会主义初级阶段理论为这一变化提供了理论前提和依据。在一定意义上，这一变化确实具有后退的性质，实行了某些类似新民主主义的政策，特别是对待私人资本的政策。但是我们不能把改革中的这一必要的后退看成是复归新民主主义，因为改革本身的实质是社会主义制度的自我完善，是在前 30 年建成社会主义制度的基础上进行的，不是推倒前 30 年建立的社会主义制度，退回到新中国成立初期曾经设想的“新民主主义社会”。

（四）两个时期对非公经济政策的差异

即使在私人资本和非公经济领域，新时期的政策也与过去“新民主主义时期”的情况不尽相同。要而言之，在新民主主义时期，根据七届二中全会和“共同纲领”的决定[①]，对于私人资本经济实行了“利用、限制、改造”的“节制资本”的方针，鼓励和扶持私人资本经营有利于国计民生的

---

① 薄一波．若干重大决策与事件的回顾：上卷第 1 册．北京：中共中央党校出版社，1993.

经济事业，而有关国家经济命脉和足以操纵国民生计的事业均由国家统一经营，还鼓励私人资本与国家资本合作向国家资本主义的方向发展。所有这些，都是为了发展生产力，以向社会主义过渡。所以当时总的经济发展趋势，是国民经济中私人资本和其他非公经济所占比重逐渐缩小，而公有制经济比重则逐渐增大。这也是新民主主义经济的自然归宿。

新时期对非公经济采取的政策，与过去“新民主主义时期”的政策有很大的不同。要而言之，现时期的政策可以归结为毫不动摇的“鼓励、支持、引导”六字方针，而没有新民主主义时期的“限制”和“节制资本”的规定。并且，根据国发 2005 年 3 号文件，允许私人资本进入垄断行业等关系国民经济命脉的领域。没有规定私人资本向国家资本主义发展，而让国有企业以股份化和私有化作为改革目标的选项。总之，新时期对非公经济的政策，比新民主主义时期宽松得多，甚至有些相反。致使改革开放至今，私人资本经营不但在绝对额上飞速增长，而且在国民经济部分所占比重也一反新民主主义时期下降的总趋势，而一路上跃。这种趋势目前尚在继续，许多人担心这会不会影响公有制为主体的地位。这里有改革初期非公经济起点低的缘由，有改革以来阶级形势变化的背景，也有政策战略的考虑，等等，本文暂不详论。总之，现时政策和“新民主主义时期”的政策有很大的不同，则是不容否定的。同时应该说，现时期对非公经济所采取的政策，不能离开公有制为主体的社会主义基本经济制度这个大前提，要时时考虑坚持社会主义的大方向。在毫不动摇地“鼓励、支持、引导”非公经济发展中，还有“引导”二字，可以利用。我们党一定会根据具体条件的变化，适时地调整我们的政策，以利于非公有经济的健康发展。所以说，初级阶段中国特色社会主义是新民主主义的复归，是完全站不住脚的。

（五）世界经济危机中的中国特色社会主义模式

随着我国国势的增强和加入全球化进程，中国特色社会主义也登上世界舞台，作为一种模式，成为热议的话题。各方面对中国模式有不同的解说，我个人认为中国特色社会主义模式的核心，就是容许资本主义因素和社会主义因素的存在，但同时坚持社会主义的主体地位和发展方向。

这也是理解这次世界经济危机中，中国的特殊表现的关键所在。为什么第一个社会主义国家苏联，和改革开放前的中国没有卷入过去世界资本主义经济危机的旋涡？就是因为当时苏联和中国只有社会主义，没有资本主义因素的存在，因此不受资本主义周期性经济危机的干扰。为什么当前世界经济危机把中国也卷进去了，使中国发生前所未有的困难？除了过深陷入外向型经济的原因外，主要是由于自己内部经济随着市场化和私有化程度的加深，使资本主义因素大量生长起来，资本主义的经济规律也发生作用的影响。为什么中国在这次世界经济危机中能够表现相当不错，应付自如，一枝独秀，为一些资本主义国家所羡慕称道？就是因为中国运用了社会主义制度中集中国家力量办大事，以计划导向来调控经济的能力。我在另一篇文章中对此做过分析，不再赘述。

有些人以中国模式中允许资本主义因素的存在，而把中国特色社会主义歪称为或者歪曲为资本主义模式，甚至说是“共产党领导下的资本主义”，我认为是没有根据的。中国因为坚持了特色社会主义模式，特别是坚持了这个模式中的社会主义因素，我们才能屹立于世界经济危机之中，处置较好。我们必须坚持中国特色社会主义，坚持公有制为主体多种所有制经济共同发展，坚持在国家宏观计划导向下实行市场取向的改革，坚持按劳分配为主体，更加重视社会公平；用社会主义的基本原则来反对资本主义的私有化、市场化、自由化以及两极分化，把资本主义国家和资本主义市场经济规律的作用限制在一定范围。只有这样，我们才能不受资本主义经济周期规律的干扰，保持中国社会主义的特色！

感言之三：经济建设与阶级斗争

改革开放以后，我们党以经济建设为中心代替了阶级斗争为纲的口号。这一转变，对近30年来引导全党全国聚精会神集中力量搞经济发展，推动我国经济实力日益强大，起了巨大的推动作用。由此在社会上也产生一种看法，认为共和国的后30年才重视经济建设，不搞阶级斗争，搞出了一个富强的中国。而前30年则一味只搞阶级斗争，忽视了经济建设，搞得中国落后封闭。这种看法不尽符合共和国历史发展的实际。

（一）对国内主要矛盾认识的分歧

任务的提出与对国内主要矛盾的认识有关。社会主义中国的主要矛盾是什么？是无产阶级与资产阶级之间、社会主义道路与资本主义道路之间的矛盾，还是人民日益增长的物质文化需要与落后的社会生产之间的矛盾？1949年新民主主义革命在全国胜利后，国内矛盾转变为工人阶级与资产阶级之间、社会主义道路与资本主义道路之间的矛盾，这是得到了全党的共识的。1956年社会主义改造基本完成，社会主义制度基本建立之后，对国内主要矛盾的认识，发生了一些曲折。党的第八次全国代表大会宣布，国内主要矛盾已转为人民日益增长的物质文化需要同落后的社会生产之间的矛盾，党和国家的主要任务已由解放生产力转变为保护和发展生产力，即工作重点应转移到经济建设上来。但在1957年反右斗争以后，根据当时的形势，毛泽东重新提出无产阶级与资产阶级之间、社会主义与资本主义之间的矛盾，仍然是我国国内的主要矛盾。他在1962年党的八届十中全会上，又发展和强化了这一观点。认为整个社会主义历史时期，都存在两个阶级和两条道路的斗争。到“文化大革命”时期，成为“无产阶级专政下继续革命”理论和路线的重要依据。这样就把社会主义社会在一定范围内存在的阶级斗争扩大化和绝对化，导致了十年动乱的严重错误。

（二）前 30 年不是只搞阶级斗争，不重视经济建设

尽管共和国前段发生过过分夸大和扩大阶级斗争的曲折，但是不能认为前 30 年毛泽东和我们党只着重搞阶级斗争，而不重视经济建设。毛泽东作为一位成熟的马克思主义者，熟悉生产力、生产关系与上层建筑之间的辩证关系，早已提出一个政党的先进性在于是否通过上层建筑与生产关系的革新来推动生产力的发展。革命战争时期，他十分重视根据地的经济工作，以保证战争供给。接管城市之后，立即把工作中心转向生产建设。国民经济恢复和向社会主义过渡时期，抓对资的限制和反限制的斗争与所有制的改造，也是围绕社会主义工业化建设的任务进行的。社会主义建设总路线，反映了广大人民迫切要求改变我国经济文化落后的面貌，其缺点是因求快过急，犯了主观冒进、忽视客观经济规律的错误。这在 20 世纪 60 年代经过调整经济，得到纠正。尽管党的八届十中全会把阶级斗争提到空前的高度，毛泽东还是指出要分开工作问题和阶级斗争问题，不要因为对付阶级斗争而妨碍了工作（包括经济工作），阶级斗争和工作平行，不要放在很严重的地位。所以虽然重新强调阶级斗争，但对经济工作的影响不大，国民经济的调整工作得以顺利完成。

“文化大革命”十年中，提出抓革命、促生产。尽管因阶级斗争的冲击受到一些损失，但国民经济只有两年有所下降，其余各年都是继续增长的。并且在一些重要领域，取得比较重要的成就。1974 年第四届人大会议上，周总理重申 1965 年三届人大就已提出的四个现代化建设两步走的宏伟战略设想，成为后来（包括“文化大革命”以后）我国经济建设的纲领。所以，绝不应当否认前 30 年毛泽东领导下中国人民在经济建设上的努力和成就。不然，何来社会主义经济基础的建立？何来比较完善的工业体系和国民经济体系的建立？当然，前 30 年的经济建设是受到了一些扩大化了的阶级斗争的干扰，如“大跃进”中国民经济的倒退，十年动乱中也受到一些损失。如果没有这些曲折，我国经济建设的成就还会更大。

（三）前30年阶级斗争扩大化是一个错误，但抓阶级斗争并不错

还要指出，毛泽东虽然晚年犯了阶级斗争扩大化、绝对化的错误，但是他指出社会主义社会还有阶级斗争，还必须注意阶级斗争，还是很中肯的。社会主义改造基本完成后，剥削阶级作为阶级，当时看来已经消失，但阶级斗争在一定范围内继续存在，是一个基本事实。各派政治力量之间的斗争，无产阶级和资产阶级在意识形态方面的斗争，还是长时期的、曲折的，有时是很激烈的。从国际经验看，当时的匈牙利事件，赫鲁晓夫上台，苏共变为全民党，等等，均预示着国际共运中隐藏险恶的形势，为后来苏联解体和苏共垮台的演变事实所证实。毛泽东发动“文化大革命”，主观上就是想防止资本主义复辟的阴影在中国的出现。但是他在发动“文化大革命”时，对国内党内具体形势估计错误，混淆了敌我是非，犯了用全国内战、急风暴雨式的斗争方式，伤害了大批干部同志（的错误）。我们否定“文化大革命”，是批判它作为政治运动所采取的方式方法，而不是指“文化大革命”防范资本主义复辟的动机。应该说，没有“文化大革命”的预演，八九十年代苏东剧变会给中国带来什么灾难，“六四”风波的后果会导向何处，谁也不敢断言。所以十一届六中全会决议说得很好，毛泽东同志在犯严重错误的时候，还多次要求全党认真学习马列著作，还始终认为他的理论和实践是马克思主义的，为巩固无产阶级专政所必需的①。的确是这样的。

（四）1978年工作重点转移，以经济建设为中心到科学发展观的形成

十一届三中全会提出把全党全国工作转移到经济建设上来，这是党的八大决议的重申。八大认为1956年社会主义改造基本完成后，国内主要矛

---

① 中共中央文献研究室．改革开放三十年重要文献选编：上．北京：中央文献出版社，2008.

盾起了变化，所以主要任务也要转移。这个决定在以后党的历次代表大会正式文件中并没有改变，但是由于另一个主要矛盾即阶级矛盾的重叠的结果，经济建设这个主要任务执行得不很理想。所以“文化大革命”结束后需要重提、恢复和延续。这一重申、恢复和延续极其重要。如前所述，它把全国全民的精力集中引导到经济建设上面来，一心一意发展社会生产力，使中国取得历史性、世界性的空前进展。

工作转移之后，“发展是硬道理”便成为我们一切工作的指针，同时出现了举国上下追求 GDP 增长速度的片面发展倾向，这要求我们进一步转变发展方式，实行科学发展。以人为本、全面协调可持续的科学发展观，其基本方法，来自于毛泽东统筹兼顾、适当安排的思想，将其发扬光大，形成博大精深的理论体系，指导着我国今后的发展。

（五）新时期阶级、阶级斗争还继续存在

党和国家的工作重点转移到经济工作上来以后，是不是阶级、阶级斗争就变得不重要，或者进而消失了呢？

十一届六中全会决议指出：“在剥削阶级作为阶级消灭以后，阶级斗争已经不是主要矛盾，由于国内的因素和国际的影响，阶级斗争还在一定范围内长期存在，在某种条件下还有可能激化。既要反对把阶级斗争扩大化的观点，也要反对阶级斗争已经熄灭的观点。”①

社会主义改造完成，社会主义建设进行到“文化大革命”结束，剥削阶级作为阶级确实早已消灭了，因此当时说阶级斗争已经不是主要矛盾。但是，经过改革开放后 30 年的演变，中国的阶级结构是否起了变化？剥削阶级作为阶级是否又已重视？现在光是私营企业主就比 1956 年私营工商业户大过许多倍，这个问题应该实事求是地判断。即使还认为阶级斗争现在不再是国内主要矛盾，但在我国“文化大革命”后阶级斗争事实上长期存

① 中共中央文献研究室．改革开放三十年重要文献选编：上．北京：中央文献出版社，2008.

在，包括政治和意识形态领域的阶级斗争，有时还非常激烈突出，1989 年的“六四”风波就是例子。所以说，阶级斗争扩大化和阶级斗争熄灭论，都不可取，这是十一届六中全会关于历史问题的决议中讲得非常明白的。

邓小平也从不否定社会主义社会中阶级和阶级斗争的存在，他对于改革开放后仍然存在阶级斗争也是持肯定态度的。早在改革之初，他就说：“在社会主义社会中的阶级斗争是一个客观存在，不应该缩小，也不应该夸大，实践证明，无论缩小或者扩大，两者都要犯严重的错误。”[①] 邓小平讲的阶级斗争限于传统的敌对势力和少数反动分子的破坏活动，但也包括阶级斗争在人民内部的反映，即人民内部也有阶级斗争的表现。这是符合毛泽东同志两类矛盾的学说的。

十一届六中全会和邓小平对于社会主义社会阶级斗争的论断，为改革开放 30 年来的历史所证明，是非常正确的。80 年代几次学潮动荡、“六四”风波、“新西山会议”、“零八宪章”等事件，新自由主义、民主社会主义、历史虚无主义等在思想文化领域的渗透和蔓延，无一不是各派政治力量的较量，或者是意识形态领域阶级斗争的反映。马克思主义、科学社会主义的对手，有的公开要换旗易帜，有的以潜移默化的手段达到和平演变的目的。这些惊心动魄的事实说明，阶级斗争就在我们身边。

（六）阶级和阶级斗争主要存在于意识形态上层建筑领域，但在经济基础领域也有表现

阶级和阶级斗争问题不但存在于意识形态上层建筑领域，而且在经济基础上也有表现。30 年前剥削阶级作为阶级早已消灭了。改革开放后，我们承认在社会主义初级阶段可以发展私营企业。1981 年我国重新出现第一个私营企业，到 2006 年就发展到 497.4 万户，为 1956 年私营企业 16 万户的 30 余倍。私营资本对社会生产力的发展无疑有很大的功绩，但它具有两

---

① 邓小平文选：第 2 卷．北京：人民出版社，1983.

面性，既有促进生产力发展的一面，也有剥削剩余价值的一面。私人资本剥削趋利的本性，给社会经济生活带来一系列问题。这个比新中国成立初期民族资产阶级还膨胀了几十倍的群体，够不够算一个阶级？“他们也是中国特色社会主义事业建设者”，应当发挥他们的积极作用。同时，按其在生产关系中所处地位，这个群体只能归属到资产阶级。现在只讲新的社会阶层，不讲阶级。但阶层分析只能补充而不能代替马克思主义的阶级分析。现在这个新资产阶级虽然邓小平不期望它再出现于中国，但毕竟出现了而且有自己的经济诉求（如要求进入垄断性关系国民经济命脉的领域）和政治诉求（如某些人大代表身份的资产阶级代表人物提出与共产党分庭抗礼的政治主张）。这难道还不足以说明问题?!

生产资料所有制结构的变化，是否影响到公有制为主体的地位，已经引起了人们的注意和讨论。公降私升和私有化的发展趋势，官商勾结引致腐败丛生，等等，是使我国社会贫富差距扩大不断加剧的原因。基尼系数的提高导致了居民有效消费需求的不足和生产过剩。这个现象是资本积累和贫富分化规律带来的后果，而与社会主义主要矛盾即人民需要与落后生产的矛盾所讲的道理也不相符合。

上层建筑意识形态领域和经济基础领域的上述种种问题，都与阶级、阶级矛盾、阶级斗争的存在有关。我们不能视而不见，淡化置之，走向阶级斗争熄灭论。美国原驻苏大使马特洛克在《苏联解体亲历记》一书中说到苏联领导人抛弃阶级斗争学说时指出：“须要出现转变，其中最重要的莫如马克思的阶级斗争学说。如果苏联领导人真的抛弃了这个观点，那么，他们是否继续称他们的思想为‘马克思主义’也就无关紧要了，这已是别样的‘马克思主义’，这个别样的社会主义制度是我们大家都可以接受的。”如果我们淡化阶级观念，走向阶级斗争熄灭论，这样发展下去，有蹈苏东覆辙的危险。所以在重点抓经济工作，抓社会主义现代化建设的同时，必须像毛泽东同志教导的，要不忘阶级和阶级斗争。当然同时要正确处理阶级斗争中的两类不同的矛盾，求得人民内部的和谐，团结起来争取建设中国特色社会主义事业的伟大胜利。

感言之四：也谈“改革开放”

改革开放的伟大事业是1978年党的十一届三中全会启动的。邓小平将“改革”和“开放”合起来，作为现阶段中国的国策，开创了中国大踏步前进的新时期，这是他的伟大功绩。但细考“改革开放”四字词组，并非出自十一届三中全会文件，而是有一个形成的过程。

（一）1978年后“改革开放”四字方针的形成

十一届三中全会公报涉及“改革”和“开放”的文字，见于以下两句叙述：“对经济管理体制和经营管理方式着手认真的改革”和“在自力更生的基础上积极发展同世界各国平等互利的经济合作”。[①] 其中有“改革”的字样，也讲到“对外经济合作”，都属于一般工作方针的叙述，并不处于文件的中心地位，文件没有出现“改革开放”的概括。当时还赞成人民公社体制，没有提出要实行家庭承包责任制。到1982年第二个一号文件才明确提出这一项改革任务。

在1982年党的十二大开幕词中，邓小平第一次发出“建设有中国特色社会主义”的号召[②]。这次会议的政治报告在讲新的历史时期的总任务时，也没有提到“改革开放”。但指出1981年到1985年第六个五年计划任务时，要坚决贯彻“调整、改革、整顿、提高”的八字方针。把改革任务与调整、整顿和提高并列[③]。这次报告中提到“改革”字样有十多处，包括经

① 中共中央文献研究室．改革开放三十年重要文献选编：上．北京：中央文献出版社，2008.

② 中共中央文献研究室．改革开放三十年重要文献选编：上．北京：中央文献出版社，2008.

③ 中共中央文献研究室．改革开放三十年重要文献选编：上．北京：中央文献出版社，2008.

济管理体制、价格、劳动工资制度等改革，还提出了改革国家政治体制和领导体制等。报告中三次提到“对外开放”，并且把“实行对外开放”提到“我国坚定不移的战略方针”的高度。十二大文件没有把“改革”和“开放”两词作为一个完整的方针并到一起。这两个词配搭组合放在一起，直到 1987 年十三大报告中才出现。

十三大报告是在阐述社会主义初级阶段建设中国特色社会主义基本路线时，将“改革开放”作为基本路线的两个基本点之一提出来的。这个词组在报告中多次频繁出现，成为正式的政治术语。报告称“坚持改革开放的总方针，是十一届三中全会以来党的路线的新发展”。以后我们就沿用了这个提法。

任何正确的理论和政策，都有一个探索和形成的过程。“改革开放”也不例外。十一届三中全会拨乱反正，确实开启了改革开放的新时期，但是“改革开放”作为一整套理论政策方针，也确实需要一段酝酿的时间。这从“改革开放”词语运用的演变上也可以看得出来。“改革开放”逐渐成为我国社会经济政治生活中统治的话语，成为支配人们行为活动的指针，是经过了一个过程才形成的。

（二）1978 年前 30 年也有改革开放

以上说的是 1978 年以后改革开放方针的形成过程。应该说，改革开放的名义和实践，不是 1978 年以后才有的东西。何以见得？拿“改革”来说，这个概念早已有之。远的不说，在 1919 年《湘江评论》上，时年 29 岁的青年毛泽东就意气风发地一口气提出政治、经济、教育、社会、思想等八个方面的“改革”[①]。新民主主义革命时期，他把“改革”与“革命”等量齐观，认为新民主主义革命就是“在政治上、经济上、文化上完成新民主主义的改革”。

---

① 毛泽东早期文稿．长沙：湖南出版社，1990.

社会主义改造完成后，1957 年毛泽东在关于正确处理人民内部矛盾的问题一文中，写了一段经典性的话："社会主义生产关系已经建立起来，它是和生产力发展相适应的，但它又还很不完善，这些不完善的方面与生产力的发展又是相矛盾的；除了生产关系和生产力发展的这种又相适应又相矛盾的情况之外，还有上层建筑和经济基础又相适应又相矛盾的情况。我们今后必须根据新的情况，继续解决上述矛盾。"① 这里讲的解决矛盾的方法，就是"改革"。

我们知道，"改革开放"后，第一个关于经济体制改革的决定（1984 年十二届三中全会决议）对于经济体制改革所做的经典定义，就是："我们改革经济体制是在坚持社会主义制度的前提下，改革生产关系和上层建筑不适应生产力发展的一系列相互联系的环节和方面。"② 这一改革定义的内涵精华，就出于毛泽东 1956 年的上述论断。

按照毛泽东的论述，以完善社会主义为目标，以解决与生产力发展不相适应的经济基础和上层建筑为内容的"改革"，其实在 20 世纪 50 年代社会主义制度建立以后，就已经开始了。实事求是地说，毛泽东在《论十大关系》中提出不同于苏联做法而适合于中国国情的社会主义建设的主张，在制定社会主义建设总路线时提出的一整套两条腿走路的方针，以后 60 年代肯定两参一改三结合的"鞍钢宪法"等，都具有改革的性质。实际上，社会主义建设和改革是一个共同始终的过程。共和国的前 30 年，在一定的意义上也是改革的 30 年。

再拿对外开放来说，谷牧同志在一篇文章③中，阐述毛泽东在建立新中国后对外经济关系的基本构想，是"要做生意"，要"实行友好合作"，要"学习对我们有用的东西"。在实践中他也做了很多的努力。但是由于帝国

① 毛泽东著作选读：下．北京：人民出版社，1986.

② 中共中央文献研究室．改革开放三十年重要文献选编：上．北京：中央文献出版社，2008.

③ 谷牧．新中国前 30 年不开放是因毛泽东的失误的看法不符合历史的真实．北京日报，2009 - 1 - 11.

主义的封锁，不准我们开放。毛泽东从来没有闭关锁国的念头。所以说，“改革开放打破了以前的僵化封闭”之说，现在看来是不公正的。

（三）新时期将改革开放作为长期国策

说改革开放只是在共和国的后30年才有，并不符合事实。不过应该承认，后30年我们把改革开放逐渐突出起来作为长期国策，把它列入建设中国特色社会主义基本路线的两个互相配套的基本点之一，对中国的发展确实起了巨大的推动作用。党的十七大指出“改革开放”是十一届三中全会以来“新时期最鲜明的特点”①。作为一场新的伟大革命，与另一个四项基本原则结合在一起，改革开放的方向和道路是完全正确的。

为什么说改革的方向总是正确的？因为从根本上说，改革就是不断调整生产关系和上层建筑，使之适应和促进生产力的发展。这种意义的改革，如前所述，毛泽东早已大力提倡，在社会主义到共产主义整个历史阶段，改革都将是永久的使命和常态的存在。

但是改革还有一种含义，就是作为阶段性的国策，改革要实现某种制度、体制，或者模式的转换。比如把高度集中的计划经济体制转变到社会主义市场经济体制；把单一的公有制体制转变为多种所有制并存的结构；以及从更广阔的意义上向建立初步现代化中国的转变等。一旦这种阶段性转换目标基本完成，作为阶段性国策的改革，就要纳入不断调整生产关系和上层建筑以适应和促进生产力发展这一永久性的常态的进步过程。

目前我们党提出的改革任务，应该说具有阶段性国策的含义。按照邓小平的思路，包括改革开放在内的基本路线所管的时间，从20世纪中叶建立社会主义社会算起，到21世纪中叶初步完成社会主义现代化任务，大约需要一百年的时间。21世纪中叶初步完成现代化建设任务后，改革开放这一阶段性国策就可以转为继续调整经济基础上层建筑以适应生产力发展的

① 中共中央文献研究室．改革开放三十年重要文献选编：上．北京：中央文献出版社，2008.

各项政策。但在21世纪中叶前的若干年内，改革开放的总政策必须坚持，“动摇不得”①。

（四）正确掌握不同领域的改革进程

改革开放在今后相当长一段时期不得动摇，是就改革开放作为总体来说的。但改革开放涉及领域甚广，内容浩繁，进度不一，有些方面进行得比较顺利，有些方面比较复杂。顺利的改革有的已经成功转入完善的阶段。比较复杂的或者启动较晚的领域，则需要把改革坚持下去，争取最后的胜利。

比如，传统的高度集中的计划经济向社会主义市场经济的转换。现在在全部商品流通总额中，市场调节的部分，已占90%以上；前几年的估计，我国市场经济在整体上完成程度已达70%左右。所以，社会主义市场经济在我国已经初步建立。是否可以说，高度集中的传统计划经济体制向社会主义市场经济体制转换的改革已经基本完成？当然现在还有少数领域，市场化改革有不到位的地方；但另一方面，也有不少领域发生了过度市场化的毛病。这些不足和过头都需要继续调整完善，但已经不属于传统计划经济向市场经济大转换的主流。今后按照十七大精神，要加强国家宏观计划对市场经济的导向调控②，如邓小平说的“计划和市场都是经济手段”③，都要发挥它们在经济中的调节作用，而不再提不带限制词的“市场化改革”。

又比如，所有制结构从单一公有制经济转变为多种所有制经济共同发展的改革。现在，非公有制经济蓬勃发展，大大超过新中国成立初期。并且，公有制经济与非公经济的公降私升的趋势，已影响到公有制为主体的

---

① 中共中央文献研究室．改革开放三十年重要文献选编：上．北京：中央文献出版社，2008.

② 中共中央文献研究室．改革开放三十年重要文献选编：上．北京：中央文献出版社，2008.

③ 中共中央文献研究室．改革开放三十年重要文献选编：上．北京：中央文献出版社，2008.

临界点。所有制结构改革的任务，可以说已经基本胜利完成。今后的任务，应该是巩固和完善社会主义初级阶段的基本经济制度，特别是要强化公有制为主体的社会主义方向，并且正确引导非公经济的发展。

再比如，从以大锅饭和平均主义倾向的分配制度，转向到效率优先拉开差距的改革，现在明显早已成功。“让一部分人先富起来”，早已超期超额完成。按邓小平的预期，“让一部分人先富起来”的改革阶段，应在20世纪末21世纪初结束，转向“逐步实现共同富裕”的方向[①]。由于客观原因和主观原因，已将此项转变推迟。看来要抓紧研究这个问题，从根本上端正分配问题的改革方向，以解决邓小平临终遗言“分配不公，会导致两极分化，到一定时候问题就会出来”[②]。

再比如，农村改革从人民公社体制改为实行家庭承包责任制，早已成功，特别是以分为主的统分结合的双层经营责任制，得到事实上的推广。这是邓小平讲的农村改革的“第一个飞跃”。经过30年的演变，农村经济已获得巨大发展，现在是不是应该转为着重解决双重经营责任制的“统”的一面，发展新的农村集体经济？这是邓小平讲的农村改革的“第二个飞跃”。这是保证农村改革的社会主义方向的必由之路。在“第一个飞跃”阶段的改革胜利结束以后，应该认真考虑农村下一个阶段的“第二个飞跃”了[③]。

（原载于《中国社会科学内部文稿》2009年第5期，原题为《关于全面认识共和国六十年历史的若干问题》）

---

① 中共中央文献研究室．改革开放三十年重要文献选编：上．北京：中央文献出版社，2008．

② 邓小平年谱：下．北京：中央文献出版社，2004．

③ 邓小平年谱：下．北京：中央文献出版社，2004．

反思改革不等于反改革

记者（仲伟志）： 作为当代中国最有影响的经济学家之一，您在今年（2005年）3月刚刚荣获首届中国经济学奖“杰出贡献奖”。像您这样的权威经济学家的文章（《谈经济学教学研究中的一些问题》），为什么要借助互联网传播？

刘国光： 这个谈话的来历，是今年（2005年）7月教育部社会科学研究中心的一位年轻同志到我这儿来聊天，一聊就聊出七、八、九个问题，他记下来并整理了出来，还是一个初稿。他们自己有简报，马上就发了。上报中央的同时，他也发到网上去了，有好几个网站，我事先并不知道。说实在话，我还不是很熟悉网络，也不知道网络的作用有多大。但是传播以后并不违反我的意思，我也不反对。

记者： 经过网上流传，这篇文章引起了巨大的反响。

刘国光： 我谈的这些意见，应该说有相当多的人还是很赞成的，很多地方都是晚上电话议论，开会研讨。至于网上的流传，我说我不反对，同时我也没有寄托于那个东西。但是引起的波澜之大，我也没想到。这完全不是个人的能耐，而是问题牵动人心。

记者： 您在文章中涉及一些具体的人和事，比如说，您批评一些经济学家“公然主张西方经济学应该作为我国的主流经济学”。

刘国光： 这篇文章后来公开在《高校理论比较》第九期和《经济研究》第十期发表，删改了，缓和了一些，但还是得罪了很多人。这些人大都是我的学术界朋友。我也不是有意要得罪这些人。我是在讲一些事实，我引用的人与事，都是有根有据，至于引用的合适不合适，是个人判断，但事实就是这样的。确实有这些事情。不过，我很欣赏和尊重作为学者的他们。我们只是观点有些交叉，这没有关系。

记者：您在 1979 年就深入论证过计划与市场的关系，在 1992 年十四大前就明确提出用市场方式取代行政计划作为配置资源的主要方式，但是您今年中国经济学奖的“答词”出来后，一些人不明白，一位对社会主义市场经济理论有着深刻认识的经济学家，为什么对市场化改革提出了如此尖锐的批评？

刘国光：计划与市场的关系问题，是一个世纪性的问题，我曾作过多次论述，我在“答词”中不过是重复过去的观点。我说了“要坚持市场取向的改革”，又说了市场也有缺陷，不能迷信市场。对于计划经济的弊病和市场经济的好处，我过去讲的好像不比谁少。但是，当然，话还要说回来，人的思想是发展的，我不敢像有些人那样自信自己一贯正确，任何人都不可能一贯正确。过去，在感受了计划经济的种种问题之后，我们慢慢地就要搞市场经济。计划经济不能解决效率和激励问题。市场经济作为资源配置的主要方式，是历史的必由之路。改革开放初期，我只意识到计划经济有毛病，觉得要搞市场调节。但那时是主张计划经济为主，市场调节为辅。以后经过对中外经验的反复思考和研究，逐渐地看到了市场经济的作用，形成了市场取向改革的信念，赞成建立“社会主义市场经济体制”。这差不多是上世纪八十年代后期九十年代初期的事情了。这说明我这个人不很聪明，思想发展很慢，但我觉得这是符合思想发展的客观规律的。我在“皈依”市场取向改革信念的同时，就提出不要迷信市场。我们应当重视价值规律，但不要认为价值规律本身就能把一切事情管好，并把一切事情交给市场去管。现在我还是这样想，不过是重复过去的观点，没有新鲜的东西，老一辈的人应该都知道的。

记者：这就如同有人所说，您坚持认为计划经济并没有完全过时。是不是这样？

刘国光：从我上面讲的经过，你可以判断我有没有这个意思。既然“皈依”了市场取向的改革，既然赞成建立社会主义市场经济体制，那就是说要把市场作为资源配置的基础方式和主要手段，那就是把社会主义市场经济作为一种新的经济制度来看待。那么“计划经济”作为一种经济制度，计划作为资源配置的基础方式和主要手段，就不能再起作用了。至少在社会主义整个初级阶段，都不能起作用，那是再也明显不过的道理。

不过，作为经济制度的“计划经济”，与市场经济制度前提下的“计划调节”（这里说的是广义计划，也包括战略性指导性计划，必要的政府对经济的管理和调控等等），不能混为一谈。我在“答词”中说，要在“坚持市场取向改革的同时，必须有政府的有效调控干预，（对市场的缺陷）加以纠正，有必要的计划协调予以指导”，就是这个意思。这里面哪有作为制度的“计划经济”并没有过时的意思呢?!

我在提出用市场经济代替计划经济作为资源配置的主要方式的时候，就讲了市场缺陷的问题。我列举了市场经济下不能完全交给价值规律或市场去管而必须由政府过问的事情。

我想，至少有这么几件事情是不能交给价值规律去管的。第一件事是经济总量的平衡——总需求、总供给的调控。如果这事完全让价值规律自发去调节，其结果只能是来回的周期震荡和频繁的经济危机。第二件事是大的结构调整问题，包括农业、工业、重工业、轻工业，第一、二、三产业，消费与积累，加工工业与基础工业等大的结构调整方面。我们希望在短时期内如 10 年、20 年、30 年，以比较少的代价来实现我国产业结构的合理化、现代化、高度化。通过市场自发配置人力、物力、资源不是不能实现结构调整，但这将是一个非常缓慢的过程，要经过多次大的反复、危机，要付出很大的代价才能实现。我们是经不起这么长时间拖延的，也花不起沉重的代价。比如一些影响比例关系的重大工程规划必须由政府来做，反周期的重大投资活动要由政府规划，等等。第三件事是公平竞争问题。认为市场能够保证公平竞争，是一个神话，即使是自由资本主义时期也不可能保证公平竞争，因为市场的规律是大鱼吃小鱼，必然走向垄断，即不公平竞争。所以，现在一些资本主义国家也在制定反垄断法、保护公平竞争法等。第四件事是有关生态平衡、环境保护以及“外部不经济”问题。所谓“外部不经济”，就是从企业内看是有利的，但在企业外看却破坏了生态平衡、资源等，造成水、空气污染等外部不经济。这种短期行为危害社会利益甚至人类的生存。对这些问题，市场机制是无能力解决的。第五件事，社会公平问题。市场不可能实现真正的社会公平，市场只能实现等价交换，只能是等价交换意义上的平等精神，这有利于促进效率，促进进步。但市场作用必然带来社会两极分化、贫富悬殊。在我们引进市场机制过程中，这些苗头已经越来越明显，有一些不合理的现象，引起了社会不安，影响了一些群体的积极性。对此，政府应该采取一些措施，防止这种现象的恶性发展。现在提出构建和谐社会，政府对市场缺陷的弥补作用，更不能少。

这些意见，后来我发现西方经济学文献中也有类似的阐述，所以我说的也不完全是新鲜的东西。

记者：这也是您近年来一直在强调的观点。我们知道，中共十一届三中全会以后，陈云同志曾把计划与市场的关系比喻为“笼子”和“鸟”的关系。您是认为，在市场经济条件下，这个“笼子”还有必要？

刘国光：陈云同志讲得很生动。好像“笼子”这个词不好听，但要看到“笼子”的作用。国家财政预算把国家的收支大体框住了，是不是“笼子”？货币信贷总量调控把国民经济活动范围大体框住了，是不是“笼子”？重大的工程规划，是不是“笼子”？等等，等等。当然，这个“笼子”可大可小，可刚可柔，可用不同材料如钢材或塑料薄膜等制成，如指令性计划是刚性的，指导性计划是弹性的。总之，实行市场取向改革的时候，实行社会主义市场经济的时候，不能忽视必要的“笼子”即政府管理和计划协调的作用。现在，“十一五”计划不说计划了，改称“规划”，但“规划”也是一种计划，只不过是长远计划，是战略性的计划和指导性的计划，不再是指令性的计划。它应该起导向作用，其中如重大工程项目的规划也有指令性的。必要的指令性计划也不能排除。所谓市场取向的改革本身就包含着计划体制和政府经济管理体制的改革，计划要适应市场经济的发展，加强有效的政府管理。

我认为，完全的、纯粹的市场经济不是我们改革的方向。所谓完全的、纯粹的市场经济在西方资本主义国家也在发生着变化，通过政府的政策或计划的干预使市场经济不那么完全，不像19世纪那么典型。有些人提出完全市场化的主张，这是一种幼稚的想法。过去，我们迷信计划，犯了错误，于是实行市场取向的改革，但我们同样不能过分迷信市场，要重视国家计划协调、宏观管理与必要的政府参与和干预的作用。如果不这样的话，我们就要走弯路了。

记者：但是，对于当前改革中出现的一些不合理现象，经济学界与思想界一直有不同的认识。比如关于腐败的根源问题，有学者认为，恰恰是政府对资源的配置权力过大和对微观经济活动的干预权力过大，才为“权贵”阶层提供了获得腐败寻租利益的必要条件与土壤，才有了权力市场化、权力资本化的恶果，如果市场经济更纯粹，行政计划就会消灭得更彻底，那么“权贵”们在市场运行过程中捞取私人利益的机会必定大大减少。这种看法是不是有道理?

刘国光：这个问题很重要也很复杂，要分几个层次来讲。

一、你说问题出在政府对资源配置权力“过大”。当然，政府权力“过大”特别是行政性资源配置权力过大是不适宜的，会带来政府职能的越位，管了不该由政府管而应该由市场去管的事情。不过，政府掌握资源配置权力“过小”，参与和干预经济活动“过少”，也未必适宜，这会导致政府职能不到位，该当由政府来管的事情，它却推卸责任不管。政府作为经济活动的三位当事人（政府、企业、个人或家庭）之一和公众利益的代表，不能不掌握相当部分的社会资源，参与资源配置的活动，但其参与要适度，要尽量按照市场原则，同时必须考虑公共利益原则来做，这是没有疑义的。

二、腐败的发生与政府掌握资源配置权力的大小，没有直接关系。掌握资源配置权力大，或者权力小，都可能发生腐败。只要法律制度和民主监督不健全，管不住政府官员的行为，就可能发生腐败。政府掌握资源配置权力大或者小，只影响腐败规模的大小，不是产生腐败的原因。根治腐败，要从健全法律制度、民主监督入手，进行政治体制的改革，这才是治本之道。

三、腐败和权力资本化、权力市场化，除了源于法治不健全、民主监督欠缺外，市场环境不能不说是一个温床。这里我要解释一下，腐败和权力资本化、权力市场化，不是计划经济固有的东西，而是我们市场改革以后才盛行起来的东西。过去计划经济并没有权力资本化、权力市场化这个东西。我不是替计划经济涂脂抹粉。过去计划经济有很多很多的弊病，搞得太死了，不能调动人的积极性，有官僚主义，也有权力的滥用，也有腐败，但是当时政府掌握资源配置的权力极大，比现在大得多，而腐败的规模很小，只存在于计划经济的某些裂缝和边缘，更没有权力资本化市场化问题。权力资本化市场化问题，是到我们现在才严重起来。很难说这跟现在的市场环境没有关系。因为有市场才有资本，才有权力的资本化、市场化，没有市场，怎么搞权力的资本化、市场化？用市场发展不完善、改革不到位来解释是可以的，但是有点不够，有点勉强，倒是用市场缺陷和市场扭曲来解释更为合理一些。而市场扭曲和市场缺陷，是市场化改革过程所不可避免的，我们要尽量减少引进市场的代价，所以要强调政府来过问，要发挥社会主义国家管理经济的作用，采取措施纠正市场扭曲，弥补市场缺陷。

四、政府对经济的调控、干预、计划与规划（这些都属于广义的计划），同某些官员滥用权力搞权钱交易、搞官商勾结、搞权力资本化市场化，这是两码事，不能混为一谈，不能胡子眉毛一把抓，借口政府对资源配置权力过大为权贵阶层提供了获得腐败寻租利益的条件，来否定国家和政府配置资源的权力与管理经济的职能（广义的计划）。前面说过，治理腐败和权力资本化、市场化要从逐步建立健全民主法治环境，从政治改革着手，现在还要加上，要从校正市场扭曲和纠正市场缺陷入手，这都少不了加强国家和政府管理或广义计划的作用。所以我在“答词”中说，要“在坚持市场取向改革的同时，必须有政府的有效调控干预，（对市场的缺陷）加以纠正，有必要的计划协调予以指导”。据我所知，许多读者都非常明白并且赞同“答词”中的观点，但是有些人硬要说我是回到计划经济，那只好由他们说吧。

记者：您是说，您现在依然支持市场取向的改革，但有人也指出过，您最近一直在主张“少讲市场经济”，是这样的吗？

刘国光：“社会主义市场经济”是一个完整的概念，是一个有机统一体。我在“答词”中说的是，这些年来，我们强调市场经济是不是相对多了一点，强调社会主义是不是相对少了一点；在谈到社会主义时，则强调它发展生产力的本质即生产效率方面相对多了一些，而强调共同富裕的本质也就是重视社会公平方面，相对少了一点。

请注意，我特别使用了“相对”这个词，是有精确的含义的。就是说，相对多不是绝对的多，相对少不是绝对的少。逻辑上不应混淆。

这些年社会主义也不是没讲，但是相对少了一点，因此改革在取得巨大成功、经济发展欣欣向荣、人民生活总体改善的同时，社会矛盾加深，贫富差距急剧扩大，向两极分化迈进，腐败和权力资本化迅速滋生，蔓延扩大。这种趋势是与社会主义自我完善的改革方向不相符的，不能让它发展下去。因此，现在要多讲一点社会主义，这符合我国的改革方向和老百姓的心理。当然，市场经济还不完善，也要多讲。只要符合社会主义方向，市场经济讲得越多越好。

我就是这个意思。我接到很多读者的共鸣，很多令我很感动的理解。我不知道，这为什么会触犯了我们的"改革人士"，说以后少讲市场经济"不行"。先生，我也说不行。但你为什么要曲解我的原意呢？当然，我不能怪别人，只能怪自己，虽然注意了用词严密，但解释说明得不够，令人产生逻辑上的误会。幸亏人家给我"留有余地"，没有刚刚给我颁了奖就否定我的观点，我真不知如何表达谢意才好。

记者：您在《谈经济学教学研究中的一些问题》这篇文章中，批评了"西方主流经济思想特别是新自由主义经济理论"，认为新自由主义经济理论误导了中国经济改革和发展的方向。有些人觉得您似乎是在主张从市场化改革的道路上退回来。

刘国光：批评新自由主义就是"从市场化改革的道路上退回来"吗？批判新自由主义就是"否定改革"吗？帽子大得很咧！西方新自由主义里面有很多反映现代市场经济一般规律的东西，如以弗里德曼为代表的货币主义学派，以卢卡斯为代表的新古典学派，有许多科学的成分，我们还需要借鉴，没有人批评这个东西。但是新自由主义的理论前提与核心理论——我在那篇文章中列举了（如自私人性论，私有制永恒论，自由市场万能论等）——整体上不适合于社会主义的中国，不能成为中国经济学的主流和中国经济发展与改革的主导。中国经济学教学和经济决策的指导思想，只能是与时俱进的发展的马克思主义。我不知道这样点评新自由主义怎么就是从市场化改革倒退或者否定改革。我们经济学界许多同志批评新自由主义，大多是很认真的很结实的学术研究、学术评论，并不是一两句随便歪曲的话能轻易推倒的，要有有分量的学术论证。西方的正直的经济学人也在批评新自由主义。新自由主义经济思想给苏联、给拉丁美洲带来什么样的灾难性后果，是众所周知的。当然我们的同志批评新自由主义，不是没有政治的、意识形态的考虑，他们担心新自由主义的核心理论影响我国的经济思想和经济决策。谁也没有说过我们的改革决策是新自由主义设计的，目前它还没有这个能耐。但是担心和忧虑这种影响不是无的放矢，不是多余的。因为私利人、私有化、市场原教旨主义等等，已经在中国社会经济生活中渗透和流行，并且在发展。在上述文章中我曾指出有些人不愿意别人批评新自由主义，说什么新自由主义是一个“筐”，什么都往里装。如果你赞成新自由主义的核心理论，那是你自己跳进框框，怪不得别人。现在有人自告奋勇承认自己接受新自由主义这些东西，又不准别人批评新自由主义，批评了就是从市场化改革倒退，就是反改革，哪有这个道理！

除了给批评新自由主义戴上否定改革的帽子，现在还时兴把这顶帽子乱扔，说近年来社会上出现了一种反对改革的思潮。不容否认，在取得巨大成功的同时，改革进程中出现了利益分化，少数人成为暴富，有多数人获得一定利益，部分群众利益受到损害。人民群众和学术界对改革有不同的看法，对改革进程中某些不合理的、消极的东西提出批评意见，是很自然的，我们不要把不同的看法说成是反改革。对改革进行反思是为了纠正改革进程中消极的东西，发扬积极的东西，将改革向正确的方向推进。不能把反思改革说成是反改革，你把那么些群众和代表他们的学者，说成是反改革的人，硬往反改革的方面推，后果将是什么？我们要注意团结一切愿意和努力使中国进步的人，要使得大家都来拥护改革。让大家都拥护改革的办法是什么呢？就是要使得改革对大家有利，就要走社会主义市场经济的改革道路而不是资本主义市场经济的道路。

（原载于《经济观察报》2005 年 12 月 12 日；副标题：《经济观察报》记者专访）

不坚持社会主义方向的改革同样死路一条*

2012年2月初，许多媒体登载一条消息，引述邓小平同志20年前“南方谈话”中的一个断句，“不改革开放就是死路一条”，激起了社会人士的广泛注意，“大家备感振奋”；同时也引发了民间和网络议论纷纷。

三十多年的改革开放，我国国力增进，无疑获得巨大成就。当前，随着改革的深化，一些深层次的矛盾浮现出来，日益突出。确实，只有继续坚持改革开放，才能化解风险，中国才有出路，才有前途。

改革有不同的方向。改革是按社会主义方向走，还是按资本主义方向走，大有讲究。

改革之初，强调“改革是社会主义制度的自我完善”，同时强调“坚持四项基本原则”与“坚持改革开放”是同等重要的两个“基本点”，所以大家都很高兴，很拥护改革。到现在，讲改革开放的时候，很少提“社会主义制度的自我完善”了，坚持“四项基本原则”也不提或者淡化了，有时一笔带过，不当一回事。所以，不少同志对现在的“改革”有些疑虑。

因此，重新强调“不改革开放就是死路一条”，看来很有必要。不过当前流行的“如果不改革就是死路一条”的说法，是不够精确，不够全面的。

---

* 本文内容要点为作者2012年3月24日在北京钓鱼台国宾馆召开的中国宏观经济学会常务理事长2012年第一次会议上和2012年4月12日在武汉大学召开的“中国经济规律研究会”第22届年会上做过的发言，原载《经济学动态》2012年第7期。

改革有不同的方向，改革到底是按社会主义方向还是按资本主义方向，这个问题还是要讲清楚。戈尔巴乔夫也曾坚持改革，他把苏联改到什么地方去了？原苏共中央意识形态部部长亚·谢·卡普托说：“随便把改革历史梳理一下就会发现，戈尔巴乔夫的改革，一开始就是实施加速发展战略，接着是科技进步，然后是更多的民主，就是民主社会主义，最后就是消灭社会主义。”俄中友协主席米·列·季塔连科说，“戈尔巴乔夫的改革名义上是改革，实际上是一项破坏苏联，瓦解苏联的计划”。邓小平更指出，“有一些人打着拥护改革开放的旗帜，想把中国引导到资本主义，他是要改变我们社会的性质”。所以，不能简单地说“不改革就是死路一条”。准确地说，不坚持社会主义方向的改革，才是死路一条；坚持资本主义方向的改革，也是死路一条。

所以，不要简单地重复“不改革就是死路一条”。这个提法容易把改革引导到错误的方向。查一查邓小平 1992 年“南方谈话”关于“死路一条”的全面表述，原来并不是简单的“不改革开放就是死路一条”，而是先讲了极其重要的前提条件，其全句是：

要坚持党的十一届三中全会以来的路线、方针、政策，关键是坚持“一个中心、两个基本点”。不坚持社会主义，不改革开放，不发展经济，不改善人民生活，只能是死路一条。

我们不应该口头上片面地引用邓小平讲话中的个别语句，而要全面地坚持邓小平讲话精神。在涉及改革开放的话题时，不讲或者淡化四项基本原则，不讲或者淡化、歪曲社会主义，而只讲“不改革开放只能是死路一条”，那就是有意识地或者无意识地把改革开放引向资本主义邪路。

我希望十八大报告的写作班子能把这个精神讲清楚，不要再含含糊糊，给别有用心的人有钻空子的余地。

这个问题太重要了，关系到我们社会主义国家的前途和十几亿人民的命运。

不错，我们的改革从一开始就是市场取向改革。但是，从一开始我们也认定这场改革是社会主义制度的自我完善。党的十四大明确提出改革目标是建立社会主义市场经济，而不是资本主义市场经济。什么是社会主义不同于资本主义的本质特征和根本原则，邓小平也讲得很清楚。他说，“社会主义与资本主义不同的特点就是共同富裕，不搞两极分化”①，“社会主义最大的优越性就是共同富裕。这是体现社会主义本质的一个东西”②。为实现这个不同于资本主义的本质特征，就要公有制经济占主要地位，“只要我国经济中公有制占主体地位，就可以避免两极分化”③，最终实现共同富裕。由此可知，邓小平为什么多次把公有制为主体和共同富裕、不搞两极分化当作社会主义的“两个根本原则”来反复强调。初步统计，他至少五次讲过：社会主义有两个根本原则，一个是公有制为主体，一个是共同富裕，不搞两极分化④。邓小平关于社会主义的两个根本原则和这两个根本原则之间的关系（即前引“只要我国经济中公有制占主要地位，就可以避免两极分化”）的论述，是邓小平独创的，是中国特色社会主义理论的精髓，同时也符合马克思主义和毛泽东思想。十八大报告就应当按照这两个根本原则来判别改革方向是社会主义的还是资本主义的，据此决定改革方向的取舍。

按照邓小平提出的社会主义第一个根本原则，十八大报告在讲改革开放时，除了重申并强调坚持四项基本原则，还应重申并强调《宪法》规定的以公有经济为主体、以国有经济为主导的社会主义基本经济制度不能动摇；目前公有制经济在全国经营性资产总额中的比重远低于临界点，已经无优势可言，国家经济命脉中国有经济的主导作用和控制力也已明显削弱的情势下，尤其要切实制止一切违反《宪法》的政策法令的推行，抵制和削减这类违宪言论主张的影响。如一批老共产党员和正直学者指出，国务

① 邓小平文选：第3卷．北京：人民出版社，1993.

② 邓小平年谱：下．北京：中央文献出版社，2004.

③ 邓小平文选：第3卷．北京：人民出版社，1993.

④ 邓小平年谱：下．北京：中央文献出版社，2004.

院《非公36条》鼓励私人资本进入国民经济命脉关键领域，是违反《宪法》的，全国人大应该撤销此文件，或者修改《宪法》，就是值得认真考虑的意见。又如，世界银行佐利克的报告，要求中国大规模缩减国有企业，据该报告英文版透露，国企在工业产值中的比重，应由2010年的27%，压减到2030年的10%左右。实际上世行报告是国内极少数自由化官僚精英的主意，借助国际资本的力量，来压制国内反对私有化的浪潮。2012年3月17日国务院发展中心在北京钓鱼台召开高层论坛，就有特邀"著名学者"说，"我必须拥护世行的报告提出的一些建议，事实上国有企业已经成为未来中国进一步成长的一个最主要障碍之一，未来希望五年到十年内，应该将国有企业比重降到10%左右"，比世行报告还要积极，提前十至十五年实现世行的目标。中外资产阶级右派精英为中国设计的私有化方案，国有企业在国民经济中的比重，比某些当代资本主义国家的国有垄断资本曾经达到的比重还要低得多。我们在20世纪80年代考察过法国的国企，当时法国国有企业在全国经济中占的比重是，营业额21%，增加值28%，工业中营业额占42%。由此比较，这些所谓的中外专家，想要把中国变颜色变到什么地步！中国政府的某些官员还把他们奉为上宾，开门揖盗。我想中国共产党作为真正马克思主义的中国政党，十八大一定会对此类事情做出适当的清理。

按照邓小平社会主义第二个根本原则，十八大报告应针对时弊，分析过去三十多年里，我们改革的大部分时间把以经济建设为中心的重点，放在做大蛋糕上，即GDP增长上，没有来得及放到分好蛋糕上，以至于贫富差距不断扩大，两极分化趋势明显；在未来一个时期内，我们要克服这个缺陷，把分好蛋糕放在更加重要的地位，也就是说把以经济建设为中心的着重点放在分好蛋糕上，即放在民生和分配上。为了显示中国共产党为中国人民共同富裕，不搞两极分化的真诚决心，十八大报告宜重笔墨阐述邓小平关于共同富裕和不搞两极分化的多次论述，尤其是不要回避邓小平一再提出的“如果我们的政策导致两极分化，我们就失败了”的告诫。要支持在共同富裕方面推行和获得群众拥护的地方成功探索，使之得到发扬推广，不因人废言废事。在理论上，十八大报告还应超越已有的从收入和福利的分配和再分配着手，解决共同富裕问题的地方成功探索，依据前述邓小平关于两个根本原则之间的关系的论述，指出要扭转两极分化趋势和实现共同富裕，就必须不仅在收入和福利的分配和再分配上采取有效措施，而且还要从所有制结构和财产关系的调整和回归到以公有经济为主体的社会主义基本经济制度上来，才能根本解决问题。

（原载于《经济学动态》2012 年第 7 期）

“十八大”后再谈我国经济体制改革的方向

党的十八大报告为中国经济改革已经指明了方向，就是要“加快完善社会主义市场经济体制”[①]，而不是资本主义市场经济体制；要“完善以公有制为主体多种所有制经济共同发展的基本经济制度”[②]，而不是以私有制为主体的基本经济制度；要“完善按劳分配为主体多种分配方式并存的分配制度”[③]，而不是以按资分配为主体的分配制度；要“完善（包括计划、财政和货币手段在内的）宏观调控体系，发挥市场在资源配置中的基础性作用”[④]，而不是自由放任的市场经济体系。最近，十八届三中全会即将来临，按历史惯例将有可能研究讨论进一步经济改革问题。有一种错误的观点，对我们的改革目标进行歪曲。如果对此种错误观点不进行警惕和批判，就可能对我国下一步的改革走向产生不利的影响，对社会主义市场经济体制的完善会产生极大的危害。

这种观点的核心思想和主要主张的出发点是：中国现时仍然是一种“半统制、半市场”的体制，政府和国有经济仍然牢牢掌握国民经济的一切“制高点”，市场在资源配置中发挥基础作用的目标远没有实现。改革开放

① 引自党的十八大报告。

② 引自党的十八大报告。

③ 引自党的十八大报告。

④ 引自党的十八大报告。

所取得的成就完全归功于市场化的进展，改革开放中所出现的问题主要是由于政府干预过度、市场化不够。收入两极分化等社会矛盾的根源最主要的是由于政府权力过大、贪污腐败过于严重。下一步改革要从以下方面着手进行：一是破除国有经济对一些重要产业的垄断；二是削弱政府对经济的管理和干预，“市场化”是唯一解决中国经济问题、社会矛盾的灵丹妙药，是唯一实现中华民族伟大复兴的法宝。

实际上，这种观点并不是什么新东西，它就是前段时间大家批判的新自由主义、市场原教旨主义。持这种观点的人，把中国现在实行的有国家宏观调控和计划导向的社会主义市场经济看成是“半统制、半市场”的混合经济。可是，事实是，尽管市场发展还有不完善之处，现在包括一些发达国家在内的约有 97 个国家已经承认中国市场经济国家的地位，即使那些没有承认的国家也主要是基于政治考虑。据国内外许多专家学者测算，中国的市场化程度已经相当高。北京师范大学经济与资源管理研究院的“中国市场化进程”课题组撰写的《2010 中国市场经济发展报告》显示，2008 年我国市场化程度已达 76.4%①，生产要素市场化程度已达到 87.5%②，产品市场化程度已达到 95.7%③。这样看来，总体上讲，中国现今市场化达到的程度已远非是“半市场”，而是在国民经济中早已过了“大半”，体现出市场在资源配置中起着相当程度的基础性作用。至于他们所说的政府统制，实指国家的计划导向与宏观调控，也绝不是什么“半统制”，而是涵盖了经济运行必要的范围。所有这些也正是社会主义市场经济题中之义。

持上述观点的人还认为，国有经济仍然牢牢掌握国民经济的“一切”制高点，近些年存在大规模“国进民退”。事实是，国有经济在工业经济中的比重，1998 年为 28.2%，2000 年为 23.5%，2002 年为 15.6%，2006 年

① 李晓西，曾学文. 2010 中国市场经济发展报告. 北京：北京师范大学出版社，2010.

② 同上，第 321 页。

③ 同上，第 340 页。

为9.7%，2008年为9.2%，2011年为7.9%。从上述数据可以看出，我国国有经济在国民经济中的比重不断下降，宏观上并不存在所谓的“国进民退”；微观上国有经济“有进有退”，但更多的是“国退民进”。一些案例中的所谓“国进民退”多半属于资源优化重组并非没有道理，事实上更多的是“国退民进。”

持这种观点的人还认为，改革开放以来所产生的经济问题、社会矛盾的根源就在于政府干预过多，收入两极分化主要是由于政府权力过大、贪污腐败严重造成的。他们宣称，“2005年中国的灰色收入规模达到4.8万亿元，2008年则达到5.4万亿元。中国租金总额占GDP的比率高达20%～30%。巨额的租金总量，自然会对中国社会中贫富分化加剧和基尼系数的居高不下产生决定性的影响”①。按照他们给出的数据，我国2005年的灰色收入规模，是当年财政收入3.16万亿元的1.5倍，是当年行政管理费0.48万亿元的10倍，按当年全体行政机关人员1208万总人数计算，每个公务员人均贪污39.7万元。这明显夸大了贪污的程度，给党和政府机关抹了黑。严重的贪污腐化确实是我国政治经济社会机体里的一大癌症，必须如“十八大”宣布的不论“老虎”“苍蝇”都要从严惩治。而他们如此渲染行政官员贪污腐化的根本目的，则是以此掩盖过度市场化和过度私有化才是导致我国收入两极分化等社会问题的真正根源。他们栽赃政府的逻辑是，权力必然产生腐败，政府干预过多必然导致官员收入过高、百姓收入过低，因此要解决两极分化就是让政府放权、一切由市场来解决。这样的逻辑明显是错误的。政府权力大小与贪污腐化有关，但不是直接因果关系。改革开放前，我国实行高度集中的计划经济，政府的权力比现在大得多，但腐败并不严重；所有制结构偏颇于“一大二公”导致收入分配平均主义倾向的弊病，却没有出现收入两极分化趋势。现在，尽管政府对微观经济还有不少过度干预，应该削减，但政府对经济必要的管制与干预大大少于过去计划

① 吴敬琏，马国川．重启改革议程——中国经济改革二十讲．北京：生活读书新知三联书店，2013.

经济时期，腐败反而变本加厉，可见腐败的产生另有根源，明显与过度市场化所带来的社会道德风尚恶化有关。当然也不应忽视体制改革中不完善不成熟之处，造成权力市场化和权力寻租的机会，也为腐败的涌流提供了缝隙。

至于贫富差距的扩大和两极分化趋势的形成，实际上主要源于初次分配。初次分配中影响最大的核心问题是劳动与资本的关系。按照马克思主义观点，所有制决定了分配制，财产关系决定分配关系。财产占有上的差别，才是收入差别最大的影响因素。“收入差别最主要是拥有财富多寡造成的”，财产所有权是收入差别的第一位原因，往下依次是个人能力、教育、训练、机会和健康。30多年来我国收入差距的扩大的最根本原因，是所有制结构上和财产关系中的“公”降“私”升和化公为私，财富积累集中于少数私人。持前述错误观点的个别学者认为，资本所有者收入越来越富，劳动者收入占比降低，原因在于劳动者（如农民工）知识少技术低。要让农民工成为拥有更多知识，更多技术的劳动者，才能根本上缩小贫富差距①。这一论点，明显回避和掩盖所有制关系对贫富差距的决定性影响。

持前述错误观点的人主张，今后进一步改革，主要应从以下两方面着手进行：一是破除国有经济对一些重要产业的垄断；二是减少政府对经济的干预。目标就是通过“市场化、法治化、民主化”的改革，建立包容性的经济体制和宪政体制，实现“从威权发展模式到民主发展模式的转型”。说到底，他们心目中改革的理想目标模式和顶层设计，似乎就是欧美的自由市场经济模式或社会市场经济模式；他们推崇的服务于垄断资本的所谓“有限政府”“中性政府”，似乎就是资本主义国家的政府；他们主张取消公有制的主体地位和打破国有经济的主导和垄断地位，似乎就是要让私有经济主导中国经济；他们宣扬抽象的“好的”市场经济，似乎就是资本主义

① 吴敬链2013年3月16日在上海中欧国际工商学院论坛讲演，2013年4月25日上海商报报导“经邦论道”改革系列讲座讲演。

市场经济。他们的主张一点也不令人奇怪，因为在他们思想深处并以刊发文章，认为法国大革命、巴黎公社、十月革命所宣传的思想给世界带来的只能是大灾难和大倒退。我们的党和政府一定要认清这种错误观点的实质，一定要警惕这种错误观点的危害，防止“资本主义市场化”的思潮干扰我们的经济改革大业。

下一步我们的经济改革的方向是什么？要回答这一问题，必须对当今的中国有一个清醒的认识和判断。今天的中国和30多年前改革初期的中国有着明显的不同，国家的经济形势、社会矛盾、面临的国际环境都已发生巨大变化。到20世纪末，21世纪初，中国已初步建立起社会主义市场经济体制，并已完善了十多年，下一步改革的任务就是按照“十八大”要求继续完善它。也就是说我们既不能回到传统计划经济体制的老路，也不能走上资本主义市场经济体制的邪路。经过30多年的改革开放，我国市场化程度已不比有些西方国家低，不足之处需要完善，过头之处需要削减，不宜简单地宣扬“进一步市场化”，“更大程度和更大范围的市场化”，否则会带来由于过度市场化而引发种种灾难的后果。我国的所有制结构已发生深刻变化，国有经济的战线已大收缩，如果按照佐利克世行报告“2030年的中国”所建议，继续对所剩不多的大中型国有企业进行私有股份化改革或改制，我国社会主义初级阶段以公有制主体的基本经济制度将更难以维持。我国除广播出版等极少数行业没有对外资大规模开放外，绝大多数行业已全部开放，如果继续盲目扩大开放领域或没有限制地开放，可能给我国带来经济安全和文化安全的问题。我国的财富和收入分配不均的状况已相当严重，基尼系数大大超出国际警戒线，如果再不采取有效措施遏制收入两极分化不断扩大的趋势，则极有可能引发社会动荡，最终实现不了共同富裕的理想。

今后，我们还要搞社会主义市场取向的改革和完善，但不搞过度市场化；我们还要搞国有企业管理的改革创新，但不能搞私有股份化；我们欢迎外资、利用外资，但要对外资有所限制、不能被外资控制；我们支持竞争、反对行政垄断，但不能以反垄断为名限制国有经济的发展；我们拥护政府让利于民，发挥私营经济的活力，但并不是支持政府让利于少数富人、少数大资本所有者，继续扩大贫富差距；我们赞成市场在资源配置中起基础性作用，但并不是说要削弱国家的经济调控和计划导向的能力。

值此再度研讨进一步如何改革之际，我认为为了保证经济改革的正确方向，今后应该从以下三个方面着手进行工作：一是做优、做强、做大国有经济和集体经济，发挥国有经济的主导作用和公有经济的主体作用；二是转变政府职能，在减消对微观经济不必要的干预的同时，加强国家宏观经济调控和计划导向能力；三是着力改善民生问题，逐步解决财富和收入两极分化问题。

党的十八大报告再次强调，我们要毫不动摇巩固和发展公有制经济，推行公有制多种实现形式，推动国有资本更多投向关系国家安全和国民经济命脉的重要行业和关键领域，不断增强国有经济活力、控制力、影响力。在这里我想指出的是，在社会主义经济中，国有经济不是仅像在资本主义制度下那样，主要从事私有企业不愿意经营的部门，补充私人企业和市场机制的不足，而是为了实现国民经济的持续稳定协调发展，为了巩固和完善社会主义经济政治文化制度。因此，国有经济理应在能源、交通、通讯、金融等关系国民经济命脉的重要行业和关键领域有“绝对的控制力”或“较强的控制力”。十八届三中全会要明确指出，我国作为一个社会主义大国，国有经济的数量底线，不能以资本主义国家私有化的“国际经验”为依据。确定国有经济的比重，理应包括保障、实现和发展社会公平和社会稳定的内容，所以国家对国有经济控制力的范围要比资本主义国家大得多。还要扭转长期以来忽视集体经济的发展，研究适时启动邓小平同志“农村的改革与发展第二个飞跃”的步骤。对于非公有制经济，要继续坚持毫不动摇鼓励支持，引导其发展的政策，为了使其不越出健康发展的轨道，宜在“引导”一词的内涵中，纳入民主革命的先行者孙中山先生“节制私人资本”的要求。这对于社会主义社会中容许发展的私人资本，是一个合理的规定。

我国建立的是社会主义市场经济体制，我国的宏观经济调控能力应比一般市场经济国家强，手段也要更多一些。我们社会主义国家宏观调控下的市场经济怎样区别于资本主义国家呢？除了基本经济制度的区别外，就在于我们还有计划性这个特点，还有国家计划的指导。少数市场经济国家，如日本、韩国、法国，都曾设有企划厅之类的机构，编有零星或部门的预测性计划。英美等多数市场经济国家只有财政政策、货币政策等手段，没有采取较有效的计划手段来调控经济。但我们是以公有制经济为主体的社会主义发展中大国，要实行跨越式发展，更有效及时地调整经济结构，实现社会公平和公正，有必要也有可能在宏观调控中运用计划手段，指导国民经济有计划按比例发展。这符合马克思主义社会化生产要有计划按比例发展的真理，也是社会主义市场经济的优越性所在。经济体制改革的核心问题，不单纯是处理好“政府和市场”的关系，尊重市场价值规律；还要注意的是处理好“计划与市场”的关系，尊重有计划按比例发展规律。“有计划按比例”并不等同于传统的计划经济。“计划和市场两种手段都可以用”，“国家计划是宏观调控的重要手段之一”，“社会主义经济从一开始就是有计划的，不会因为提法中不出现‘有计划’三个字，就发生了是不是取消了计划性的问题”。以上这些都是邓小平、江泽民讲过的话[①]。“十七大”胡锦涛也强调了“发挥国家发展规划、计划、产业政策在宏观调控中的作用”。我希望，十八届三中全会时候，我们千万不要再漏掉这些有关计划与市场关系的重要指示精神，并研究采取必要的措施以加强国家计划在宏观调控导向市场的作用。

我们党提出到2020年要全面建成小康社会。要在剩下的7年时间里达

---

① 中共中央文献研究室．改革开放三十年重要文献选编：上．北京：中央文献出版社，2008.

到这一目标，我们必须加紧改善民生问题，抓紧解决财富和收入两极分化问题。要解决贫富两极分化问题，不能仅仅从分配领域本身着手。仅仅通过完善社会保障公共福利制度，调整财政税收、转移支付等政策，是难以从根本上解决这一问题的。我们需要从所有制结构、从财产制度上直面这一问题；需要从基本生产关系，从基本经济制度来接触这个问题；需要从强化公有制为主体地位来解决这个问题。这是过去历次收入分配改革政策决策中回避接触的问题，因而不能触及分配问题的根本；十八届三中全会应开始注意研究解决这方面的问题。同时，我们也要通过财政税收转移支付政策的改革和社会保障公共福利制度的建设来改善收入分配关系，努力实现居民收入增长和经济发展同步、劳动报酬增长和劳动生产率提高同步，提高居民收入在国民收入分配中的比重，提高劳动报酬在初次分配中的比重。这样，我们才能扭转贫富差距扩大的趋势，最终实现共同富裕。

今后相当长时间内，中国经济改革的方向仍然是建立完善的社会主义市场经济体制。我们搞市场经济自然需要市场体系，需要培育多元化的市场竞争主体，需要建立一个公平竞争和法治的市场环境，但我们反对过度市场化，反对以市场化为名进行私有化，反对通过弱化分化肢解国有经济来实现竞争主体的私有化和多元化，反对建立一个不讲计划、没有国家强有力宏观调控的资本主义式的自由竞争的市场经济。

（原载于《中华魂》2013 年第 6 期；副标题：警惕以“市场化为名”推行“私有化之实”的倾向）